EUROPA
VERLAG

Ulrich Wickert

Alles über Paris

Von Tempeln, Türmen und Fassaden

Von Künstlern, Kellnern und Kaschemmen

Von Boulevards und Gassen, Plätzen und Parks

Von Spaziergängen und Metrofahrten

In Geschichten, Gedichten und Berichten

Europa Verlag
Hamburg · Leipzig · Wien

Alles über Paris
vereinigt Aufsätze, Reportagen und Berichte des Autors und langjährigen ARD-Korrespondenten in Paris in einer bibliophilen Neuedition.
Einige Texte erschienen bereits in den Büchern *Und Gott schuf Paris* und *Vom Glück, Franzose zu sein* (beide Hoffmann und Campe). Sie wurden für diese Anthologie überarbeitet, aktualisiert und zum Teil neu gefaßt.
Sämtliche Randbemerkungen und Abschweifungen, die Marginalien und Exkurse, wurden eigens für diese Neuedition geschrieben und erscheinen hier zum ersten Mal.
Autor und Verlag bedanken sich besonders bei Heiko Arntz für seine umfassende Mitarbeit.

Sonderausgabe, September 2005

Gestaltung: Ulrike Theilig, Hamburg
Satz: Das Herstellungsbüro, Hamburg
Druck und Bindung: sachsendruck GmbH, Plauen
ISBN 3-203-84007-3

Informationen über unser Programm erhalten Sie beim Europa Verlag, Neuer Wall 10, 20354 Hamburg, oder unter www.europaverlag.de

Inhalt

1. Kapitel: *Der Eiffelturm? Welcher Eiffelturm?* 7

EXKURS: EINE KURZE GESCHICHTE DER STADT 21

2. Kapitel: *Ein Fabelwesen* 29

EXKURS: NOTRE-DAME VON PARIS 39

3. Kapitel: *Eine Stadt putzt sich heraus* 41

4. Kapitel: *Ein Denkmal zum Begehen* 47

EXKURS: STERN, ELEFANT ODER BOGEN? 65

5. Kapitel: *Stadt des Lichts unter Tage* 69

6. Kapitel: *Parnaß der Avantgarde* 79

7. Kapitel: *Dicht beim Paradies* 93

EXKURS: DIE GÄRTEN VON PARIS 111

8. Kapitel: *Essen als schöne Kunst betrachtet* 115

EXKURS: KLEINER STREIFZUG DURCHS KULINARISCHE PARIS 128

9. Kapitel: *Die andere Seite des Montmartre* 135

EXKURS: MONTMARTRE UND DAS VERRUCHTE PARIS 140

EXKURS: HITTORF, OFFENBACH, HEINE & CO. 152

10. Kapitel: *Die Steine der Bastille* 155

EXKURS: STAATSGEFÄNGNIS! 156

EXKURS: LE MUSETTE, CASQUE D'OR UND DIE APATSCHEN 168

11. Kapitel: *Das Haus des Königs* 171

EXKURS: EINE STADT WIRD TRANCHIERT 173

EXKURS: »ZU PFINGSTEN FÄHRT DER PARISER ...« 184

12. Kapitel: *Die Welt ein Museum* 189

EXKURS: »DER LOUVRE SCHEINT DAZU VERURTEILT ...« 192

EXKURS: VON MANET ZU MONET ODER DAS WIEDERGEFUNDENE SEHEN 200

13. Kapitel: *Paris erwacht* 217

ANHANG: EINIGES ÜBER PARIS – EINE KLEINE PARIS-BIBLIOGRAPHIE 221

… auf dem Pont des Arts

Der Eiffelturm? Welcher Eiffelturm?

1. Kapitel

Warum das höchste Bauwerk der Welt beinahe abgerissen wurde und wo die Prominenz den Käse kauft

Wen der Weltschmerz peinigt, der möge früh am Morgen in die Mitte der Seine schreiten, auf dem Pont des Arts,[1] jener Fußgängerbrücke, die vom Louvre hinüberführt zum Institut, unter dessen gewaltiger Kuppel die alten Mitglieder der ehrwürdigen Académie française[2] seit mehreren Jahrhunderten tagen. Mitten auf der Brücke verharre dann, wen sein Gemüt bewegt, und verweile mit dem Blick gen Osten, wenn Menschen noch

Pont Neuf

1 **Pont des Arts**
Eine Scherzfrage in Paris lautet: Welche ist die älteste Seine-Brücke? Die neue Brücke (Pont Neuf)! Ende des 16. Jahrhunderts war sie allerdings wirklich neu, und neu an ihr war vor allem, daß sie die erste Brücke war, die gleich als Durchfahrtstraße geplant war, die nun ohne Verzug den Verkehr über die Seine erlaubte. Bisher waren Brücken vor allem eins: Treffpunkt, ein Ort zum Flanieren, aber auch ein Ort, um Handel zu treiben; zumeist mit Ladengeschäften bebaut, war an ein schnelles Durchkommen nicht zu denken.

Und so erzählen die Seine-Brücken viel über die Entwicklung der Stadt und die jeweils veränderten Bedürfnisse ihrer Einwohner. Über dreißig gibt es, ein gutes Dutzend befindet sich allein im Stadtgebiet, seit 1991 gehören sie zum Weltkulturerbe. Fast schon ein kleines Wahrzeichen von Paris ist etwa der reichverzierte Pont Alexandre III mit seinen charakteristischen Laternen: Gebaut zur selben Zeit wie die beiden Palais am rechten Seine-Ufer, schafft diese Brücke eine jener grandiosen Perspektiven, die man in Paris seit den Tagen des großen Ludwig so sehr liebt – von den Champs-Élysées blickend erhebt sich hinter der Brücke majestätisch die Kuppel des Invalidendoms.

Weniger majestätisch, aber nicht weniger beliebt ist der 1802 von Napoléon errichtete Pont des Arts. Diese Fußgängerbrücke war seinerzeit die erste Brücke aus Gußeisen und verband den Louvre, der wenige Jahre zuvor zum Museum gemacht worden war, mit dem Collège des Quatre-Nations, in das Napoléon drei Jahre später das Institut de France verlegen sollte und das architektonisch ohnehin schon mit dem Cour Carrée des Louvre korrespondierte. Ganze Gärten schmückten seinerzeit die »Passerelle«, wie diese Brücke in Paris genannt wird. Leider erwies sich die Trägerkonstruktion als hinderlich für die Schiffahrt, und so wurde das Gußeisengerüst später durch ein geeigneteres aus Stahl ersetzt.

Pont Alexandre III

nicht aus den Metroschächten der rive gauche über die Bohlen in die Büros der rive droite hasten. Dann fließt das dunkle Wasser noch glatt auf einen zu, bewegt sich wie Muskeln unter der zarten, faltenlosen Haut eines sich erwachend räkelnden jungen Mädchens.

Meist strahlt einem das hellgraue Licht diffus über die Notre-Dame entgegen, läßt die Île de la Cité als Silhouette erscheinen, erkennbar nur der Turm der Conciergerie, die hohe gotische Spitze der Sainte Chapelle und drei fingerbreit südlich die stumpfen Türme eben jener Notre-Dame.

An beiden Seiten der Insel vorbei bündelt sich das Wasser als Lebenskraft erneut unter den Bögen des Pont Neuf, in deren Mitte Henri IV hoch zu Roß thront – weil er den Bau dieser Brücke zuendeführen ließ.

Pont des Arts und Cité-Insel

Häuser, Ufer und Louvre, alle aus dem gleichen hellen, leicht angegrauten Kalksandstein, tunkt jedes Licht in gleiche Farbe, meist eben jenes helle Grau, das in den Bleidächern noch keinen Abschluß findet; denn auch der Himmel paßt sich den bei unterschiedlichem Licht wechselnden Tönungen des Bildes an. Je dunstiger die Luft, je verschwommener die Stadt, desto leichter fällt dem Fremden der Zugang zu dem, was Paris ist: sichtbare Schönheit im Vordergrund und zu ahnende Tiefe im Hintergrund, beides sich ergänzend, keineswegs ein Gegensatz.

Über müde Füße klagen all jene, die den ganzen Tag auf der Jagd nach dem Vordergrund waren, die Anfänger auf den Champs-Élysées, auf dem Hügel von Sacré-Cœur oder auf dem Eiffelturm.

Der Eiffelturm! Ob man ihn besteigen solle, möge man einen eingefleischten Pariser bloß nicht fragen, da der arrogant abweisend antworten wird: »Der Eiffelturm? Welcher Eiffelturm?« Denn da sind sich alle Menschen gleich. Der Pariser begleitet vielleicht aus Höflichkeit seinen aus Köln angereisten Freund auf den Turm, so wie der Kölner den Kölner Dom höchstens besteigt, wenn er Besuch aus New York erhält, und der New Yorker fährt mit dem Aufzug zur Aussichtsterrasse des Empire-State-Buildings nur, wenn ihn sein römischer Freund bittet, ihn zu begleiten, denn er habe den Petersdom ja auch nur seinetwegen erklommen.

Mit dem Eiffelturm möge man so umgehen: sofort besteigen – und hinterher wie ein guter Pariser ignorieren. Von der dritten Etage aus erhält man einen perfekten Überblick, einen Sinn für die Geographie der Stadt, aber kein inniges Gefühl, denn man befindet sich allzuweit oben und zu weit weg. Anschließend kann man sich als Fortgeschrittener ausgeben und wird viel lieber von der Dachterrasse des Kaufhauses Samaritaine – rechts am

2 **Académie française**
1805 verlegte Napoléon Bonaparte das Institut de France in den von Le Vau entworfenen Gebäudekomplex am linken Seine-Ufer, das zuvor im Louvre untergebracht gewesen war. Fünf Akademien vereinigt das Institut heute: Die 1823 gegründete Académie des sciences morales et politiques etwa, die sich der Pflege der Philosophie, der Politik-, Rechts- und Wirtschaftswissenschaft sowie der Geschichte und Geographie widmet. Ebenso wie die Académie des inscriptions et belle-lettres, die ausschließlich für Inschriften an monumentalen Bauten und auf Ehrenmünzen zuständig ist.

Académie française

Die berühmteste von ihnen aber ist die 1635 von Cardinal Richelieu, dem leitenden Minister Ludwigs XIII. gegründete Académie française, die sich jeden Dienstag »sous la Coupole«, unter der Kuppel trifft, um über die französische Sprache und Literatur zu wachen. Im Dictionnaire de l'Académie legen die sogenannten »Unsterblichen«, allesamt verdiente Dichter und Denker, fest, was richtiges und gutes Französisch ist. Die Académie française ist eine Institution im Land, und nichts, was sie betrifft, läßt die Nation kalt. Zuletzt hatte für nicht geringen Spott gesorgt, als Altpräsident Giscard d'Estaing in den erlauchten Kreis aufgenommen wurde, d'Estaing, der bislang zugegeben nicht in erster Linie als großer Dichter galt. Aber die Zeiten haben sich geändert: Im Jahr 2004 bittet selbst ein einstiger Kulturrebell wie der Verfechter des »Nouveau Roman«, Alain Robbe-Grillet, um Aufnahme. Und daß der über Achtzigjährige frischen Wind in das ehrwürdige Gremium bringen wird, davon geht in Paris niemand aus.

Ufer an der Rue du Pont Neuf – über die Stadt schauen. Sehr viel intimer und unmittelbarer wirkt da der Blick über die Dächer von Paris.

Mit dem Eiffelturm möge man so umgehen: sofort besteigen – und hinterher wie ein guter Pariser ignorieren.

Der Eiffelturm wird jedes Jahr von fast zehn Millionen Menschen bestiegen, keine andere Sehenswürdigkeit in Frankreich wird so bedrängt. Was seit mehr als hundert Jahren Paris als Wahrzeichen ziert, war einst heftig umstrittenes Teufelszeug. Denn zur Hundertjahrfeier der Französischen Revolution im Jahr 1889 wurde der dreihundertzwanzig Meter hohe Turm zunächst nur als Provisorium errichtet.

Der Ingenieur Gustave Eiffel (1832 – 1923) galt als einer der klügsten und modernsten Brückenbauer seiner Zeit: Er hatte schon für den Bildhauer Frédéric-Auguste Bartholdi das Metallskelett der New Yorker Freiheitsstatue entworfen. Frankreich hatte sie den Amerikanern zu deren hundertstem Jubiläum der Unabhängigkeit 1886 geschenkt, weshalb in Paris auch zwei Abbildungen dieser Figur stehen, eine kleine im Jardin du Luxembourg, eine größere – immerhin fast zwölf Meter hoch – mitten auf der Seine an der Pont de Grenelle. Und an der Place de l'Alma, in deren Unterführung Lady Di ums Leben kam, wurde die Originalausgabe der Flamme der Freiheitsstatue aufgestellt, nachdem das Monument in Manhattan renoviert worden ist.

Gustave Eiffel also gewann die Ausschreibung für einen aus Eisen erbauten Turm, der ausdrücklich das höchste von Menschenhand errichtete Bauwerk der Welt sein und die magische Zahl von eintausend Fuß Höhe überschreiten sollte: Schließlich war die Französische Revolution nicht nur eine nationale Umwälzung, die Politik, Kultur und auch Wissenschaft betraf – sondern sie war schlicht das *größte*, nämlich ein *universelles* Ereignis, das die Franzosen feiern wollten. Eiffel machte sich an die Arbeit, und in nur zwei Jahren wurden achtzehntausend Einzelteile mit zwei Millionen fünfhunderttausend Nieten zusammengefügt. Aber das Endprodukt gefiel niemandem – damals.

»*Das Schlimmste an ihm ist*«, klagte der Schriftsteller Guy de Maupassant, »*daß man ihn von überall in Paris sieht*«, und beschimpfte den Turm als »*das teuflische Unternehmen eines Kupferschmieds im Größenwahn«.* Schon zu Beginn des Baus veröffentlichten empörte Künstler in der Zeitung *Le Temps* einen geharnischten Protest, in dem sie sich im Namen der *»bisher unversehrten Schönheit von Paris, des mißachteten französischen Geschmacks und der bedrohten Kunst«* erbittert gegen diesen Turm von Babel aussprachen. Zu den Verächtern der Moderne gehörten neben Maupassant der Komponist Charles Gounod, der Architekt und Vater der Pariser Oper, Charles Garnier, und der Schriftsteller Alexandre Dumas der Jüngere. Aber was schert sich das Volk darum, was die Künstler stört: Innerhalb eines halben Jahres bestiegen knapp zwei Millionen Menschen den Eiffelturm.

Nun war das Eisenungetüm zwar nur für die Dauer der Weltausstellung errichtet worden, doch vor dem Abriß retteten den Turm die neuen Möglichkeiten der Funktechnik und deren strategische Bedeutung, denn immerhin drohte vom Osten her immer wieder die »Invasion der teutonischen Horden« – wie es der Volksmund meinte. Der schmählich verlorene Krieg von 1870 lag ja nur zwanzig Jahre zurück und war allen im Gedächtnis, riefen die Sieger doch im Spiegelsaal von Versailles auch noch das Deutsche Reich aus und proklamierten Preußens König zum deutschen Kaiser. Und weitere fünfundzwanzig Jahre später würde tatsächlich der Erste Weltkrieg beginnen.

Der Eiffelturm von Robert Delaunay

Inzwischen hatten die Künstler sich an den schlanken, eleganten Turm gewöhnt. Guillaume Apollinaire dichtete Verse auf ihn, Jean Cocteau schrieb ein – inzwischen längst vergessenes – Theaterstück, Maler wie Raoul Dufy und besonders Robert Delaunay – und auch dessen Frau Sonja – haben Dutzende heute noch berühmter Bilder vom Eiffelturm gemalt. Nun ist er mehrmals frisch gestrichen worden. Eine Hamburger Firma hat vor kurzem sogar eine neuartige Beleuchtung entworfen, die ihn nachts äußerst elegant über die Häuser von Paris hinausschweben lässt.

Anfänger, Fortgeschrittener – wann aber beginnt Kennerschaft? Erst bei Picassos Fernande oder schon an der Place des Vosges, wo Henri II beim Turnier starb, bei Françoise B. und den Katzen hinter Notre-Dame oder beim Kölner Jakob Ignaz Hittorf, dem Architekten der heutigen Anlage der Place de la Concorde? Oder gar erst bei Roland und seinem Vacherin oder dem stets mürrisch erscheinenden Jean-François und seiner »Guillotine«?

Der Duft verbindet Sichtbares mit Ahnungen.

Auch Gerüche verbinden Vordergrund und Hintergrund, gleichgültig, ob der appetitanregende Duft der frischen Croissants oder der Baguettes aus der offenen Tür des Bäckers dringt, der Käsegeruch durch die Fenster des Froumagers zieht oder das Parfum einer Passantin verleitet, tief durch die Nase zu atmen.

Stets verbindet der Duft Sichtbares mit Ahnungen. Daß in Paris die feinen Gerüche erfunden werden mußten, verwundert auch heute noch nicht. Louis XIV verließ das Schloß mit dem Namen Le Louvre und baute ein neues in Versailles, weil die Dämpfe der noch nicht kanalisierten Fäkalien das Leben in Paris unerträglich machten. Immer noch stolpert man über diesen Geruch – wegen der unzähligen Hunde.

Guillotine am Nachmittag

Äußerlich erscheint das paradiesische Paris als Sieg der Bourgeoisie, jetzt, wo die Sozialutopien des letzten Jahrhunderts endgültig kapituliert haben, weil der Mensch zu unvollkommen ist, um sich elysische Gefilde auf Erden zu schaffen. Das Sichtbare in der Stadt wird hergerichtet, um den wirtschaftlich hoffentlich bald blühenden »Vereinigten Staaten von Europa« eine angemessene Metropole zu bieten. Allerdings hat der Philosoph André Glucksmann gewarnt, das quirlige Berlin werde Paris den Rang ablaufen. Aber das will man erst einmal sehen, und deshalb läßt man sich von dem einmal gefaßten Beschluß auch nicht abbringen, weiter aufzuräumen.

Das Vorurteil des Schmutzigschmierigen bestätigt sich höchstens noch auf der schlechtgelüfteten Plumpstoilette der *Palette*, jenes alten Bistros unweit vom Pont des Arts, in der Rue de Seine, in dem Jean-François ein hartes Regiment führt. Seine »Guillotine« verkauft Jean-François jedenfalls nicht an jeden. Wer in der stets überfüllten Gaststätte einen Stuhl ergattern will, muß ihm gefallen. Er hat schon viele vor die Tür gewiesen, weil ihm irgend etwas an ihnen nicht paßte. Und sollte ein ihm bekannter Ehemann mit einer anderen Schönen als der Gattin erscheinen, dann wird er laut und vernehmlich fragen, wo denn die Frau sei, wie es den Kindern gehe! Da achtet Jean-François auf Ordnung. Das Recht, seine Launen auszuleben, gehört zum Ambiente. »Guillotine« heißt bei ihm ein mit rohem Schinken belegtes, in kleine Happen zerteiltes Graubrot, wie man es am Nachmittag zu einem Glas Rotem so dringend benötigt …

MOULIN ROUGE
MOULIN ROUGE
MOULIN ROUGE
CONCERT
BAL
TOUS Les SOIRS
LA GOULUE
TOUS LES SOIRS
MOULIN ROUGE
les Mercredis et Samedis
BAL MASQUÉ
H Lautrec

Nein, die Stadtväter haben sich dem internationalen Wunsch nach Keimfreiheit angepaßt. Weil die weichen Poren des hellen Kalksteins, aus dem die meisten Gebäude an den Pariser Boulevards gemauert sind, den Ruß der Zivilisation nur allzu willig aufsaugen, haben die Franzosen einen weltweiten Vorsprung in der Technologie, Fassaden zu reinigen. Und sie nutzen ihr Wissen, um die Stadt weißzuwaschen. Aber hinter den schönen Mauern verbergen sie, daß das Leben aus dem Jahrhundert der Passagen, daß Swanns Welt weitaus nüchterner, langweiliger geworden ist.

Die Stadtväter haben sich dem internationalen Wunsch nach Keimfreiheit angepaßt.

Emile Zolas *Nana* würde heute kaum noch ausgehalten. Den Mythos vom »verruchten« Paris beleben in der Öffentlichkeit statt dessen brasilianische Transvestiten. Und La Goulue, die Toulouse-Lautrec barbusig malte, würde kein Maler mehr im Moulin-Rouge suchen, obwohl die dort tanzenden Nackedeis wie eh und je im Akkord von einer Vorstellung zur anderen hetzen, um ihr Leben mit den Eintrittsgeldern japanischer oder deutscher Reisender zu finanzieren – aber bei heller Beleuchtung würden die armen Mädchen keinen Maler mehr verführen.

Stadt der Dörfer

Paris spiegelt sich immer noch gern, täuscht Weite und Perspektiven im Glas vor, versteckt sein wahres Bild, indem es suchende Blicke zurückwirft. Wenn aber das eine oder andere Bistro seine Spiegel verliert, wenn die rote Markise durch eine graugestreifte ersetzt wird, weil dies dem neuen Stil entspricht, ja, wenn immer mehr Bistros schließen und modischen Sandwich-Boutiquen weichen, dann fällt es nur dem *habitué* auf, dem Nachbarn, dem Dorfbewohner. Denn ganz Paris zerfällt, je nachdem, wo man lebt, in viele kleine Dörfer.[3] Aus der Hektik von Metropolis zieht sich ein jeder abends in die Ruhe seines Fleckens zurück. So lebt es sich in dieser Millionenstadt recht provinziell-menschlich.

3 **Viele kleine Dörfer**
Jean Cocteau war es, der als erster davon sprach, daß Paris aus einzelnen Städten und Dörfern besteht. Offiziell hingegen besteht es selbstverständlich jedoch aus Arrondissements, zwanzig nämlich – ein jedes mit seinem Bürgermeister –, und diese wiederum aus vier Quartiers. Die amtlichen Viertel decken sich aber durchaus nicht immer mit den gewachsenen. So manche Straßen, die schon offizielles St.-Germain sind, sind immer noch gelebtes Quartier Latin.

Das Pariser Dorf eines jeden dehnt sich gerade so weit aus, wie er zu Markt und Läden, zu Bistro oder Kino – und zur nächsten Metrostation – zu Fuß gehen kann. Wer von der Arbeit aus einem anderen Quartier heimkehrt, entspannt sich in seinem Dorf, wo er zu Hause ist, weil er alle kennt. Er weiß, bei welchem Bistro morgens die Sonne auf die Stühle *à la terrasse* scheint, wenn man dort die Zeitung lesen und dabei das Croissant in seinen *grand crème*, den Milchkaffee, tauchen will. »La terrasse« heißen Stühle, die manchmal auf dem engen Gehsteig noch an die Hauswand gestellt werden und jedem Fußgänger ein Hindernis sind. *À la terrasse* ist der Verzehr teurer als am *zinc*, an der Theke. Aus den gekauften Gazetten kann die Zeitungsfrau sehen, ob der Ehemann verreist ist. Und sie, die über alles Bescheid weiß, macht auf den einen oder anderen Artikel aufmerksam und vergißt nicht, über die Polizeiwagen zu schimpfen, die seit einigen Tagen an der Straßenecke parken. Mittags scheint die Sonne auf die Tische eines anderen Bistros.

Auch der Clochard, der selbst im kalten Winter manchmal mit nackten Füßen in einem Geschäftseingang liegt, wird von der Dorfgemeinschaft geduldet und finanziert. Es gehört sich, mit ihm ein paar Worte zu wechseln, während man ihm ein Geldstück zusteckt, und nicht nur ein paar Centimes, er weiß schon, wer mal zwei Euro zückt. Aber die Stadtindianerin, die – so sie da ist – meist auf dem Luftschacht steht, aus dem die warme Metroluft nach oben dampft, läßt man in Ruhe, weil sie laut anfängt zu schreien, auch wenn man ihr etwas geben möchte. Den feinen und reichen Monsieur E. sieht man häufig gegen Abend, wenn er ausgeschickt wurde, die Baguettes zu kaufen, an einer der Theken mit den Berufstrinkern ein paar Worte wechseln, schnell einen kippen und wieder verschwinden, bevor man zwei-

mal hingeschaut hat; es wundert keinen, bei der Schreckschraube, mit der er verheiratet ist.

In diesen Dörfern spielt die Concièrge zwar immer weniger, aber doch immer noch eine Rolle, nicht jede eine löbliche. Selten ist sie Französin, kaum noch Spanierinnen haben's nötig, sich so zu verdingen – eher Portugiesinnen. Weil sich das Dorf nach außen abschirmt und kaum wahrnehmbar ist, muß der aus einem anderen Quartier mit der Métro angereiste Fremde bei der Concièrge nachfragen, wer in welcher Etage wohnt. Selbst wenn an immer mehr Häusern inzwischen Klingeln mit Namensschildern angebracht werden, so versteckt man sich darauf noch hinter einer Nummer oder ein, zwei Buchstaben. Die Concièrge verteilt die Post, und werden unangemeldet Blumen geliefert, ruft Madame – so sie noch die Lockenwickler auf dem Kopf trägt – durch die Tür: »Geben Sie's bei der Concièrge ab!« Man weiß ja nie, wer da schellt.

Eine der wichtigsten Rollen der Concièrge bleibt der Schwatz, da erfährt man viel über die anderen. Wissen Sie, daß die reiche Gräfin X, der ja die halbe Straße gehört, morgens um acht schon auf den Markt geht? Sie selbst! Weil es dort billiger sei als in den Läden, die näher liegen. Aber da werden auch böse Gerüchte ausgestreut, wenn Monsieur zu Weihnachten nicht einen anständigen Obolus gegeben hat. Wenn Madame verreist sei, dann vergnüge er sich mit kleinen Jungs; das erzählt sie der Putzfrau.

In den Dörfern spielt die Concièrge immer noch eine Rolle, nicht immer eine löbliche.

Die Männer der Conciergen sind ein anderes Problem. Meist arbeiten sie auf dem Bau, sind im Winter arbeitslos und hängen dann rum. Drüben, der Mann der ordentlichen Concièrge in der Rue de Grenelle, unweit vom Boulevard St.-Germain-des-Prés, er hat Magengeschwüre, hält das Leben in der Stadt nicht aus, weil er hier ja niemand ist – im Gegensatz zu seiner Frau. Er erkrankt am portugiesischen Macho-Syndrom. Sie hilft abends aus, wenn man Gäste hat, und putzt auch im Käsegeschäft, aber jetzt gehen sie leider zurück nach Portugal, wegen des Mannes.

Im Hof hinter der Fontaine des Quatre Saisons,[4] die zu Zeiten von Louis XIV gebaut wurde, hat Dina Vierny ein Privatmuseum für Maillol eingerichtet, dessen letztes Modell sie als Fünfzehnjährige gewesen ist. Sie hat alles allein bezahlt, doch selbst nach ihrem Tod wird noch darüber gelästert, wie geizig sie gewesen sei. Natürlich lebt in jedem Pariser Dorf einer, der öffentlich bekannt ist. Wo trifft man sich, wenn nicht im Bistro? Dann im Laden. Über Nacht hat der Geflügel- und Wild-Metzger geschlossen. Er hat Pleite gemacht, erfährt man. Kein Wunder: Zuerst nahm er sich eine Mätresse, die er dann auch noch als Verkäuferin im eigenen Laden anstellte. Die Ehefrau saß hinter der Kasse. Im Zwiespalt fing er an zu saufen. Dann kam – jeder verdreht die Augen, weil er weiß, was das bedeutet – die Steuerprüfung. Aber der berühmte Käsehändler Roland hat einem Freund einen Tip gegeben, daß der Laden frei würde. So hat der Kumpel Jacky nun einen Obst- und Gemüseladen eingerichtet, in dem man die edelsten Produkte kaufen kann. Miniaturtomaten oder kleinste Maiskolben, wie sie sich nur

4 **Im Hof hinter der Fontaine des Quatres Saisons**
Wenn man Paris auch als Stadt der Dörfer bezeichnet hat, so geht fehl, wer sich darunter rurale Beschaulichkeit vorstellt. Der Faubourg St.-Germain, in dem sich der schöne, von Edme Bouchardon 1745 geschaffene Vier-Jahreszeiten-Brunnen befindet, zählt jedenfalls zu den vornehmsten »Dörfern« der Stadt. In den ehemaligen Stadtschlössern des Hochadels, den »Hôtels«, sind heute viele Botschaften untergebracht, auch Museen, wie das beliebte Musée Rodin im Hôtel Biron, andere sind bewohnt von Menschen, die sich das leisten können. Nicht zufällig findet sich hier auch die größte private Parkanlage der Stadt, in der Rue de Varenne beim Hôtel de Matignon, in dem traditionell der Premierminister residiert.

La Fontaine des Quatre Saisons

als Zierde beim Vorlegen eignen, jede Art von exotischen Früchten, alle glänzend poliert und fein übereinander aufgebaut. Natürlich hatte der Käsehändler im Sinn, mit dem Geschäft des Freundes die Kundschaft an diese Ecke zu binden. Denn schräg gegenüber hat der Kolonialwarenhändler geschlossen und eine Boutique eröffnet.

Man muß achtgeben, daß ein Dorf nicht stirbt, was der Fall wäre, wenn sie vertrieben würden, die Metzger und Bäcker, Froumagers und Poissonniers – Käse- und Fischhändler. Sie bewahren die dörfliche Atmosphäre und die mitmenschlichen Werte, indem sie selbst horrende Angebote für ihre Läden von Kenzo, Armani oder Missoni, die Modefummel verkaufen wollen, ablehnen. Mode- und Schuhgeschäfte breiten sich überall aus. Der berühmte Drugstore gegenüber dem Café *Deux Magots* wurde von Armani verdrängt, der schöne, alte Bücherladen an der Ecke Place Saint-Gérmain und Rue de l'Abbaye mußte Dior weichen. Wer sich das teuere Zeug bloß leisten kann! Leute, die aus Madrid, London oder München anreisen.

Die traditionellen Händler retten das Dorf, das von der Kommunikation lebt, und ein Spezialist mit Renommee zieht immer noch Kundschaft aus anderen Dörfern an. So stauten sich sonntags früh die Wagen vor der Bäckerei von Monsieur Louâpre, weil er die feinsten Buttercroissants weit und breit herstellte. Den Tod seiner Frau hat er nicht verwunden und sein Geschäft verkauft, immerhin an Dalloyau, den ältesten Traiteur von Paris, der weiterhin mit Buttercroissants sonntags für Schlangen vor diesem Laden sorgt. Das Goldene Buch des Käsehändlers Barthélemy ein paar Häuser weiter hat der Poet Biemel mit einem Vers eröffnet, dem folgten andere, die vor dem engen Geschäft anstanden, wo es auch noch nach Molkerei riecht, wenn die Rolläden runtergelassen sind: Präsidenten oder Premierminister wie Valéry Giscard d'Estaing, Jacques Chirac oder Michel Rocard. Nur Madame Barre ließ, als ihr Mann Premierminister war, anrufen, bevor sie mit dem Dienstwagen vorfuhr, damit sie nicht – wie alle anderen – warten mußte.

Wenn der Premierminister zu einem Sommerempfang in den Garten des Hôtel de Matignon einlädt, dann servieren Froumager Barthélemy und Gemüsehändler Jacky unter einem Zelt ihre morgens um vier Uhr früh in den Markthallen von Rungis persönlich ausgewählten Leckereien. Daß bei ihnen ein Premierminister oder gar ein Staatspräsident im Laden erscheint, gehört zu den seltenen Gegebenheiten, von denen lange im Dorf geredet wird. Doch es geschieht. Die Herren sehen darin wohl eine willkommene Abwechslung, da tauchen sie – selten genug – ins wirkliche Leben ein. Und daß sie, die Politiker, sich in sein Goldenes Buch eintragen, ist dem Händler wichtiger als Cathérine Deneuve oder der Nobelpreisträger für Literatur, Claude Simon. Die Elite des Staates machen sie heute aus, die Herren der Behörden und der Privilegien. Und wer soweit ist, dies zu verstehen, der beginnt, eine Ahnung zu haben von dem, was sich hinter den Fassaden von Paris verbirgt.

Eine kurze Geschichte der Stadt

Sie war das neue Rom. Sie war die erste Weltstadt der Neuzeit. Von Paris ging die Aufklärung aus, und die Menschenrechte wurden hier formuliert. Der Sturm auf die Bastille läutete das Ende des Ständesystems in Europa ein und führte zur Herausbildung der Nationalstaaten, wie wir sie heute kennen. Bis ins einundzwanzigste Jahrhundert war Paris das Zentrum für Künstler und Intellektuelle aus aller Welt, und die Worte Friedrich Hebbels, die er auf den Louvre bezogen sprach, gelten noch immer für die Stadt insgesamt: »Man hat nirgends so viel auf einmal von der Welt beisammen wie in Paris.«

Die Wiege der Stadt aber findet sich auf dem Wasser. Auf der heutigen Île de la Cité siedelten bereits im 3. Jahrhundert v. Chr. keltische Gallier, die sogenannten Parisier. 52 v. Chr. wurden sie von den Römern besiegt, die Stadt wurde zu Lutetia Parisiorum.

Die Thermen

Noch heute finden sich Zeugnisse aus dieser Zeit am linken Seine-Ufer: Reste der Arena aus dem 1. Jahrhundert und der Thermen aus dem 2. Jahrhundert. Mit den Franken, die der Römerherrschaft in Gallien im 5. Jahrhundert ein Ende setzten, wurde sie zur Hauptstadt des fränkischen Königreichs. Im Mittelalter entstand hier eines der herausragenden architektonischen Zeugnisse des Christentums, die Kathedrale Notre-Dame.

Rekonstruktion der römischen Arena von Paris

Das Pariser Stadtwappen

Die gallo-römische Periode

52 v. Chr. – 486 n. Chr.

Der Name der keltischen *Parisii*, wie er uns in Cäsars *De Bello Gallico* überliefert ist, bedeutet »Schiff«, »Boot«, und bis heute ist das Schiff Sinnbild der Stadt: »Fluctuat nec mergitur« lautet der Spruch des Pariser Stadtwappens, das ein Schiff in voller Fahrt zeigt: »Es gleitet dahin und sinkt nicht«. Die Kelten nannten ihre Stadt *louk-teih*, einen »Ort der Sümpfe«, und als sie 52 v. Chr. von Labienus, Cäsars Offizier, eingenommen wurde, latinisierten die Römer das Ganze zu Lutetia Parisiorum, die Moraststadt der Parisier. Unter den Römern wächst die Stadt rasch an bis übers linke Seine-Ufer.

Im dritten Jahrhundert, zur Zeit der Völkerwanderung, wird die Île de la Cité für die Menschen immer wieder zur Zufluchtstätte vor den Vandalen, Hunnen, Alemannen und Franken.

Der legendäre Grieche Dionysius stirbt nördlich von Paris als einer der ersten Verkünder des Christentums im Jahr 250 den Märtyrertod. Als Saint-Denis wird er später Schutzheiliger der französischen Könige.

451 fallen die Hunnen in der römischen Provinz Gallien ein. Als Attila, ihr König, vor den Toren von Paris steht, ist es Genoveva, eine Jungfrau aus Nanterre, die die Stadt rettet, indem sie die Bewohner beschwört, nicht zu fliehen und statt dessen zu Gott zu beten. Als Sainte-Geneviève wird sie fortan als Schutzpatronin der Stadt verehrt.

Die merowingische Periode

Zwischen Antike und Mittelalter 486 – 768

486 besiegt der fränkische König Chlodwig die Römer; er macht Paris zum Königssitz des Frankenreiches. Sein Sohn Childebert gründet die Kirche St. Germain-des-Prés, wo fortan die Merowinger bestattet werden. 754 wird der letzte Merowinger, Pippin der Kurze, zum König gesalbt.

Die Karolinger

Mittelalter 768 – 987

768 übergibt Pippin das fränkische Reich an Karl den Großen. Der macht allerdings Aix-en-Provence zur Hauptstadt und zieht Aachen als Residenzstadt vor.

885 wird die Île de la Cité über dreizehn Monate von den Wikingern belagert. Karl der Kahle organisiert den erfolgreichen Widerstand durch den Bau von Befestigungsanlagen.

Die Kapetinger 987 – 1328

987 wird Hugo Capet König von Frankreich. Von ihm sollen alle späteren Könige bis zum 1848 entmachteten Bürgerkönig Louis Philippe abstammen. Hugo macht Paris wieder zur Hauptstadt des Reichs. Die Stadt prosperiert dank reger Flußschiffahrt. Den Aufstieg dokumentieren gewaltige und einzigartige Bauwerke: 1163 legt Bischof Maurice de Sully den Grundstein des Chors der Kathedrale Notre-Dame; 1220 wird die Vorderseite fertiggestellt, das Hauptschiff wird erst im 14. Jahrhundert vollendet. Philipp II. Augustus läßt ab 1180 als Schutzburg den Louvre errichten, dessen Name von einem ehemaligen Normannenlager, »Lower«, herrührt, das sich an der Stelle befand. 1215 wird die erste Pariser Universität gegründet, unter Lud-

wig IX. kommt ein vom Domherr Robert de Sorbon gegründetes Studentenkonvikt hinzu; die »Sorbonne« wird später zur Gesamtbezeichnung der Pariser Universität.

Das Haus Valois

Renaissance

Das 14. Jahrhundert war ein Jahrhundert der Krisen und Plagen. Die Linie der Kapetinger in Frankreich stirbt aus; 1328 besteigt Philipp VI. aus dem Hause Valois, einer Seitenlinie der Kapetinger, den Thron. In der Stadt wütet die Pest. Der englische König Edward III. (Sohn einer Tochter des Kapetingers Philipp IV.) meldet Ansprüche auf die französische Krone an und eröffnet 1337 den später so genannten Hundertjährigen Krieg. Etienne Marcel, der Profoß der Pariser Kaufleute, nutzt die Schwäche, in der sich das Reich befindet, und ruft 1356 zum ersten Aufstand gegen die Monarchie auf. Er kann den Kronprinzen für kurze Zeit aus Paris vertreiben, wird aber 1358 von Gefolgsleuten des Königs ermordet. Zur gleichen Zeit kommt es zum Aufstand der Bauern, der Jacquerie. Frankreich verliert in den Wirren mehrere Gebiete an England, so auch zeitweilig Paris. Erst 1436 gelingt es Karl VII., dem 1425 zu Reims gekrönten König, unterstützt durch die revoltierenden Bewohner der Stadt, die Engländer aus Paris zu vertreiben.

Im 16. Jahrhundert unter Franz I. wird die Stadt wieder zum Königssitz und zu einem Zentrum der abendländischen Kultur. Er holt die italienischen Künstler Andrea des Sarto und Leonardo da Vinci nach Frankreich. Der Louvre wird teilweise abgerissen und neu errichtet. 1532 beginnen die Arbeiten an der Église St.-Eustache. 1533 wird das Rathaus gebaut. Die Arbeiten am Louvre werden unter der Regentschaft Heinrichs II. abgeschlossen, der 1559 bei einem Turnier tödlich verletzt wird. Seine Frau Katharina von Medici regiert fortan. Der Tuilerien-Palast entsteht nach ihren Plänen. 1572 kommt es in Frankreich zum grausamen Höhepunkt der Glaubenskämpfe zwischen Katholiken und Calvinisten (Hugenotten), als in der Bartholomäusnacht vom 23. auf den 24. August allein in Paris über 3000 Hugenotten ermordet werden.

Heinrich III. läßt den Pont Neuf erbauen, die erste Brücke, die linkes und rechtes Seine-Ufer verbindet.

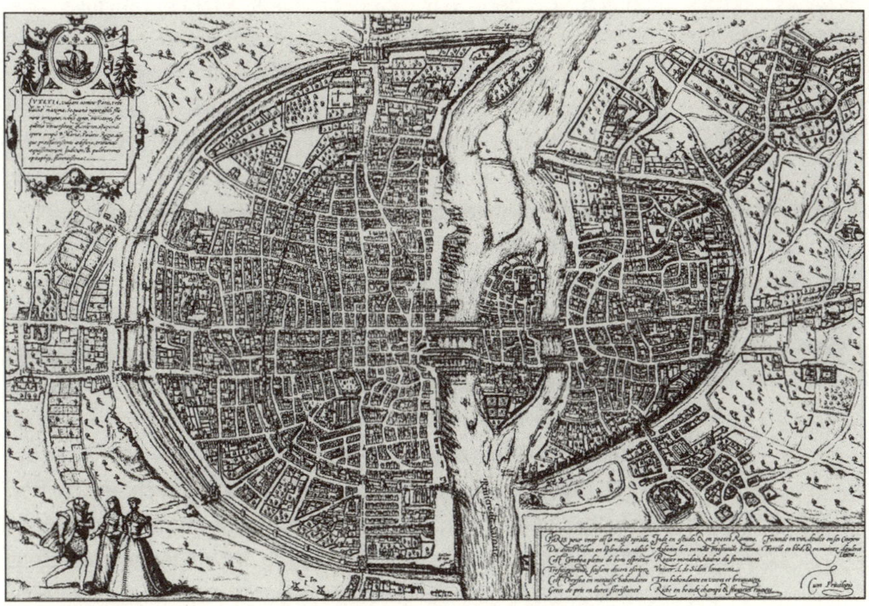

Paris um 1530. Deutlich zu erkennen, links, die nördliche Befestigungsanlage, die späteren Grands Boulevards; rechts unten die Abtei St.-Germain vor den Toren der Stadt

Cité-Insel mit Notre-Dame, der Königsburg im alten Zustand und der Place Dauphine, Stich um 1650

Die Bourbonen

Absolutismus 1589 – 1789

Der Anführer der Hugenotten, Heinrich von Bourbon-Navarra, wird nach dem Aussterben derer von Valois Thronfolger, nicht aber, ohne wieder heimzukehren in den Schoß der alleinseligmachenden Kirche. Als katholischer Heinrich IV. gewährt er aber den Hugenotten das Recht, ihren Glauben auszuüben, und auch sonst ist er ein Beförderer der Künste und Wissenschaften. Er läßt den Louvre und die Tuilerien vergrößern, konzipiert die Place Royale (die heutige Place des Vosges), vollendet den Bau des Pont Neuf und des Rathauses. Nach der Ermordung Heinrichs IV. ist es der leitende Minister Ludwigs XIII., Kardinal Richelieu, der die Interessen der Krone mit eiserner Hand durchsetzt und den Beginn des Aufstiegs des Landes zur Großmacht markiert. 1635 gründet er die Académie française.

1661 wird Ludwig XIV. zum absoluten Herrscher und macht Frankreich endgültig zur Wirtschafts- und Kriegsmacht Nummer eins, dies allerdings nicht von Paris aus, sondern von Versaille zwanzig Kilometer südwestlich, dessen Schloßbauten zum Inbegriff absolutistischer Prachtentfaltung werden. In Paris wird der erste Teil der Champs-Élysées angelegt, die Place Vendôme entsteht, die Place des Victoires, Brunnen, Quais-Anlagen, Arbeiten, die unter Ludwig XV. fortgeführt werden.

Anfang des 18. Jahrhunderts werden die Champs-Élysées bis zum Sternplatz, dem heutigen Triumphbogen, verlängert. 1757 entsteht der Pont de la Concorde und schafft mit der Rue Royale die spätere Achse Place Bourbon – Madeleine. Wo sie die Achse Triumphbogen – Louvre schneidet, entsteht einer der prächtigsten Plätze der Welt, ursprünglich geschaffen als Place Louis XV., vorübergehend umgetauft in Place de la Révolution: die Place de la Concorde. Im selben Jahr wird mit dem Bau der Église Sainte-Geneviève, dem späteren Panthéon, begonnen, und zwar an der Stelle der alten Abtei der heiligen Genoveva, der Pariser Schutzheiligen Sainte-Geneviève.

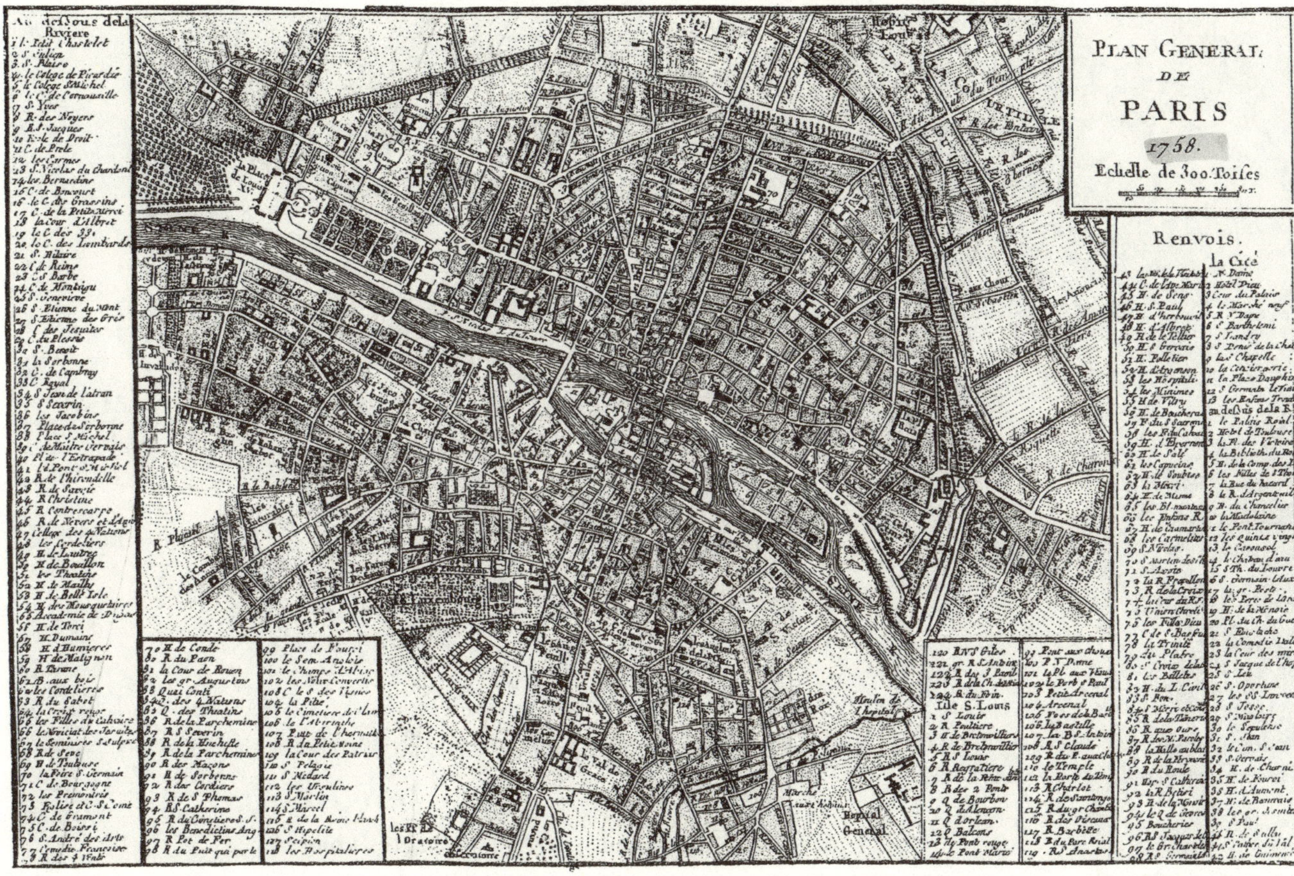

Paris im Jahr 1758. Anstelle des alten Befestigungsrings finden sich nun im Norden baumbestandene Spazierwege; die Tuilerien und die spätere Place de la Concorde, links im Bild, markieren den westlichen Stadtrand

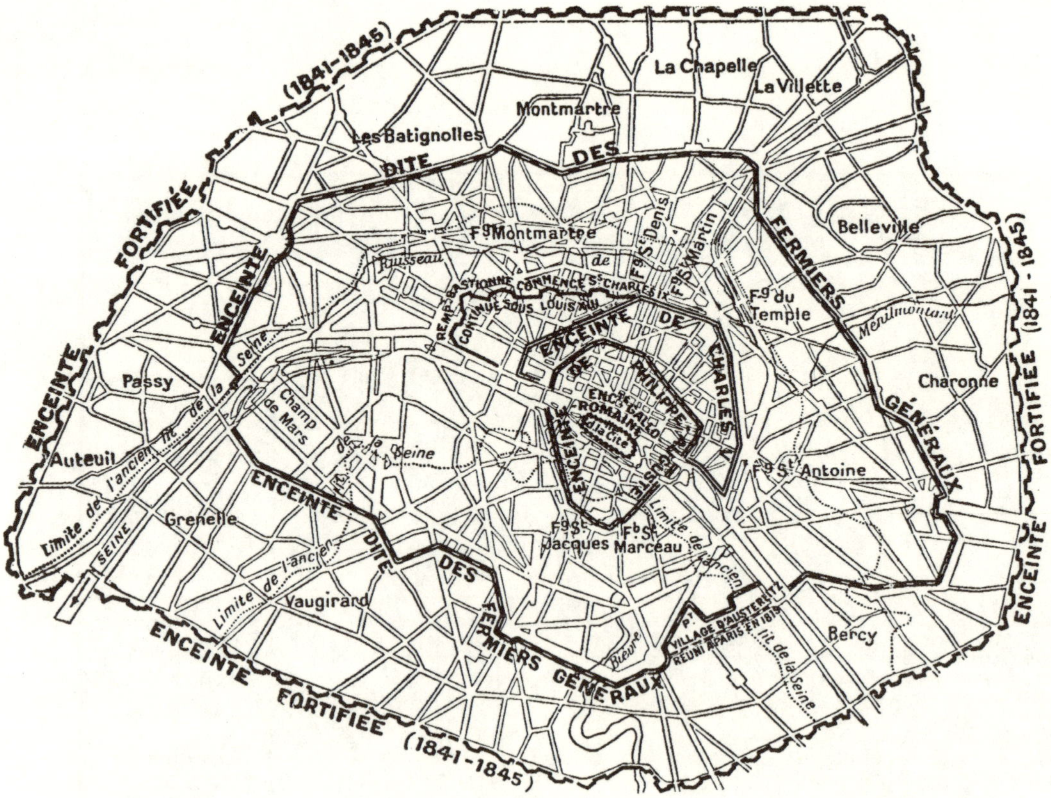

Die Befestigungsringe – die Enceintes – vom 2. bis zum 19. Jahrhundert

1773 wird die École Militaire, die französische Militärakademie, gebaut, an der später auch Napoléon Bonaparte so folgenreich sein Handwerk erlernen sollte.

Napoléon Bonaparte

Erste Republik (Konsulat) und das erste Kaiserreich 1799–1815

Der Sturm auf die Bastille am 14. Juli 1789 löst die Französische Revolution aus; Ludwig XVI. wird auf der Place de la Révolution (der heutigen Place de la Concorde) geköpft, und Napoléon Bonaparte wird erster Konsul der neuen Republik. 1804 macht er sich selbst zum Kaiser, die Krönung findet in Notre-Dame statt. Einige der berühmtesten Bauwerke entstehen unter seiner Ägide oder werden geplant. Der Arc de Triomphe, die Säule der Place Vendôme, der Palais de la Bourse, die Markthallen Les Halles, Avenuen und Plätze, die ersten Passagen.

Ludwig XVIII. und Louis-Philippe

Restauration und Julimonarchie 1815–1848

Mit Napoléons Niederlage bei Waterloo, 1815, brechen ruhigere Zeiten an, man begnügt sich mit Verschönerung und Ausbesserung von Straßen und Plätzen; die Trottoirs entstehen und neue Brücken. Louis-Philippe, der Bürgerkönig, der 1830 an die Macht kommt, sorgt für die Planierung der Boulevards, den Ausbau der Kanalisation und der Befestigung der Quais. Die erste Eisenbahnlinie Frankreichs wird 1837 in Paris eingeweiht.

Louis Napoléon wird Napoléon III.

Die zweite Republik und das zweite Kaiserreich 1848–1870

In der Februarrevolution von 1848 erzwingt das Volk die Abdankung des Bürgerkönigs und ruft wiederum die Republik aus. Prinz Charles Louis Napoléon Bonaparte, Neffe Napoléons I., wird zum Präsidenten ernannt. 1852 macht er sich per Plebiszit zum Kaiser der Franzosen. Als Napoléon III. nimmt er mit dem Präfekten von Paris, Georges-Eugène Haussmann, eine radikale Umgestaltung der Stadt in Angriff. Paris erhält das Gesicht, wie wir es heute kennen. Alle großen Straßen entstehen oder werden ausgebaut: Rue de Rivoli, die Boulevards Saint-Michel, Sebastopol, St.-Germain, Malsherbes. Mit der Opéra Garnier strukturiert sich ein ganzes Stadtviertel neu. Paris wird zur Welthauptstadt des Luxus und des Pomps.

Die dritte Republik 1871–1940

1870 gerät Napoléon III. im Deutsch-Französischen Krieg in Gefangenschaft. In Paris rufen Léon Gambetta und Jules Favre die dritte Republik aus. In Versaille wird am 18. Januar 1871 das Deutsche Reich gegründet; zehn Tage später fällt Paris, und Gambetta wird gestürzt. Im März kommt es zu Aufständen der Arbeiterschaft, der Pariser Kommune, die im Mai blutig niedergeschlagen werden.

Eine Zeit der Modernisierung der Stadt setzt ein. Die Stadt richtet spektakuläre Weltausstellungen aus; für diese Anlässe entstehen der Eiffelturm 1889; Grand Palais und Petit Palais mit ihren Glaskuppeln 1900; außerdem die erste Métro-Strecke (Porte Maillot – Porte de Vincennes).

Ende des Jahrhunderts kann sich in der Kunst der jahrzehntelang angefochtene Impressionismus durchsetzen, Anfang des Jahrhunderts regiert die Art nouveau, der Jugendstil, die Stadt, in den wilden Zwanzigern feiert der Futurismus Triumphe. Paris wird zum Mekka der Kunstschaffenden. Der Bauhausstil hält Einzug. Le Corbusier fordert, die Kirchen und Kathedralen zu zerschlagen und durch Hochhäuser zu ersetzen. 1937 entstehen das gemäßigt moderne Palais de Chaillot und das Musée d'Art Moderne.

Der Zweite Weltkrieg 1940–1945

In der Zeit von 1940 bis 1944 besetzt die deutsche Wehrmacht Paris, bis die Stadt am 26.8.1944 von den Alliierten befreit wird. Hitlers Befehl, die Stadt zu zerstören, war am Widerstand seiner Generäle gescheitert.

Die vierte und die fünfte Republik 1945 bis heute

Die Zeit nach 1945 war für Frankreich eine Zeit des Neuanfangs und der Neubestimmung, innen wie außen. 1958 führt die Algerienkrise zur Neukonstituierung der Verfassung. Charles de Gaulle wird Präsident der fünften Republik. 1962 wird ein von André Malraux initiierter Gesetzentwurf zur Restaurierung und zum Schutz von historischen Gebäuden verabschiedet. 1968 erschüttern Studentenunruhen die Stadt, die für kurze Zeit das ganze Land ergreifen. 1969 werden Les Halles abgerissen, die berühmten Markthallen Napoléons III., 1977 das Centre George Pompidou eröffnet. 1981 kommt François Mitterand an die Macht und drückt der Stadt seinen architektonischen Stempel auf: Es entstehen La Grande Arche (der »Triumphbogen der Menschenrechte« im Hochhausviertel La Défense im äußersten Westen der Stadt), die neue Opéra de la Bastille, die Pyramide des Louvre, die Bibliothèque Nationale sowie das monumentale Finanzzentrum in Bercy im Osten von Paris.

Die Île de la Cité heute

Ein Fabelwesen

2. Kapitel

Warum Paris eine Messe wert ist und von den Folgen der Literatur

An der Ostspitze der Île de la Cité, gleich hinter Notre-Dame, liegt der kleine Platz. Dort, wo wie durch ein dickes Tau in Gestalt des Pont Saint-Louis die Insel gleichen Namens[5] angebunden ist. Dem modernen Papst Johannes XXIII. ist hier ein mit niedrigem schmiedeeisernem Gitter abgeschlossenes grünes Geviert gewidmet. Hierhin kommt jeden Morgen gegen halb acht Françoise B., um die Katzen der Gegend zu füttern. Ein flüchtiger Beobachter mag sie unter die einsamen Spinnerinnen der Großstadt einsortieren. Wie falsch und wie grob! Der Pariser Volksmund lebt von Aberglauben und Sprichwörtern über Einzelgänger mit Samtpfoten. In Grundfesten mittelalterlicher Gebäude mauerte man sie ein, um böse Geister zu vertreiben. Wer nachts eine Katze traf und sie schlug, entdeckte am nächsten Morgen auf seines Weibes Körper blaue Flecken.

Françoise betreute ursprünglich siebzehn Tiere in diesem Park. Heute leben zwischen den Buchsbäumen nur

5 **Insel gleichen Namens**
Ursprünglich bestand die Île St.-Louis aus zwei Inselchen, der Île aux Vaches, der Kuhinsel, und der Île Notre-Dame, bis der Minister Kardinal Richelieu sie verbinden ließ. Mitte des 17. Jahrhunderts entstanden hier einige der vornehmsten »Hôtels« des Adels, darunter einzigartige Zeugnisse des großen Architekten Ludwigs XIV., Louis Le Vau (1612 – 1670). Das Hôtel Lauzun etwa oder das Hôtel Lambert. In ihrer Verschmelzung von Prunk und klassischer Strenge weisen sie schon auf Le Vaus späteres Meisterwerk hin: das Schloß von Versailles. Am Hôtel Lauzune findet sich auch zum ersten Mal in der Baugeschichte der Stadt einer jener schmalen schmiedeeisernen Balkone, die bald das Pariser Stadtbild prägen sollten.

Es ist aber nicht der Prunk, der den besonderen Reiz der kleinen Île St.-Louis ausmacht, sondern die beschauliche Ruhe, die in diesem Sechstausend-Seelen-Dorf mitten in Paris herrscht. Denn anders als ihre Schwesterinsel, ist sie im 19. Jahrhundert weitgehend von Modernisierungen verschont geblieben. Hier weht er noch, der Hauch des alten Paris.

Théophile-Alexandre Steinlen, La Tournée du Chat Noir, 1896

noch sieben, die anderen hausen in ihrer Wohnung. Sie hat alle Katzen sterilisieren und eine Nummer in ihr Ohr tätowieren lassen. Nein, sie ist keine merkwürdige Schrulle, sondern eine gepflegte Büroangestellte besten Alters und wird von den Bewohnern der Ile de la Cité in der Katzenfürsorge und im Umgang mit den Behörden unterstützt. »Ich sorge für sie, wenn sie krank sind«, erzählt Francoise: »Und damit die Tierfänger sie nicht mitnehmen, haben wir die Behörden informiert. Die Chefin des städtischen Tieramtes hat der Leiterin des Amtes für öffentliche Gärten geschrieben, daß die Katzen dieses Platzes nicht eingesperrt werden dürfen.«

Dennoch – am rechten Verständnis für die sentimentale Beziehung zwischen Mensch und Katz' mangelt es den Behörden. Da stellte eine Pariserin den Antrag, im gleichen Grab mit ihrem Tier beerdigt zu werden, doch er wurde abgelehnt. Fürchten die Amtmänner, die Hexe mit Luzifer gemeinsam zu verscharren? Es reicht doch aus, einer Katze den Schwanz abzuschneiden, um ihr die Zauberkraft zu nehmen. Im Volksmund steigen die Katzen aus den Gräbern, paktieren mit Luzifer, der häufig ihre Körper besetzt, und deshalb ist sie in Frankreich auch eine Frau, die Katze. Und weil sie eine Pussi, eine Chatte und damit das ewig Verführerische der Frau darstellt, wird sie von bürgerlichen Malern häufig auf der Chaiselongue mit nackten Damen dargestellt. Wer Katzen streichelt, wird eine schöne Frau heimführen.

König Henri IV[6] wird es gewußt haben, denn er war ein rechter Frauenheld. Aber auch ein kluger Fürst. Er prägte den Satz: »Paris ist eine Messe wert.« Aber er war nicht auf die Stadt bezogen. Denn dieser Satz war ein politisches Bekenntnis. Henri IV soll es formuliert haben, weil er – mal wieder zum Protestantismus bekehrt – mit seiner Armee vor den Toren der Stadt lag und wußte, daß er die Hauptstadt und damit die Königskrone nur gewinnen könne, wenn er nun ein für alle-

Der Papst-Platz hinter Notre-Dame

6 Henri IV
Er war ein beliebter König, dieser Heinrich, weil er dem Volk nahe war. Nicht nur erwirkte er, daß es zur Aussöhnung von Protestanten und Katholiken im Land kam, jedenfalls fürs erste, sondern er dachte auch an das leibliche Wohlergehen der Menschen: »Jeder Bauer soll sonntags sein Huhn im Topf haben«, war seine Devise. 1610 wurde er von dem katholischen Fanatiker Ravaillac ermordet. Heinrichs Sohn aus der Ehe mit Maria von Medici übernahm als Ludwig XIII. die Krone.

mal zum Katholizismus übertrete. Also besuchte er – weil die Macht es ihm wert war – eine königliche Messe in der Kathedrale Notre-Dame, bekam Paris in die Hand und damit, was damals, 1589, Frankreich war. Den Rest eroberte er anschließend. Heinrich IV. wurde einer der wichtigsten Könige der französischen Geschichte. Dennoch hat er die Kapitale weniger geprägt als sein Enkel, der Sonnenkönig.

Die Abteikirche St. Denis

Die Henri-IV-Statue auf dem Pont Neuf

Der Bau von Notre-Dame de Paris, der ersten großen gotischen Kathedrale,[7] wurde unter Maurice de Sully, dem Bischof von Paris, 1163 begonnen und erst 1334 beendet. Obwohl als erste gebaut, unterscheidet sie sich von ihren schlankeren Nachfolgebauten und wirkt moderner

7 **Erste große gotische Kathedrale**
Notre-Dame war die erste Kathedrale im neuen Stil. Aber ein anderer Kirchenbau ging ihr voraus und schrieb nicht minder Architekturgeschichte. Bereits zehn Jahre zuvor war im Norden von Paris mit dem Bau der Basilika Saint-Denis begonnen worden, und hier war zum ersten Mal radikal mit dem vorherrschenden romanischen Stil gebrochen worden. Abt Suger verwirklichte mit jener Basilika eine Vision und schuf quasi im Alleingang einen Baustil, der für die nächsten vier Jahrhunderte verpflichtend sein sollte. Seine Idee war im Grunde ganz schlicht und ergreifend: Abt Suger wollte Licht in die Kirche bekommen, und das war bei der gedrungenen romanischen Bauweise kaum möglich. In den zeitgenössischen Basiliken herrschte fast den ganzen Tag ein Dunkel, das von Kerzen nur unvollkommen vertrieben wurde. Es sollten also Fenster her, und zwar hohe Fenster, und so entwickelte man Spitzbogenfenster, die eine viel höhere Gewölbehöhe möglich machen. Allerdings waren jetzt die Wände kaum noch in der Lage, die Last des Daches zu tragen, und so entstanden die für die Gotik typischen Strebebögen, die an den Außenwänden die Stützfunktion übernehmen.

Als man 1163 in Paris mit dem Bau einer Kathedrale im neuen Stil beginnt, wird die Hauptstadt des Kapetinger-Reiches der Mittelpunkt der abendländischen Baukunst. Alle späteren Kathedralen eifern diesem Bau nach, ja wollen ihn übertreffen, und das heißt vor allem – an Höhe. Ein Zeitalter der ersten Wolkenkratzer ist angebrochen.

8 **Victor Hugo**
Hat die Literatur Folgen? Gewiß. Aber nicht immer so weithin sichtbare wie im Fall Victor Hugo. 1802 wurde Hugo

Das linke Portal von Notre-Dame, die Pforte der Jungfrau Maria

Die Fabelwesen von Viollet-le-Duc

in Besançon geboren. Er studierte kurze Zeit am Pariser Polytechnikum, widmete sich dann aber ganz dem Schreiben. Mit seinen dichtungstheoretischen Aufsätzen, seinen Gedichten, Dramen und Romanen, nicht zuletzt mit seinen sozialkritischen Ideen wandte er sich programmatisch gegen den vorherrschenden literarischen Klassizismus. In den vierziger Jahren engagierte er sich in der Politik und mußte unter Napoléon III. das Land verlassen. 1859 bot ihm der Kaiser Amnestie an, Hugo ging nicht darauf ein. Seinen Mammut-Roman, *Les Misérables*, stellte er 1862 im Exil auf der Insel Guernsey fertig, eine ins Gewand eines Spannungsromans gekleidete bittere Anklage gegen das soziale Elend der Zeit. Erst 1870 konnte Hugo wieder nach Paris zurückkehren. Als er 1885 starb, begleiteten zwei Millionen Menschen den Trauerzug zum Panthéon.

Hugos Roman *Notre-Dame de Paris*, war 1831 erschienen. Er gilt als wichtigster französischer historischer Roman. Mit ihm brach sich eine grundlegende Neubewertung der mittelalterlichen Architektur Bahn, mit der Folge, daß Louis-Philippe, der Bürgerkönig, beschloß, die halbverfallene Kathedrale gründlich restaurieren zu lassen.

durch die Verbindung himmelwärts strebender und horizontal ausgerichteter Elemente.

Victor Hugo[8] widmete dem Gotteshaus eins seiner berühmtesten Werke, den Roman, der den Namen der Kirche im Titel trägt. Neben dem buckligen Glöckner Quasimodo und der von ihm geliebten schönen Zigeunerin Esmeralda ist die Kirche die eigentlich Heldin des Buches – »ein Fabelwesen« nennt er sie. Hugo hat diese Kirche in den Mittelpunkt gestellt, weil sie im Bewußtsein der Franzosen eine unermeßliche symbolische Bedeutung als Schauplatz großer geschichtlicher Ereignisse hat.

Nicht nur besagte Messe von Henri IV. fand hier statt, sondern einige Jahre zuvor, 1572, auch seine Trauung, als er noch der kleine König Heinrich III. von Navarra war, mit Margarete von Valois. Diese Hochzeit hatte die mörderische Bartholomäusnacht ausgelöst, in der Tausende von Protestanten im Namen der katholischen Herrschaft ermordet wurden. Zuvor schon war im Hundertjährigen Krieg zwischen England und Frankreich in Notre-Dame Henry VI. von England als Kind zur Schmach der Franzosen zum französischen König gesalbt geworden. 1558 heiratete dann der Dauphin, der französische Thronfolger François II, die später im Namen der englischen Krone geköpfte schottische Königin Maria Stuart. Schließlich setzte sich 1804 Napoléon Bonaparte zur Blamage des anwesenden Papstes Pius VII. selbst die Kaiserkrone auf. Und obwohl in Frankreich seit der Französischen Revolution eine strenge Trennung zwischen Staat und Kirche gilt, fand hier 1970 das Staatsbegräbnis von General Charles de Gaulle und 1996 das des ehemaligen Staatspräsidenten François Mitterrand statt, bei dem Bundeskanzler Helmut Kohl sichtbar gerührt weinte.

Die von der Seine umspülte Insel macht den ursprünglichen Kern der Siedlung aus, die wir als Paris kennen, aber unter den Römern Lutetia hieß, weshalb heute so manch ein Restaurant oder Hotel sich mit diesem Namen

Der Architekt Eugène Emmanuel Viollet-le-Duc (1814–1879) wurde mit der Aufgabe betraut. Viollet-le-Duc, selbst ein kritischer Geist (aus wohlhabenden Verhältnissen kommend, half er 1830 beim Bau der Barrikaden), hatte sich nach seiner Hugo-Lektüre ganz dem Mittelalter verschrieben und wurde bald zum wichtigsten Theoretiker der gotischen Baukunst, die er – Hugo folgend – als eine Kultur des Volkes betrachtete.

Aber Viollet-le-Duc restaurierte Notre-Dame nicht nur, sondern er versuchte, auf einfühlende Weise neu zu schaffen, was vor allem im 18. Jahrhundert unwiederbringlich zerstört worden war. Was der heutige Notre-Dame-Besucher sieht, ist zu einem nicht geringen Teil das Resultat dieser Arbeiten, die von 1841 bis 1864 andauerten. So ent-

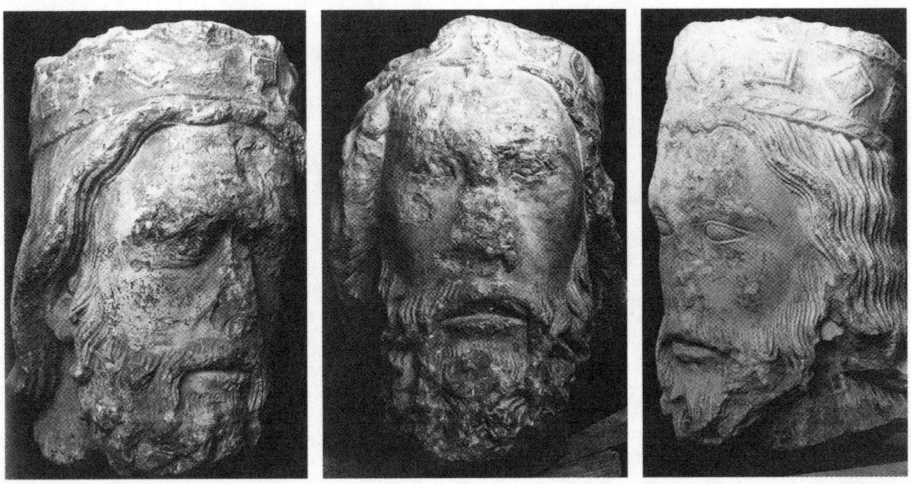

Die wiederentdeckten Köpfe der Könige

stand etwa das mittlere Portal, das »Portal des Jüngsten Gerichts«, neu wie auch die »Galerie der Könige«, die sich über den Portalen hinzieht – die Revolutionäre hatten den Statuen aus dem 13. Jahrhundert kurzerhand die Köpfe abgeschlagen, erst 1977 wurden sie wiederentdeckt. Auch die berühmten Fabeltiere auf den Strebepfeilern sind nachempfundenes Mittelalter à la Viollet-le-Duc.

9 **Justizpalast**
Der heutige Justizpalast nimmt fast die gesamte westliche Hälfte der Île de la Cité ein, und er steht dort auf den allerfrühesten Fundamenten der Stadt. Bereits die Gallier errichteten hier befestigte Plätze. Die Römer verwalteten von hier aus Stadt und Land, ebenso die Könige der Merowinger. Die Karolinger machten zu ihrer Zeit Aix-en-Provence zur Kapitale, aber die Kapetinger kamen wieder an die Seine zurück und errichteten auf der Île Burg und Kapelle. Unter Ludwig dem Heiligen entstand in einer Rekordzeit von nur zweieinhalb Jahren von 1245 bis 1248 ein Wunderwerk der Hochgotik, die Sainte-Chapelle, und unter Philipp dem Schönen um 1300 jener Schloßteil, von dem aus der Schloßvogt oder Kastellan, der »Concierge«, den königlichen Haushalt verwaltete, die Conciergerie.

Erst Karl V. beschloß 1358, das Schloß auf der Insel zu verlassen und in den wehrhaften Louvre am Nordufer überzusiedeln. Der Aufstand der Bürger und Kaufleute unter Führung des einflußreichen Profossen Etienne Marcel, die erste Revolte ihrer Art, hatte Karl zugesetzt. Er ging auf Distanz zu seinem Volk.

Vom einstigen Königspalast auf der Île ist heute noch die Saint-Chapelle zu bewundern sowie die Conciergerie, die in der Französischen Revolution als Gefängnis traurige Berühmtheit erlangte: Rund zweieinhalbtausend Todeskandidaten warteten hier darauf, auf der Place de la Concorde guillotiniert zu werden, Königin Marie-Antoinette ebenso wie wenig später Danton und Robespierre.

schmückt. Und Lutetia vererbte der späteren Metropole die Wappen seiner Schiffer und den Namen des gallischen Volksstammes der »Parisier«, die dort lebten. Wenn auch die Altstadt von Paris während des 19. Jahrhunderts unter dem Präfekten Baron Haussmann von Grund auf umgestaltet wurde, zeugen drei aufwendige Bauten von ihrer großen Vergangenheit: die Kathedrale Notre-Dame, die Sainte-Chapelle und der mittelalterliche Königspalast, der heute Teil des Justizpalastes[9] ist. Notre-Dame und Sainte-Chapelle, beides Glanzstücke der Gotik, überlebten die Zerstörungen, die etwa zwanzig Kirchen zu Zeiten der Revolution trafen. Obwohl die Altstadt während der Jahrhunderte immer wieder geplündert und zerstört wurde, blieb Notre-Dame der Nabel von Frankreich. Hier beginnen alle Messungen der Entfernung von Paris: Auf dem weiten Platz wenige Meter vor Notre-Dame liegt der »point zéro«, der Nullpunkt, von dem aus alle Wege in Frankreich ihre Kilometer zählen. Sie ist das Schiff, »das dahingleitet, ohne jemals zu kentern«.

Der Justizpalast auf der Île de la Cité mit den wehrhaften Rundtürmen der alten Conciergerie

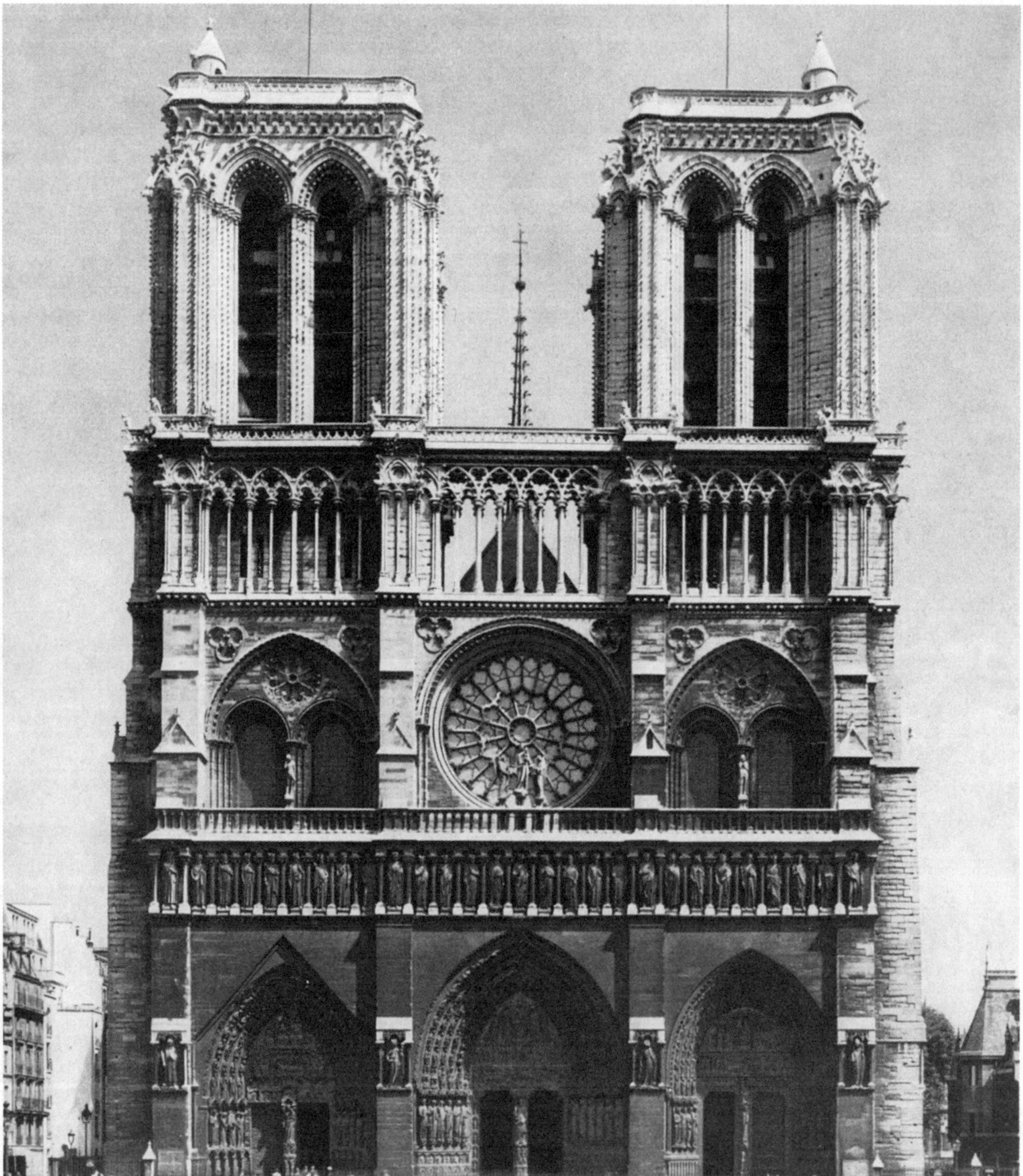

Notre-Dame von Paris

Von Victor Hugo

»Eine der herrlichsten Ruhmestaten der Baukunst ist doch gewiß diese Fassade mit den drei Spitzbogenportalen, mit dem reichgezackten Gesims der achtundzwanzig Königsnischen, mit der ungeheuren Rosette, der die beiden Fenster zu Seiten stehen wie die Dechanten dem Priester, mit dem hohen Bogengang, der auf seinen schlanken Säulen eine schwere Plattform trägt, und den beiden schwarzen massigen Türmen mit ihrem Fenstersturz aus Schiefer. Alle Teile verschmelzen harmonisch zum prächtigen Ganzen, dessen fünf gigantische Stockwerke sich dem Auge auf einmal darbieten und sich doch stufenweise vor ihm entfalten, überwältigend durch ihre zahllosen Einzelheiten an Bildhauer- und Steinmetzenarbeit und doch nicht verwirrend, weil alles durch die ruhige Größe des Ganzen mächtig zusammengefaßt wird. Eine ungeheure steinerne Symphonie ist diese Fassade, das Riesenwerk eines Mannes und eines Volkes, einheitlich und doch zusammengesetzt, wie die Iliade und Romanzen, deren Schwester sie ist, ein wunderbares Erzeugnis der gesammelten Kräfte einer Zeit, da sich die Einbildungskraft des Handwerkers, vom Genius des Künstlers gebändigt, jedem Steine in hundertfältiger Form einprägte; kurz, eine menschliche Schöpfung, die reich und machtvoll ist wie die göttliche Schöpfung selbst, von der sie das Doppelantlitz ›Vielheit und Einheit‹ entlehnt zu haben scheint.

Was wir hier von der Fassade gesagt haben, das gilt für die ganze Kirche; und was wir von der vornehmsten Kirche von Paris sagen, das gilt für alle christlichen Kirchen des Mittelalters. An dieser Kunst, die sich aus sich selbst heraus entwickelt hat, ist alles folgerichtig und im Gleichmaß. Wenn wir die große Zehe messen, so haben wir einen Maßstab für den ganzen Riesen.

Notre-Dame ist ein Bauwerk der Übergangszeit. Der sächsische Baumeister hatte gerade die ersten Pfeiler des Schiffes aufgerichtet, als mit den heimkehrenden Kreuzfahrern der Spitzbogen kam und sich siegreich auf die schweren romanischen Kapitelle setzte, die bestimmt waren, nur den einfachen Rundbogen zu tragen. Der Spitzbogen, der fortan alles beherrschte, hat der übrigen Kirche das Gepräge gegeben. Aber er war noch schüchtern und unerfahren; er dehnte sich noch nicht in die Breite, hielt sich zurück und wagte es noch nicht, in Kreuzblumen und Fialen aufwärtszustreben, wie er es später bei so vielen herrlichen Domen getan hat. Er scheint die Nähe der schweren romanischen Pfeiler empfunden zu haben.

Diese Bauten der Übergangszeit vom romanischen zum gotischen Stil sind aber ein ebenso köstliches Studienfeld wie die reinen Typen. Sie vertreten einen Entwicklungspunkt der Kunst, der ohne sie keinen bleibenden Ausdruck gefunden hätte, und veranschaulichen uns, wie der Spitzbogen dem Rundbogenpfeiler aufgepfropft wurde.

Notre-Dame ist ein ganz besonders merkwürdiges Denkmal dieses Übergangsstils. Jede Fläche, jeder Stein dieses ehrwürdigen Bauwerkes redet nicht nur von der Geschichte des Landes, sondern auch von der Geschichte der Kunst und der Wissenschaft. Um hier nur die wesentlichsten Einzelheiten zu erwähnen, so erreicht die kleine rote Pforte fast die Grenze der gotischen Zartheit, wie sie das fünfzehnte Jahrhundert hervorbrachte, während die schweren, ernsten Pfeiler des Schiffes an die karolingische Abtei von Saint-Germain-des-Prés gemahnen. Man möchte meinen, daß sechs Jahrhunderte zwischen Pfeilern und der Pforte liegen. Fanden doch sogar die Alchimisten in den Symbolen des großen Portals einen ausreichenden Abriß ihrer Wissenschaft, deren erschöpfendes Sinnbild die Kirche Saint-Jacques-de-la-Boucherie war. So sind in Notre-Dame die romanische Abtei, die gelehrte Kirche, die gotische und sächsische Kunst, der alchimistische Symbolismus des Nicolas Flamel, der Luther vorarbeitete, die ungeteilte Macht des Papsttums und das Schisma vereint und verschmolzen. Diese Haupt- und Mutterkirche von Paris ist eine Art Fabelwesen. Sie hat von allen alten Kirchen der Stadt irgend etwas entlehnt, den Kopf von der einen, die Glieder von der andern, das Rückgrat von einer dritten.

Sei es noch einmal wiederholt: Diese Übergangsbauten sind für den Künstler, den Altertumsforscher und den Historiker ganz besonders anziehend. Gleich den zyklopischen Mauern, den ägyptischen Pyramiden und den riesigen indischen Tempeln zeigen sie, wie ursprünglich die Baukunst ist; sie beweisen, daß ihre großen Werke weniger individuelle als soziale Schöpfungen sind, von arbeitenden Völkern geboren, nicht von genialen Männern erdacht, ein Niederschlag von Nationen, eine von Jahrhunderten angehäufte Masse, der Rückstand einer langen Reihe verdunsteter Geschlechter, kurz eine Art Naturerzeugnis. Jede Zeitwelle spült Neues an; jede Generation häuft eine neue Schicht auf das werdende Denkmal, jeder einzelne Mensch trägt seinen Stein herbei. So machen es die Biber; so machen es die Bienen; so machen es die Menschen. Babel, das große Sinnbild der Baukunst, ist ein Bienenstock.

Die großen Gebäude sind gleich den großen Gebirgen ein Werk der Jahrhunderte. Oft wandelt sich die Kunst, während sie noch im Entstehen sind; die Arbeit wird im Sinn der neuen Zeit friedlich weitergeführt. Die verwandelte Kunst übernimmt das Werk, wie sie es findet, überkleidet es, paßt sich ihm an, führt es nach ihren Empfindungen weiter und bemüht sich, es zu vollenden. Das vollzieht sich ohne Störung, ohne Anstrengung, ohne Rückfall, nach stillen, natürlichen Gesetzen. Der einzelne Mensch und der Künstler verschwinden vor diesen Riesenwerken, die keines Schöpfers Namen tragen; der menschliche Geist in seiner Gesamtheit prägt sich in ihnen aus. Die Zeit ist der Baumeister, das Volk ist der Maurer.«

Eine Stadt putzt sich heraus

3. Kapitel

Warum Graffiti zur Kunst wurden
und von marmornen Plaketten an Fassaden

Noch in den sechziger Jahren war Paris eine schwarze Stadt. Der weiche Kalksandstein der Fassaden schluckte jeden Schmutz, den Heizungen, Kamine, Autos und Industrie in die Luft beförderten, und nahm dessen Tönung an. Nun entspricht der äußere Stil zwar nicht immer dem, was sich hinter der Fassade verbirgt; dennoch legt das Paris unserer Tage besonderen Wert auf eine glänzende Vorderfront. War gut hundert Jahre zuvor die »Passage«[10] in Paris Ausdruck ihres Zeitalters als heimlicher Tempel der Ware und als Wohnung des Kollektivs, weshalb Walter Benjamin sich an sein Passagen-Werk setzte, so ist die Fassade Sinnbild der jetzigen Epoche als Inbegriff der Individualisierung, der Kommerzialisierung des Lebens, ja, eine Darstellung der Ästhetik des kommerzialisierten Lebens.

Bis in ebenjenen Sechzigern der Schriftsteller, Widerstandskämpfer, Ästhet und damalige Kulturminister André Malraux eine alte, in Vergessenheit geratene Ver-

10 Die Passagen

Sie sind eine ganz besondere Attraktion, die Pariser Passagen und Galerien. Von den ursprünglich über tausend sind nur noch die wenigsten erhalten, und das große Geschäft wird ebenfalls längst andernorts gemacht. Es herrscht Exklusivität: Als die Passagen Ende des 18. Jahrhunderts aufkamen – die Trottoirs waren noch nicht erfunden –, handelte es sich lediglich um überdachte Durchgänge, Passagen eben, zwischen Häuserblöcken. Im 19. Jahrhundert sorgten dann aufwendige Stahl-und-Glas-Konstruktionen für die unvergleichliche lichtdurchflutete Atmosphäre, die uns eintauchen läßt in eine scheinbar selbstgenügsame Welt des Luxus: Weine, Schmuck, alte Bücher, Mode. In einer der ältesten Passagen, der Galerie Vivienne, hat seit mehreren Jahren der Paradiesvogel Gaultier einen Laden.

ordnung Napoléon Bonapartes wieder hervorholte, die besagte, daß Hausbesitzer alle zehn Jahre die Fassaden ihrer Häuser zu säubern und zu renovieren hätten. Nicht alle waren erfreut, schließlich hatte man sich an das Schwarz gewöhnt. Je weiter aber das 20. Jahrhundert voranschritt, desto mehr wurde geputzt und desto moderner wurden die Reinigungsmethoden.

Als in den achtziger Jahren die Sozialisten regierten, nahm die Bedeutung der erneuerten Fassade zu, so daß auch staatliche Gebäude wie die Nationalversammlung,[11] die Madeleine,[12] das Hôtel de Matignon etc. plötzlich hell erschienen. Wobei die Pariser begannen, der Fassade solch eine Bedeutung zu geben, daß sie die Arbeiten an einer Fassade hinter einer künstlichen zweiten Fassade versteckten. Nichtssagende, architektonisch langweilige Wände wurden mit einem Trompe-l'œil, einer Augen-

Die Madeleine-Kirche, ein griechischer Tempel aus dem 19. Jahrhundert

11 **Die Nationalversammlung**
Seit der Zeit der Französischen Revolution tagen im Palais Bourbon die Gesetzgeber, und sein für die Versammlung des »Rates der Fünfhundert« erbauter Saal gilt als der erste Sitzungssaal seiner Art im Lande. Aber auch das Palais Bourbon ist nicht mehr das, was es einmal war, und die Abgeordneten dürften die letzten sein, die dies beklagen, denn erst seit den Umbauten im Jahr 1974 sowie den Neubauten auf der anderen Seite der Rue de l'Université (die Gebäude sind unterirdisch miteinander verbunden) verfügt jeder Abgeordnete über ein eigenes Büro.

Seinen Namen hat das Palais, wie sollte es anders sein, dem Namen seiner Erbauerin zu verdanken, Louise Françoise de Bourbon, einer Tochter Ludwigs XIV. 1722 begannen die Arbeiten unter Leitung des Italieners Giardini. 1765 veranlaßte der Enkel der Herzogin de Bourbon, der Prinz von Condé, umfängliche Vergrößerungsarbeiten. Das angrenzende »Hôtel«, also das Stadtschloß, ließ der Marquis de Lassay errichten, der auch schon beim Palais für die Herzogin tätig war. Während des ersten Kaiserreichs wurden das Palais Bourbon und das Hôtel de Lassay durch eine Galerie miteinander verbunden. Seither wird das Hôtel traditionell vom Präsidenten der Versammlung bewohnt.

12 **Madeleine**
1837 sollte sie sogar einmal ein Bahnhof werden, als nämlich die erste Eisenbahnlinie Frankreichs, Paris – St.-Germain-en-Laye, eingeweiht werden sollte. Die Entstehungsgeschichte der Kirche Sainte-Marie-Madeleine verlief wahrlich alles andere als geradlinig.

1757 fiel die Entscheidung für ihren Bau, aber erst 1764 wurde mit den Arbeiten nach Plänen des Pierre Constant d'Ivry begonnen. Als d'Ivry 1777 starb, ließ sein Nachfolger, Guillaume-Martin Couture, kurzerhand alles wieder abreißen, denn er hatte Höheres vor: Die Madeleine sollte ein zweites Panthéon werden. Bei Aus-

täuschung, bemalt. Als das Palais de Justice auf der Île de la Cité ästhetisch verjüngt wurde, stand auf einer großen Stoffwand *»lex«*, und eine falsche Urkunde zierte für ein Weilchen ein Gerüst vor der Außenwand des Obersten Gerichtshofs von Paris, so als verdecke ein optisches Pflaster die Steinarbeiten.

Die barocke Kunst des Trompe-l'œil wurde wiedergeboren. Sowohl das Portal der Nationalversammlung als auch das der Madeleine wurden während des Steinputzes mit einer Leinwand abgedeckt, auf der die ursprüngliche Ansicht vorgetäuscht wurde. Irreale Fenster, vor denen echte Tauben schnäbeln, schmücken im Alltagsgrau leere Betonfassaden der Stadt. Früher waren es große Werbeflächen, die sich auf Häuserwänden in den Bestand der Stadt hineinmogelten, doch Ende der achtziger Jahre hatte Jacques Chirac als der damalige Bürgermeister von Paris das Motto angestimmt, die Wände erklingen zu lassen. Und seitdem zahlte das Rathaus Kunstmalern ein gutes Zubrot, damit sie stumpfe Ecken verwirrend schön abrunden. Etwa achtzig große Gemälde wurden auf diese Weise geschaffen. Ein Spaziergang durch die Stadt wird so zum Museumsbesuch, dem Bücher über diese Trompe-l'œils[13] als Katalog dienen. Manch eine Szene wirkt für das flüchtige Auge so täuschend echt, daß man sie kaum wahrnimmt.

Die barocke Kunst der Augentäuschung wird wiedergeboren.

Selbst die Sprühdosen-Malerei, die Kunst auf der Fassade, hat in Paris ihren urwüchsigen Charakter der Ästhetik geopfert. Blek war der erste, der mit vorgefertigten Schablonen die aus New York gekommene Graffiti-Kunst in Paris weiterentwickelte. Seine großen schwarzen Figuren sprühte Blek gerade dort an Wände, wo sie sich, wie etwa seine schwarze Madonna, im Einklang mit der

bruch der Revolution 1789 war nur das Fundament fertig, und die Arbeiten wurden eingestellt. Niemand wußte mit dem ehrgeizigen Projekt so recht etwas anzufangen. Überlegungen, eine Bibliothek, einen Ballsaal oder einen Markt hier einzurichten, wurden wieder verworfen.

Es war der Kaiser, der 1806 schließlich entschied, an dieser Stelle einen Tempel zu errichten – zum Ruhm und zur Ehre der Soldaten der Grande Armée. Wieder wurde im Bau Befindliches eingerissen, wieder wurden Pläne geschmiedet, diesmal von Pierre-Alexandre Vignon. Doch mit dem Sturz Napoléons änderte sich auch die politische Interessenlage, und König Ludwig XVIII. beschied also, daß das monumentale Bauwerk im Stil eines antiken Tempels eine Kirche würde. 1842 wurde sie eingeweiht. Als Kirche, nicht als Bahnhof. Außen kann der staunende Besucher zweiundfünfzig korinthische Säulen von zwanzig Metern Höhe bewundern und im düsteren Innern womöglich den Klängen der mächtigen, viermanualigen Cavaillé-Coll-Orgel von 1846 lauschen. Berühmtheiten wie Camille Saint-Saëns oder Gabriel Fauré waren hier als Organisten tätig.

13 **Trompe-l'œils**
Nadine Le Prince war eine jener Künstlerinnen, die in den späten achtziger Jahren das Programm des damaligen Bürgermeisters Jacques Chirac ernst nahmen, Häuserfassaden in Gemälde zu verwandeln. Doch der Weg von der Skizze zum fertigen Bild war ein steiniger, nämlich bürokratischer. Denn kaum war ihr Entwurf vom Rathaus der Stadt Paris genehmigt, protestierte der Bürgermeister des 6. Arrondissements gegen das geplante Werk. Nadine Le Prince wollte auf eine zehn Meter hohe Fassade Fenster malen, hinter denen scheinbar bewohnte Appartements liegen, wobei ein Fensterflügel in den oberen Etagen offensteht und ein Klettermax sich anschickt, dort einzusteigen. Der Protest des Bürgermeisters wandte sich gegen diesen Kletterer, der wie ein Dieb aussehen könnte. Den Einspruch mußte die Malerin ernst nehmen, woraufhin sie einen Mädchenschatten ins Fenster malte. So wirkt der Mann eben nur wie einer, der fensterlt, was ja auch dem Klischee von Paris, wo die Liebe angeblich Tür und Tor öffnet, mehr entspricht.

Nadine Le Prince, die einer alten Malerfamilie aus Lothringen entstammt und ihre Trompe-l'œils eigentlich am liebsten auf Leinwand malt, hat die Kunst der Augentäuschung sehr bewußt für die Moderne adaptiert. »Ich sehe darin einen Weg, die bildliche Darstellung wieder zur Avantgarde zu machen«, erzählte sie mir einmal. »Das Trompe-l'œil erlaubt eine Malerei, die anders ist als der Realismus des 19. Jahrhunderts: mehr Möglichkeiten, mehr Magisches eröffnet. Denn es betrügt, gibt durch ein besonderes Spiel von Licht und Schatten ein Relief vor. Und es besitzt eine sehr lustige, verspielte Seite.«

14 **Blek**
Schablonensprühkunst: Die sogenannten »Pochoirs« verstehen sich als Weiterentwicklung der amerikanischen Graffiti.

Kultur der Bewohner des Viertels befanden. Denn – so Bleks Interpretation seiner Kunst – die Schablonengraffiti sollen die Stadt widerspiegeln und ergänzen. Im Französischen nennt man die Serigraffiti, die ein populärer Ausdruck von Stadtkultur sind, »pochoirs«. Sie sind eine Weiterentwicklung der amerikanischen Graffiti.

Ein Pochoir von Blek

»Die Pochoirs sind das Erbe der Graffiti«, erklärte mir Blek[14] einmal. »Ein Pochoir basiert auf einer sehr sauberen Technik. Und zwar entsteht das Bild schnell mit der Sprühdose, und die Schablone hinterläßt einen klaren Umriß. Denn ich möchte, daß die Darstellung im Stadtbild ästhetisch wirkt. Anfangs habe auch ich versucht, direkt mit der Sprühdose zu malen, wie man das in New York auf der U-Bahn sieht, aber ich habe dies als Irrtum erkannt. Schließlich sind wir in Paris, deshalb suchte ich nach einer französischen Technik. Pochoirs stellt man zu Hause her. Erst danach wird das Bild auf die Mauern gesprüht. Es findet also ein Nachdenken vor dem Sprühen statt, eine Arbeit als Zeichner, als Maler. Spontanes Sprühen auf die Fassaden der Stadt kann sehr häßliche Bilder hinterlassen.«

Fast alle Pochoirs stellen unpolitische Themen dar und beschäftigen sich mit dem Alltagsgeschehen, worüber es auch Bildgeschichten gibt: etwa

Leben und Tod eines Scheißhaufens, wie der Künstler eine Serie von Pochoirs nennt, wo ein Hund auf die Straße macht, sein Werk aber vom Schuh eines Passanten zermatscht wird. Und tatsächlich ist das Problem des Hundehaufens jedem bekannt, der in Paris lebt, wo über eine Million dieser Vierbeiner die Trottoirs beschmutzen und deshalb eigene Reinigungseinheiten eingesetzt werden müssen.

Die Arbeit des Sprühens ist mit Gefahr behaftet, denn verständlicherweise ist es verboten, fremde Fassaden zu beklecksen. Doch die Reaktion mancher Hausbesitzer, insbesondere in abgelegenen Vierteln, ist erstaunlich positiv. Der eine oder andere erkennt in dem Pochoir eine künstlerische Verzierung. Allerdings gab es auch Festnahmen, wenn Pochoir-Künstler ihre Spuren an denkmalgeschützten Gebäuden hinterlassen. Auch Blek mußte 1992 vor Gericht, wurde jedoch als Künstler anerkannt und nicht bestraft; es wurde ihm nur auferlegt, die von ihm besprühte Fassade wieder zu säubern.

Haben die Nachfolge der Pochoirs angetreten: Aufwendige kleine Mosaiken entstehen über Nacht an Pariser Hauswänden und Mauern wie hier im Marais-Viertel

Doch den Pochoirs folgte »OLGA«. OLGA ist die von der Stadtverwaltung eingerichtete Organisation zum Kampf gegen die Pochoirs. Mit einem eigens dafür entworfenen Wagen und besonderen Chemikalien rückt diese Sondereinheit den Pochoirs zu Leibe. Diese Ausstattung läßt sich übrigens gut verkaufen: Andere Städte wie Barcelona haben den OLGA-Wagen schon bestellt, aber auch die Künstler sehen in OLGA etwas für ihr Werk sehr Hilfreiches.

»Wir brauchen OLGA«, sagt Künstler Blek, »da die Pochoir-Kunst vergänglich ist. OLGA löscht aus. Sie ist der Radiergummi des Zeichners, denn ich kann mir nicht vorstellen, daß unsere Kunst in zwanzig Jahren noch einen Sinn hat. Und je mehr wir uns ausbreiten, desto mehr breitet OLGA sich aus.«

»Ich kann mir nicht vorstellen, daß unsere Kunst in zwanzig Jahren noch einen Sinn hat.«

Doch alles Schöpferische, auch das angeblich Vergängliche wird heutzutage festgehalten. So wurden Pochoirs (für diesen Zweck auf Tragbares gesprüht) bei Drouot, dem berühmtesten Versteigerungshaus von Paris, im gleichen Atemzug mit Jean Arp und Max Ernst versteigert, da Schablonensprüher ernst zu nehmende Künstler sind; denn auch bei ihnen hat sich eingebürgert, die Bilder auf den Fassaden zu signieren.

Die Richard-Wagner-Plakette in der Rue d'Aumal Nr. 3

Während Fassaden eine vermeintliche innere Ästhetik nach außen spiegeln, die vorstellbare Wünsche darstellt, sollen sie in Paris noch zusätzlich die Örtlichkeit geschichtlicher und kultureller Abläufe gegenwärtig machen. Wo immer man durch die Straßen und über die Plätze der Stadt flaniert, begegnet man an den Fassaden leicht übersehbaren Spuren. Da steht auf kleinen marmornen Plaketten: Hier kaufte der Romancier Honoré de Balzac vor hundertfünfzig Jahren Kerzen und Kaffee, dort trank der Fabeldichter La Fontaine frische Landmilch. Da wurde der arme Ritter de La Barre im Alter von neunzehn Jahren am 1. Juli 1766 zu Tode gefoltert, weil er eine Prozession nicht gegrüßt hat. In Paris lebten Lenin, Ho Chi Minh, Tschou En-lai, Sigmund Freud und die Exilanten Joseph Roth und Heinrich (Henri!) Heine – und die Fassaden verkünden es heute noch. Eine Plakette erinnert an den lateinamerikanischen Revolutionär Simón Bolivar, andere an Frédéric Chopin oder Maria Callas, die in Paris starb. Da wurde Heinrich IV. ermordet, hier wohnte Benjamin Franklin. Ein gewisser Herr darf natürlich nicht fehlen: Casanova, der noch heute fasziniert, weil er wie kein anderer die Damenwelt verzückte. Irgendwann wird in der Avenue Montaigne an einer Hauswand stehen: Hier lebte Marlene Dietrich bis zu ihrem Tod im Jahre 1992. An manchen Mauern erinnern gleich mehrere Plaketten daran, daß die Fassaden unentwegt das gleiche Äußere vorweisen, während heute kaum noch vorstellbar ist, was in ihnen geschah: Im selben Haus, in dem Honoré de Balzac die Handlung seiner Erzählung *Das unbekannte Meisterwerk* spielen läßt, wohnte fast ein Jahrhundert später Pablo Picasso zwanzig Jahre lang und malte eines seiner berühmtesten Gemälde: *Guernica.*

Das gesäuberte Paris ist in seiner Essenz eine Stadt des Vordergrunds und des Hintergrunds. So trägt die Fassade von Paris nicht nur eine sichtbare Ästhetik zur Schau, sondern setzt für den wirklichen Genuß voraus, daß der Beobachter jenen immensen Teil von Geschichte und Kultur des Abendlandes kennt, der sich hinter ihr vollzogen hat.

Ein Denkmal zum Begehen

4. Kapitel

Warum die Champs-Élysées keine Pausen kennen oder Wer schön sein will, muß leiden

Die Raffgier führt vielleicht nicht zum Untergang des Abendlandes, doch zu dem jener Prachtavenue, die in ihrem Namen den Mythos des Paradieses trägt. Sogar die *International Herald Tribune*, deren Redaktion in der nach Westen verlängerten Achse der Champs-Élysées liegt, bezeichnete sie noch vor einigen Jahren als »paradise lost«, als verlorenes Paradies. Denn

»Kaufen, kaufen, kaufen!« lautet das Motto derjenigen, die das Kultobjekt Champs-Élysées betreten – oder betreiben. Kaufen, wie im Rausch ständig wiederholt … Massenware bringt nun einmal mehr als ein einzelnes, noch so teures Edelprodukt. Denn trotz Mengenrabatt sind die Endpreise so überhöht, daß ein echter Pariser dort keinen Laden betritt. Nur Leute aus der Provinz oder Touristen »from all over the world« glauben, Pariser Schick verbinde sich mit dem Wort Élysée. Die großen Namen aber haben diese elysischen Gefilde längst verlassen.

Die schönste Avenue der Welt, das Symbol des Goldenen Zeitalters, der Mode und des Films, so sahen die Franzosen die Champs-Élysées noch in den sechziger, vielleicht sogar in den siebziger Jahren, aber sicher nicht mehr in den Achtzigern, da merkte selbst der letzte schwärmende Blinde, daß hinter den inzwischen durch Sand- oder Wasserstrahl geweißten Kalkfassaden das Gold dem Glitter gewichen ist. Mit drei Worten bewarf die französische Presse die Champs-Élysées, so als seien es Schlammbollen: »Banalisation, Banlieusardisation, Boulevardisation«. Schlimmer konnt' es nimmer kommen. Banalisation kann nichts anderes bedeuten als den Verlust von Mythen; aus der Banlieue drängen statt der Stars nur noch deren Autogrammjäger ins Zentrum, das stil-, also kulturlose Massenpublikum, das diese Avenue zu einem alltäglichen Boulevard verkommen läßt, wo Lust dem Lüsternen weicht.

So sind auch die Beine der Lustobjekte länger geworden – im Lido,[15] wo in den späten vierziger Jahren, als der Nachtclub gegründet worden war, nur Französinnen tanzten, sind die heute in der internationalen Tanzgruppe rares Futter. Als für die französische Aufführung des Musicals *Cats* in Paris Tänzerinnen ausgesucht wurden, klagte der Regisseur über die kurzen Beine der sich bewerbenden Französinnen. Wenn auch die Show im Lido immer noch perfekt ist, der Champagner ist gerade gut genug für den naiven Boulevardbesucher aus der Banlieue

15 **Lido**

Bereits in den Zwanzigern sorgte das Lido für Furore, das Etablissement im Souterrain erinnerte mit seinem Dekor an Venedig und seinen berühmten Strand; es verfügte sogar über ein Schwimmbecken. »Der Strand von Paris« wurde es genannt. Aber erst mit der Übernahme der Räumlichkeiten durch Joseph und Louis Clerico im Jahr 1946 wurde das Lido zu dem Cabaret, das mit seiner einzigartigen Dinner-Show den Standard setzte dafür, was hinkünftig als Nachtklub-Entertainment galt.

Der enorme Erfolg zwang in den siebziger Jahren zum Umzug. Um dem Besucheransturm gerecht zu werden, zogen die Betreiber ins Normandie-Haus, selbstverständlich auf den Champs-Élysées, einen Riesenkomplex, der mit allem nur erdenklichen Aufwand in eine Panorama-Arena für 1500 Besucher umgebaut wurde. Heute wird das größte private Entertainment-Unternehmen Frankreichs von Carl Clerico, dem Enkel von Joseph, und Frank Clerico, dem Sohn von Louis, geleitet.

oder von weiter her, Euskirchen oder Osaka, eben für den, der sich von Lichtern täuschen läßt: Nächtliches Geglitzer macht sie schön für Touristen, die sich wie Motten von den Champs-Élysées anziehen lassen, weil sie, die Avenue, überall in der Welt ein Pariser Klischee ist wie der Eiffelturm.

Noch spät am Abend bilden sich Schlangen auf den Trottoirs, aber die Wartenden verharren nicht auf der Suche nach Mangelware, sondern um sich für rund zehn Euro auf der Leinwand etwas vorflimmern zu lassen. Trotz des Ansturms der Banlieue haben manche Kinos[16] geschlossen. Andere haben ihre großen Säle in unbequeme kleine Kisten gesplittet und mußten wahrscheinlich gerade deshalb dichtmachen. Ein paar kluge Geschäftsleute haben ihre Cinéma-Säle mit äußerst bequemen Sesseln versehen; man sitzt dort wie im Salon und genießt.

Die großen Namen aber haben die Champs-Élysées längst verlassen.

Und über Ladenschlußzeiten lacht, wer kurz vor Mitternacht im Kaufhaus Prisunic oder bei Virgins, Europas

16 Kinos
Der amerikanische Schriftsteller David Sedaris ist vor einigen Jahren nach Paris gezogen, nicht nur, weil er dort, anders als in den Vereinigten Staaten, ungestraft rauchen kann, wo immer er möchte, sondern auch weil er dort wie sonst nirgendwo seine Cineastengelüste befriedigen kann:

»Ich höre oft, es sei schändlich, in Paris zu leben und die ganze Zeit amerikanische Filme zu sehen, gerade so, als würde man nach Kairo fahren, um dort Cheeseburger zu essen. ›Das hättest du auch zu Hause haben können‹, erzählt man mir. Aber das stimmt nicht. Ich könnte dieses Leben nicht in den Vereinigten Staaten führen. Bis auf wenige Ausnahmen hat die Video-Industrie das amerikanische Programmkino ausgelöscht. Wer einen Film mit Boris Karloff sehen will, muß ihn auf Video ausleihen und daheim auf dem Fernseher anschauen. In Paris ist die Leihgebühr für einen Film auf Video genauso teuer wie die Eintrittskarte fürs Kino.

Die Franzosen gehen gerne aus, um sich einen Film auf Großleinwand anzusehen. Jede Woche kann man aus wenigstens zweihundert Filmen wählen, davon mindestens ein Drittel auf englisch. Neben den aktuellen amerikanischen Filmen läuft beinahe jeder ältere Film, den man schon immer mal sehen wollte. Als zu Ostern ›Die größte Geschichte aller Zeiten‹ ausverkauft war, brauchte ich nur über die Straße zu gehen, wo Superfly lief, die zweitgrößte Geschichte aller Zeiten. Wenn es nicht gerade Kinderfilme sind, laufen alle Filme im englischen Original mit französischen Untertiteln. Wenn ein Schauspieler sagt: ›Beweg deinen fetten Arsch, bevor ich was mache, das mir nachher leid tut‹, erscheint unten auf der Leinwand nur: ›Verschwinde.‹

Manchmal frage ich mich, warum ich mir den Französischkurs überhaupt angetan habe. ›Ich bin sehr erfreut, Sie kennenzulernen‹, ›Ich möchte mich herzlich für dieses üppige Mahl bedanken‹ – ich

warte immer noch auf den Tag, an dem ich diese Gefälligkeiten anbringen kann. Seit ich in Paris bin, lautet der am häufigsten von mir gesprochene Satz: ›Einmal, bitte.‹ Damit löst man an der Kinokasse eine Karte, und ich beherrsche den Satz recht gut.«

17 Place de la Concorde
Er ist der größte und prächtigste Platz von Paris. Angelegt 1757 bis 1779 nach Entwürfen von Jacques-Ange zu Ehren seiner Majestät Ludwig XV., zierte ursprünglich ein Reiterstandbild des Monarchen den Platz, der auch noch Place Louis XV. hieß. Die Revolutionäre zerstörten als erstes das Standbild und stellten an seiner Statt die Guillotine auf. Auf der Place de la Révolution, wie der Platz nun hieß, wurden über tausend Menschen hingerichtet, darunter Ludwig XVI. und die Königin Marie Antoinette ebenso wie Danton und Robespierre. Trotz aller Zwietracht wurde der Platz aber 1830 doch zum Platz der Eintracht oder *de la Concorde*.

größtem Plattengeschäft, sein Konto per Kreditkarte belasten will. Apropos Geschäftszeiten: Sonntags müßte Virgins, ginge es mit rechten Dingen zu, schließen, aber da ist halt der Zustrom der jungen Leute so groß, da macht das Geschäft solch einen Bilanzsprung nach oben, daß trotz Verbots die Kassen süßer nie klingeln. Da spielt es auch keine Rolle, daß die Präfektur jeden Montag einen Strafbefehl über mehrere tausend Euro schickt – das ist im Gewinn eingeschlossen.

Rummel zehrt und schafft Appetit. Weil die Champs-Élysées keine Pause kennen, schließen manche Lokale überhaupt nicht. Und hat er einen hinter die Binde gegossen, läßt ein Vorstadtprotzer im Verkehr auch mal die Sau raus, startet an der Ampel mit seinem Motorrad so gewagt, als befände sich der Cowboy beim Rodeo, das

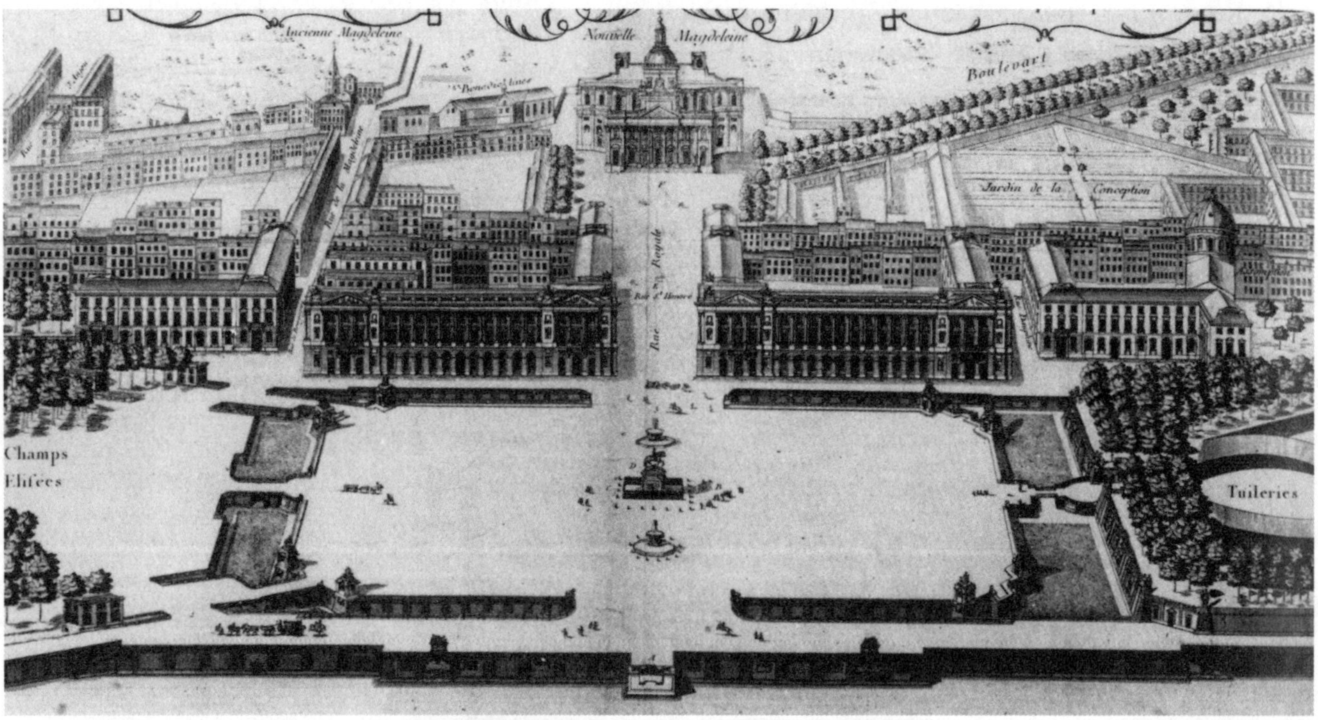

Die Place Louis XV, die spätere Place de la Concorde, im Jahr 1778, noch ohne den Obelisken

Vorderrad hoch über den Kopf gerissen, schräg eingestellt, mit der Arschbacke auf dem tief unten hängenden Sitz kurz über dem durchdrehenden Hinterrad, und laut röhrender Lärm zieht die Blicke an. Jetzt kommt es nur noch darauf an, ob er es schafft, bis zur nächsten Ampel auf dem Antriebsrad zu fahren. Nicht immer klappt's. Bis zum frühen Morgen wird man von Bremslichtern geblendet, und noch bevor der Kater einsetzt, beginnt der Berufsverkehr. Jeden Montag, wenn ich beim Rond Point die Avenue überquerte, um ins Büro zu gehen, lagen da die Glasscherben oder waren die Neonleuchtzeichen in der Straßenmitte umgesäbelt.

Unten am Obelisk, auf der Place de la Concorde,[17] liegt die Wurzel der Champs-Élysées, deren wahrer Existenzgrund ist, Prachtstraße zu sein. Deshalb schmücken das Pflaster alle Arten von Zeichen, die nicht dem normalen Verkehr dienen: gelbe Kreise, grüne Punkte, Pfeile, die im Laufe des Winters verblassen und jeden Sommer nachgemalt werden. Damit sie, die Statisten von Militärspektakeln, ihre Rolle an der rechten Stelle der Bühne spielen, folgen sie mit ihren Stiefeln, Pferden, Panzern oder Lafetten den gelben und grünen Markierungen. Als sie vor über dreihundert Jahren geplant[18] wurden, führten die Champs-Élysées durch sumpfiges Gebiet. Doch bald schon machte Napoléon sie zur Paradestraße Frankreichs, und voller Hochachtung nannte man sie eine Avenue, nicht einen ordinären Boulevard.[19] Und jeden Juli, genauer gesagt – wer wüßt' es nicht – am 14., gedenkt man mit einer Parade der Revolution.

Der Obelisk auf der Place de la Concorde

Ebenfalls aus dem 19. Jahrhundert stammt der dreiundzwanzig Meter hohe Obelisk, der heute den Mittelpunkt der acht Hektar großen Fläche bildet. Der ägyptische Vizekönig schenkte den 220 Tonnen schweren Monolithen aus dem 13. vorchristlichen Jahrhundert dem Bürgerkönig Louis-Philippe im Jahr 1833. Die Hieroglyphen, die ihn schmükken, verherrlichen die Taten des Pharaos Ramses II. Der Transport von Ägypten nach Paris brauchte nicht weniger als vier Jahre.

Die beiden Brunnenanlagen verdanken wir dem aus Köln stammenden Jacob Ignaz Hittorf, ebenso die acht Frauenstatuen, die die Ecken des Oktogons zieren: Geht man sie ab, kann man auf symbolisch-allegorische Weise den acht größten Städten der Nation (Marseille, Bordeaux, Nantes, Brest, Rouen, Lille, Strasbourg, Lyon) einen Besuch abstatten.

18 **Vor über dreihundert Jahren geplant**
Ludwig XIV. gab 1667 seinem Landschaftsarchitekten Le Nôtre den Auftrag, die Tuilerien durch eine Promenade stadtauswärts zu verlängern. Dazu mußte erst einmal das sumpfige Gelände trockengelegt werden, bevor Le Nôtre, der nicht nur bereits den Garten der Tuilerien, sondern ebenfalls die prächtigen Gärten von Versailles kreiert hatte, mit dem Pflanzen junger Ulmen beginnen konnte. Grand-Cours hieß die geplante Prachtstraße zunächst, und sie reichte bis zum heutigen Rond Point. 1710 wurde sie verlängert bis zum Sternenhügel, auf dem heute der Triumphbogen steht. Jetzt erhält sie ihren heutigen Namen: Champs-Élysées – Gefilde der Seligen.

Doch der Weg hinauf zum Sternenhügel war steil; 1774 machte es sich der Marquis de Marigny zur Aufgabe, den Hügel ein gutes Stück, nämlich insgesamt fünf Meter, einzuebnen.

Ihre ganze Pracht entfalteten die Champs-Élysées erst ab dem Jahr 1828, als nicht nur die großen Seitenstraßen entstehen, sondern auch Trottoirs angelegt werden. Und: über tausend Gaslampen werden installiert. Cafés, Theater, Konzertsäle und Restaurants folgten.

19 Boulevard
Die Bezeichnung, die uns sofort an Flaniermeilen und Pariser Cafés denken läßt, stammt ursprünglich aus dem niederdeutschen Sprachraum. Das »Bollwerk« war gemeint, das in der frühen Neuzeit wohl zunächst eine Wurfmaschine, später dann aber die aus Bohlen errichtete Stadtbefestigung war. In dieser Bedeutung gelangte der Begriff nach Frankreich, und als Ludwig XIV. im Zuge seiner Stadterneuerung die alte Stadtbefestigung einebnen und durch baumbestandene Straßen ersetzen ließ, behielt man die Bezeichnung »boulevard« einfach bei.

20 Tuilerien
Einst standen hier Brennöfen und versorgten die Viertel der Umgebung mit Baumaterial, mit *tuiles* nämlich, also Ziegeln. Als Königinmutter Katharina von Medici sich am westlichen Ende des Louvre, an der Stelle der heutigen Avenue du Général Lemonnier, ein »Lustschloß« errichten ließ, benannte sie es nach den Ziegelbrennern »Les Tuileries«. Das Schloß ist 1871 in den Tagen der Pariser Kommune ein Raub der Flammen geworden, die Grande Galerie des Louvre und der Flügel Percier-Fontaine greifen heute ins Leere. Geblieben sind nur die Gärten, die von André Le Nôtre, dem Gartenbaumeister von Gnaden, geschaffen wurden.

Heute gehören die rund einen Kilometer langen Tuilerien zu den beliebtesten Orten in der Stadt, wenn es gilt, die Seele baumeln zu lassen. Sobald das Wetter es erlaubt, liegt man hier im Liegestuhl oder betrachtet in aller Ruhe die Statuen, die das achteckige Bassin umstehen. Kinder lassen hier Segelboote schwimmen oder besuchen das Marionettentheater. Rechts und links vom Bassin findet sich das Jeu de Paume, das exquisite Museum zeitgenössischer Kunst, sowie die Orangerie, die einige der wichtigsten Werke des Impressionismus zeigt. Im östlichen Teil findet sich der kleine Triumphbogen, der Arc de Triomphe du Carrousel, sowie die berühmte Glaspyramide des Louvre.

Und Paraden sind es, die die Champs-Élysées mit Frankreichs Geschichte verbinden. 1944 haben die Alliierten die Deutschen aus Frankreich vertrieben, doch Paris zurückzuerobern, das überließen sie den französischen Truppen, so daß General de Gaulle die befreiten Champs-Élysées hinuntermarschieren und den Franzosen vorgaukeln konnte, ihr Land wäre eine der Siegermächte. Nun gut – moralisch war das ja auch ein bißchen so!

Doch kurz zuvor noch hatten die Herren mit dem Stechschritt Paris einen Blitzbesuch abgestattet und an der Place de la Concorde einen Wegweiser aufgestellt, der die Kilometer nicht nur nach Berlin, sondern auch nach Murmansk und Kiew angab.

Weniger martialisch hatten die Franzosen das Ende des Ersten Weltkriegs gefeiert. Damals gab man noch zu, daß der Krieg tötete und verletzte. Da schleppten sich Veteranen auf Krücken, nicht uniformierte Heldenbrüste auf dürren Beinen, das Pflaster hoch. Übrigens liegt sie nicht flach, die Avenue, nein, jeder, der in die Pedale tritt, weiß, sie steigt nicht unbedeutend zum Triumphbogen an, so daß sich die Avenue nach unten hin ganz Paris eröffnet, nach oben aber, am Ende der elysischen Gefilde, der freie Himmel den Träumen Platz läßt.

Parademarsch schwebte Napoléon wohl vor, als er 1806 die Schlacht bei Austerlitz gewonnen hatte und den Triumphbogen in Auftrag gab. Und weil dort heute das Grab des Unbekannten Soldaten – aus der Schlacht von Verdun – liegt und die ewige Flamme brennt, wird sie, die Avenue, zum Ärger der Pariser, die mit dem Auto zur Arbeit fahren, häufig morgens von halb zehn bis zehn gesperrt. Dann nämlich, wenn Staatspräsidenten, Könige oder Kalifen kommen und das Ritual der Kranzniederlegung zelebrieren, werden alle Zufahrten gesperrt. Leer liegen die Champs-Élysées dann da, niemand schaut hin,

»Wer dem König Beifall spendet,
wird geprügelt,
wer ihn beleidigt, wird gehängt.«

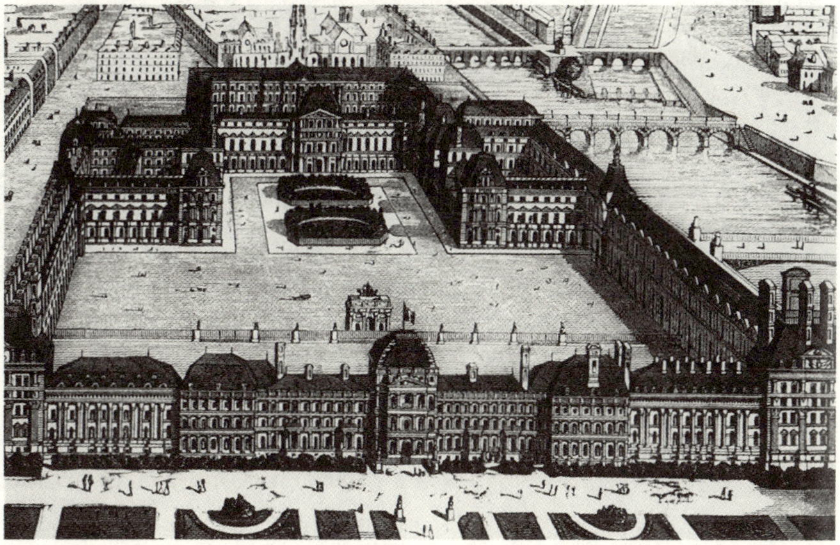

Das Tuilerienschloß, im Vordergrund, schloß den Louvre-Komplex einst ab

nur eine Karawane schwarzer Limousinen rollt bedächtig nach oben. Und links und rechts gibt's einen Stau, der sich in die ganze Stadt fortpflanzt und bis in den Abend hinein zu verspüren ist.

Bevor aber der hehre Kaiser Napoléon kam, tummelten sich die niederen Gelüste hinter den Büschen. Nur die unten an die Tuilerien[20] anschließenden Gärten wurden besucht, denn sie grenzten an die Parks der großen Palais, die an der Nordseite entstanden waren, darunter das heute noch berühmteste, in dem einst Madame de Pompadour lebte: das Palais de l'Élysée. Weil es dort aber häufig nicht mit rechten Dingen zuging, wurde ein Wachposten mit Schweizer Garden eingerichtet. Allerdings ließen die Soldaten sich gern mit den leichten Mädchen ein, betranken sich und begannen allerlei Händel mit den Spaziergängern oder anderen Soldaten.

Doch nicht nur die Wache sorgte für Aufregung, im Protokoll vom November 1788 vermerkt ein Wachmann: »Verhaftet, gegen acht Uhr am Abend, einen Geistlichen mit einer Negerin, der vorgab, ihr Beichtvater zu sein und sie zu unterrichten. Freigelassen, mit dem ausdrücklichen Befehl an Monsieur, den Geistlichen, nicht noch einmal unter den Bäumen die Beichte abzunehmen, besonders nächtens nicht.«

Mit der Revolution sieht die Avenue am 5. Oktober 1789 die von Théroigne de Méricourt und Reine Audu angeführten Frauen nach Versailles ziehen und die königliche Familie nach Paris holen; Chateaubriand beschreibt den vorbeiströmenden Tumult. Und als der geflüchtete Louis XVI mit seiner Familie in Varennes festgenommen wird, führt man ihn über die Champs-

Der »Garten« der Champs-Élysées, und mittendrin Le Grand Palais und Le Petit

Élysées zurück nach Paris, vorbei an den Wachen, die ihre Gewehre mit dem Kolben nach oben präsentieren. Plakate weisen das Volk zum Stillschweigen an: »Wer dem König Beifall spendet, wird geprügelt, wer ihn beleidigt, wird gehängt.«

Nach der Terreur kommen die lebensfrohen Sitten zurück. Heute noch unvergessen ist der Auftritt von Madame Hamelin, die dort nur mit einer durchsichtigen Gaze-Tunika bekleidet spazierenging. Was hat sich seitdem geändert, außer daß wir prüder geworden sind? Die leichten Mädchen stehen jetzt nicht mehr am unteren, sondern am oberen Teil der Avenue, dort, wo die Leute aus der Banlieue mit dem Auto oder der RER, der Vorortbahn, eintrudeln. Und sie sind leider wärmer angezogen nicht nur in Gaze.

Le Jardin des Champs-Élysées

Wenn die Sonne scheint und es wieder warm wird in Paris, dann bevölkern sich auch heute noch die Bänke in der Mittagszeit oder nach Büroschluß mit Männlein und Weiblein, die überwältigt von ihren Sinnen sich umschlingen, als seien sie der Geistliche und seine Negerin, die die Welt um sich herum vergessen – samt den vielen Polizisten, die hier mit Maschinenpistolen unterm Arm herumlungern, um den Präsidenten im Palais de l'Élysée zu schützen. Aber die schreiben niemanden mehr auf, verbieten niemandem, seine Liebe zu beichten.

Nur das untere Drittel der Avenue nennt man den Garten, le Jardin des Champs-Élysées. Zwischen alten Bäumen verstreut stehen prächtige Pavillons, drei für pompöse Restaurants, drei für die Theatermuse Thespis. Und nicht zu vergessen die Palais, Le Petit und Le Grand,[21] das kleine und das große moderne Bauten, als man sie errichtete: Eisen- und Glaskuppeln. Und oben an den Dachkanten und über den Portalen – heute wegen des Kitsches zum ironischen Lächeln verleitende – Figuren, aus Stein gehauen, meist Damen oben ohne, die sich regen und räkeln. Sie schauen hinab auf Leute, die bei Hitze oder Kälte, bei Regen oder Schnee Schlange stehen. Manchmal dauert es zwei Stunden, bis es einem von ihnen gelingt, ein kleines rosa Papier zu ergattern: Für den Preis einer Kinokarte ersteht man das Privileg, eine Kunstausstellung zu betrachten, von Rembrandt bis Picassos Erbzahlung an den Staat, von den Dickleibern des späten Renoir bis zu den wilden Tieren Henri Rousseaus. Von überall aus Europa kommen die Kunstbeflissenen, so als handle es sich bei den bedeutenden Ausstellungen im Grand Palais um die Kaaba von Mekka: Kultur als Religionsersatz (die Werke im Petit Palais gelten als Zugabe).

Die Front des Grand Palais

Einer besonderen kulturellen Leidenschaft frönen jene, die sich dienstags und donnerstags an einer bestimmten Ecke treffen: Louis-Philippe, Frankreichs letzter König, hat den Briefmarkensammlern das Privileg eingerichtet, an diesem Ort ihre Wertobjekte zu tauschen oder gar zu verkaufen, wobei gute Schnäppchen nicht selten sind, denn manch ein Unwissender trägt das ererbte Album hierhin, ohne zu wissen, welche Schätze es birgt. Aber der Erbe geht gerade an diese Ecke, die vom Rond Point über das östliche Trottoir der Avenue Matignon und das südliche der Avenue Gabriel den Jar-

21 **Le Petit Palais und Le Grand**
Die Arbeiten nach Plänen von Deglane und Louvet begannen im Jahr 1897 und sollten zur Weltausstellung 1900 fertiggestellt werden. Das große Palais hat eine Länge von 240 Metern, die einzigartige Stahl-und-Glas-Kuppel eine Höhe von 43 Metern. Beide Palais gehören zu den Zeugnissen des modernen Paris und fanden, wie es so zu gehen pflegt, nicht nur Anhänger. Der französische Schriftsteller Julien Green stieß in seinem Essay *Paris* den Seufzer aus: *»Vielleicht habe ich die ruhmvollen Bauwerke von Paris zu oft betrachtet, um sie noch mit der notwendigen Freiheit des Geistes zu sehen. Für oder gegen sie voreingenommen, habe ich Partei ergriffen und bin ungerecht geworden. Tausendmal wünschte ich mir den Eiffelturm auf den Grund des Meeres versenkt, hätte gern zur Kenntnis genommen, daß die beiden Palais, das große und das kleine, über Nacht verschwunden wären.«*

Heute gilt das Grand Palais neben dem Centre Pompidou als wichtigstes Kunstmuseum der Stadt.

din de l'Élysée eingrenzt, weil Geschäfte hier per Handschlag und bar abgeschlossen werden. Auf diese Weise hofft der Verkäufer, die Erbschaftssteuer zu sparen. Auf dem Gehweg der Avenue Matignon sitzen die Tauschhändler auf mitgebrachten Faltstühlen, auf den grüngestrichenen Parkbänken oder bleiben stehen, haben vielleicht zwei oder drei aufgeklappte Alben vor sich hingelegt, während in der Avenue Gabriel richtige Stände mit Eisenstangen und Zeltplane das Geschäft seriöser erscheinen lassen: In Kästen oder Plastiktaschen werden alte Postkarten angeboten, geordnet nach den Straßen von Paris oder den Gegenden Frankreichs. Die Händler sind fix, folgen den Zeitläuften – sie waren es zum Beispiel, die als erste die neuen Telefonkarten als Sammlerobjekt entdeckten. An diese Ecke der Avenue verirrt sich kein Banlieusard, kein Tourist, früher tauchte hier höchstens einmal ein Filmteam auf, das die Szene anschließend im Studio mit Audrey Hepburn und Cary Grant nachdrehte, und damit war Pariser Flair eingefangen.

Die Champs-Élysées: ein Denkmal für die Geschichte, Kultur, Zivilisation Frankreichs. Davon weichen die Pariser trotz aller Kritik nicht ab.

Ein Denkmal seien sie, die Champs-Élysées; ein Denkmal für die Geschichte, Kultur, Zivilisation Frankreichs. Davon weichen die Pariser trotz aller Kritik nicht ab. Und so sieht es auch der Vorstadt-Beau, der sich John nennt, mit schwarzer Lederkleidung und Texas-Boots über die Avenue schlendert und auf der Lehne einer Bank Platz nimmt, die spitzen Lederstiefel auf die Sitzfläche stellt und mit dem Kamm über die ölige Elvis-Schmachtlocke fährt: »Für mich sind die Champs-Élysées ein Denkmal, selbst um vier Uhr nachts gibt's noch zu essen und zu trinken, und man trifft immer Leute.« Die Nouvelle cuisine der Champs-Élysées stammt nicht mehr aus dem Lyonnais, sondern aus den Massenküchen, wo Fritten und Hamburger mit Ketchup auf Pappgeschirr in Sekundenschnelle hergerichtet und gleich hinter der Kasse verschlungen werden, wo man nicht den Rat des Kellners braucht und lange darüber grübelt, ob ein Sancerre besser dazu passe als ein Pouilly fumé. Da klagen sie wieder, die alten Pariser: »Avenue«, diesen Prestigenamen verliere sie nun wirklich, sie sei wahrhaftig nur noch ein Boulevard (und ganz Böse sprechen das Wort amerikanisch aus, um ihre

Mißachtung über den Zerfall der Kultur kundzutun), ein Boulevard also, auf dem Massenbedürfnisse befriedigt würden. Wer kennt denn noch die Namen der verflossenen Restaurants, Hotels und Kinopaläste?

Aber nichts ist billig hier, trotz Massenproduktion der Fritten. Versteckten sich hinter den Fassaden einst prachtvolle Salons, so wurden sie zu muffigen Büros, denn für einen Quadratmeter erhält man, ohne zu feilschen, fünfhundert Euro Miete pro Monat; nun kann man auch in Paris nicht ohne weiteres seine Wohnung in ein Büro verwandeln, doch manch ein Beamter zeigte für ein paar Euro mehr ein weiches Herz. Kein Wunder, daß gerade noch fünfundfünfzig wahlberechtigte Franzosen an der Prachtstraße wohnen, über deren Trottoirs täglich etwa hundertfünfzigtausend Menschen trampeln, weshalb dies für bettelnde Zigeunerfrauen mit kleinen Kindern ein beliebter Arbeitsort ist. Man ist ganz froh, wenn man auf alte Leute trifft, die noch Werte haben.

Das Café *Le Paris*, eines der ältesten an den Champs-Élysées, wahrt seine Tradition, paßt nur die Preise an. Die Besitzer hatten schon längst lukrative Angebote, doch sie wollen der Fritten-Invasion nicht weichen. Schließlich

LORD BYRO
cinema
Helden Pils

LEROY
CLARENCE
LEROY
OPTICIEN

hat das Café *Le Paris* seine Geschichte: Söldner aus aller Welt trafen sich hier zum Rendezvous mit Umstürzlern, die über pralle Krokobrieftaschen verfügten. »Aber seitdem die Vorortbahn bis zu den Champs-Élysées führt«, erzählte mir einmal ein langgedienter Kellner im *Le Paris*, »kommen viele Leute aus der Banlieue. Das hat die Kundschaft unangenehm verändert, denn heute bleibt die bürgerliche, vornehme Gesellschaft weg.«

Wer schön sein will ...

Aber manch vornehmer Kunde wird noch mit Polizei-Eskorte im ältesten Lokal der Champs-Élysées abgesetzt, im *Fouquet's*, welches als wahrer Freßtempel von Paris gilt, nicht das Maxim's, wo sich nur noch amerikanische Millionäre sättigen, im guten Glauben, mitten in das Pariser Leben eingetaucht zu sein, was auch nicht ganz falsch ist, allerdings – es ist Jacques Offenbachs operettenhafte Inszenierung. Wenn Belmondo, Delon, Chabrol oder Lelouche einen Film planten, dann beredeten sie ihn bei *Fouquet's* am Mittagstisch, wenn der Film Premiere hatte, dann zogen sie zur Feier ins *Fouquet's*, und wenn schließlich der Abend mit der Verleihung der Césars, der französischen Filmtrophäe à la Oscar, bei viel Champagner ausklingen mußte, dann natürlich bei *Fouquet's*. Wenn Politiker, Industrielle, Bankiers sich verabreden – zuerst einmal versucht man, einen Tisch bei *Fouquet's* zu reservieren.

Wenn Politiker, Industrielle, Bankiers sich verabreden – zuerst einmal versucht man, einen Tisch bei Fouquet's zu reservieren.

Oben, neben der Küche, kann man sich ins Chambre séparée verkriechen, und dort trafen sich Anfang der neunziger Jahre regelmäßig ein paar reiche Leute, die geheimnisvoll wie Mafia-Bosse darüber berieten, wie man die Champs-Élysées retten könne. Natürlich geben sie nicht offen zu, daß sie gegen Fritten-Buden und Fummel-Boutiquen zu Felde ziehen wollten, aber sie hatten schon Angst, daß die Kinos bald in Sexshops und Peep-Shows verwandelt würden. Maurice Cazeneuve, ehemaliger Fernsehintendant, trat als Sprecher der Kaufleute, Medienzaren und Restaurantbesitzer auf.

Mit Pathos verkündete er: »Wir wollen, daß für unsere Kinder die Champs-Élysées bleiben, was sie waren.« Die Initiative hatte Erfolg. Sie wurde zum offiziellen Verein und schaffte es nicht nur, den Vormarsch der Sexshops und Peep-Shows zu stoppen, sondern brachte auch den damaligen Bürgermeister Jacques Chirac auf die Idee, die Rettung der Avenue persönlich in sein Programm zu schreiben: wohl wissend, daß die erhaltenen Fassaden das zukünftige Kapital von Paris sind.

Nach dem Motto, das Mütter einst ihren Töchtern mitgaben: »Wer schön sein will, muß leiden«, beschloß Chirac – nach langer Überzeugungsarbeit durch die Geschäftsleute –, nicht nur die Avenue, sondern gleich das ganze sichtbare Paris nicht nur zu verschönern, sondern auch leichter »nutzbar« zu machen. »Paris, Frankreichs prestigereiches Schaufenster Europas und in die ganze Welt, zahlte für sein zukünftiges Gesicht mit großen Baustellen, die alle Pariser leiden lassen«, schrieb daraufhin der *Figaro* im August 1992, als kaum ein Stadtviertel, in dem sich stets Hunderttausende von Touristen drängeln, von aufgerissenen Straßen, Plätzen und Höfen frei war. Die Place Vendôme[22] wurde in den ursprünglichen Zustand versetzt, wie ihn Jules Hardouin Mansart 1686 geplant hatte, allerdings ahnte Mansart nichts von diesen modernen Zeiten, die unter dem Platz eine Parkgarage mit tausendfünfhundert Plätzen nötig machten. Um die Rue Saint-Denis herum entstand die größte Fußgängerzone Europas. Und für das Lifting der Champs-Élysées war kein Franc zu schade – denn hier wurden die Bauunternehmer auch noch aus einem ganz französischen Grund gezwungen, das auf den Tag festgelegte Baudatum einzuhalten. Da, wo in den Seitenalleen einst die elegantesten Wagen parkten, wurden Platanen in eine zweite Reihe gepflanzt und wie einst schon einmal – wieder

22 **Place Vendôme**
Wenn sich an einem Ort Pariser Eleganz, Luxus und Geschichte vereinen, dann hier. Die Place Vendôme, unter Ludwig XIV. geschaffen, strahlt bis heute echten Glanz aus, denn hier haben sich die berühmtesten Juweliere niedergelassen und präsentieren blendend schöne Edelsteine, exquisite Chronometer und mehr. Das *Ritz* findet sich hier ebenso wie internationale Banken.

Der Platz besticht durch seine architektonische Geschlossenheit. Die reichen Bürger und Adeligen, denen Louis le Grand, wie der Platz auch ursprünglich heißen sollte, die Grundstücke verkaufte (weil die Haushaltskasse mal wieder leer war), bekamen zur Auflage, sich ganz und gar den Plänen des Architekten Jules Hardouin Mansart zu fügen. Von 1686 bis 1701 entstanden die Fassaden nach Plänen dieses berühmtesten Baumeisters des Grand Siècle. Königliche Prachtentfaltung und bürgerliche Rationalität vereinen sich zu einem makellosen Klassizismus wie an nur wenigen Stellen sonst in der Stadt.

Dominiert wird der Platz heute von der 44 Meter hohen, der römischen Trajansäule nachempfundenen Colonne de la Grande Armée, die Napoléon 1806 zum »Ruhm der Armee« aufstellen ließ. Das spiralförmige Bronzerelief erzählt von ihren Heldentaten.

Der Fuß der Triumphsäule Napoléons …

So zeitlos und erhaben die Mansartschen Fassaden anmuten, so bewegt ist die Geschichte dieser Säule. Ursprünglich stand an derselben Stelle ein Reiterstandbild Ludwigs XIV., das die Revolutionäre einschmolzen. Napoléon errichtete die Säule, die er mit einem Standbild krönte, das ihn in der Gestalt eines römischen Kaisers zeigte. Diese Bronze überlebte den Sturz ihres Urhebers und Modells natürlich nicht. 1815 wurde die Statue eingeschmolzen und für das Reiterstandbild Heinrichs IV. auf dem Pont Neuf verwendet. 1833 wurde schließlich wieder ein Napoléon-Standbild installiert, das den Feldherrn aber diesmal in zeitgenössischem Habit zeigte. Während der Pariser Kommune schließlich wurde gleich die ganze Säule gestürzt, aber schon bald wieder aufgerichtet. Man nutzte die Gelegenheit, um den feldherrlichen Napoléon wieder durch einen römischen zu ersetzen.

... auf der Place Vendôme

Gehsteige gepflastert, entsprechend dem Anspruch von Prestige aus drei Sorten grauen Granits: blaugrau aus der Bretagne, hellgrau aus dem Tarn, weißgrau aus Sardinien. Die Karossen werden nun unterirdisch in Parkkellern versteckt, deren oberste Decke schnellstens gegossen werden mußte, damit die Bäume gepflanzt, die Steine wie geplant auf die Gehsteige gelegt werden konnten. All dies mußte vor dem 10. Juli 1993 vollendet werden, eben aus einem sehr französischen Grund: Am 14. Juli sollte wie jedes Jahr die übliche Parade zum Nationalfeiertag auf der Avenue des Champs-Élysées stattfinden, und wenige Tage später würden die Rennfahrer der Tour de France ihre letzten Runden auf der Prachtstraße drehen und den Zielstrich überfahren.

Obwohl das *Fouquet's* auch der Filmwelt-Treff ist, so hat man's gar nicht gern, wenn ein Fotograf auftaucht. Dort läßt man sich nicht ablichten, denn der Bourgeois besteht auf Diskretion, beginnt für viele doch mit der Gaumenfreude das Vorspiel zu einer kleinen Liebelei am Nachmittag. Allerdings mit Umwegen, denn alle Hotels an der Avenue haben zugemacht; dafür sind in den Seitenstraßen viele neue, auch für Laufkundschaft, eröffnet worden, wo Zimmer vermietet werden, in denen es keine Schränke gibt – denn wer kommt für das Schäferstündchen schon mit einem Koffer.

Dreißig Jahre lang wurde am Triumphbogen gebaut, doch dann ließ man ihn langsam wieder verfallen, so daß Mitte der achtziger Jahre ein großes Netz unter den Bogen gespannt werden mußte, damit herabfallende Steine keinen Touristen erschlugen. Als die geschäftstüchtigen Manager von American Express sich bereit erklärten, das Denkmal auf eigene Kosten zu renovieren, brach allerdings ein Schrei des Entsetzens in ganz Frankreich aus. Man stelle sich vor, die Kreditkarten-Haie hätten dann mit diesem Heiligtum geworben! Frankreichs ehemaliger Präsident Valéry Giscard d'Estaing gründete flugs einen Notverein, der die für eine Renovierung benötigten dreißig Millionen Franc (allerdings nur mit Mühe) zusammenkratzte. Gerade rechtzeitig zur Zweihundertjahrfeier der Großen Französischen Revolution strahlte die Fassade triumphierend neu.

Leider ist der Architekt Ribart mit seinem Vorschlag bei Ludwig XV. seinerzeit nicht durchgekommen, einen triumphalen Elefanten an dieses Ende der Champs-Élysées zu bauen; es sollte ein Ausflugspavillon mit schönen Salons zur Ehre des Königs werden. Aber den Riesenelefanten hätte man nicht für flotte Wetten nutzen können, etwa ob es einem gelingt, mit seinem Motorflugzeug unten durchzufliegen, wie es auch heute immer wieder einmal geschieht. Im Ersten Weltkrieg spielten Flugzeuge zum erstenmal eine militärische Rolle, aber – wie gemein – die Luftwaffe wurde zur Siegesparade auf den Champs-Élysées nicht zugelassen. Da protestierte der Kampfflieger Godefroy auf seine Weise und steuerte seinen Doppeldecker durch den Bogen des Denkmals. Er wurde dafür bestraft, während sein Fliegerkollege Védrine für eine Kunstlandung auf einem nahegelegenen Kaufhaus belohnt wurde. Dabei ging zwar die Maschine zu Bruch, aber der Werbeeffekt war umwerfend.

Charles Godefroy durchfliegt 1919 den Triumphbogen

Zwölf Avenuen münden auf die Étoile, den Sternplatz

Stern, Elefant oder Bogen?

Du bist vollendet nicht, bist du auch noch so prächtig!
Nein, weil kein Wanderer ins Gras sich setzt andächtig,
Und deinen Bau ansieht und träumend liegenbleibt,
Indes an deinem Fuß in unbeständ'gem Laufen
Die ganze Stadt sich treibt, wie ein Ameisenhaufen
Sich emsig um den Fuß des Elefanten treibt.

Victor Hugo

Vorschlag von Ribart für ein Monument auf der Étoile

Es war lange Zeit nicht klar, was die Place l'Étoile, den Sternplatz, die heutige Place Charles de Gaulle, zieren sollte. Der Landschaftsarchitekt Le Nôtre hatte 1670 die Achse gezogen, von den Tuilerien bis hierher zum Chaillot-Hügel, und noch bis 1860 war hier die Stadtgrenze. Seit dem 18. Jahrhundert wurden Überlegungen angestellt, wie der Hügel gekrönt werden könne, und einer der ungewöhnlichsten Vorschläge stammte wohl von einem Mitglied der Academie de Béziers, Ribart de Chamoust war sein Name, der 1758 den Plan ausarbeitete, auf dem »Stern«, der Étoile, einen gigantischen Elefanten aufzustellen. Der Leib sollte Säle für allerlei Veranstaltungen bergen, zu betreten wären die Räumlichkeiten über eine Treppe in einem der Elefantenbeine, aus dem Rüssel sollten Wasserfontänen schießen, und die Ohren waren – erstaunlich visionär – als Lautsprecher gedacht, die die Musik nach draußen tragen sollten, die ein Orchester im Kopf des Tieres spielte.

Der Plan wurde, wie viele andere, verworfen, und das Interesse der Städteplaner an der Étoile erlahmte vorerst. Das änderte sich mit der Revolution. 1798 lobte der Innenminister einen Preis aus für den Entwurf einer »monumentalen Verwendung« der Étoile. Der Vorschlag, eine 50 Meter hohe Säule zu errichten, trug den Sieg davon. Allerdings brauchten die Juroren zwei Jahre dafür, um diese Entscheidung zu fällen; im Januar 1800 erhielt der Sieger ein Glückwunschschreiben des Ministers, aber an eine Realisierung dachten die Verantwortlichen nicht. Grund mag gewesen sein, daß die ganze Gegend am Rande von Chaillot, dem späteren 16. Arrondissement, noch immer eher einer Wüste glich als einem Ort für Glanz und Gloria. Es gab einige Lokale für die Sonntagsausflügler, aber sobald es zu dämmern begann, wagte man sich hier kaum noch heraus.

Es brauchte einen Visionär, und dieser Mann war Napoléon. Am Vorabend der siegreichen Schlacht von Austerlitz, im Dezember 1805, hatte er seinen Soldaten versprochen: *»Ich führe euch zurück nach Frankreich, und betreten werdet ihr eure Heimat durch Triumphbögen.«*

Tatsächlich leite er wenige Wochen später, im Februar 1806, alles für den Bau eines Triumphbogens in die Wege, wobei sich sein Blick nicht gen Westen, Richtung Étoile, wandte, sondern ans andere Ende der Stadt, zur Place de la Bastille, denn von diesem Punkt im Osten marschierten die Truppen traditionellerweise ab und kamen, so das Schicksal es wollte, auch wieder an.

Doch die Place de la Bastille war auf ihre Weise ebensowenig einladend wie im Westen der einsame Sternhügel. Nachdem die alte Festung geschleift worden war, war hier ein Vakuum entstanden, der Platz war ungleichförmig, er hatte kein Gesicht. Und einen schnurgeraden Boulevard Richtung Louvre, von dem Napoléon träumte, gab es auch nicht.

Napoléons Innenminister Champagny machte sich daher für den Sternhügel stark. Um Napoléon von der Bastille abzubringen, lobte er die Étoile in seinem Bericht über den grünen Klee, der dort noch wuchs:

»Ein Triumphbogen würde hier aufs allerherrlichste und malerischste den erhabenen Anblick krönen, der sich dem Betrachter vom kaiserlichen Schloß der Tuilerien aus bietet. Er würde den Reisenden, der Paris betritt, sofort in seinen Bann schlagen. Dem, der die Stadt verläßt, wäre er in seiner unvergleichlichen Schönheit eine bleibende Erinnerung. Aus welcher Entfernung auch immer, er wäre dem Triumphator doch stets vor Augen. Euer Majestät würden durch ihn hindurchziehen auf Eurem Weg nach Malmaison, nach Saint-Germain, nach Saint-Cloud, ja selbst nach Versaille.«

Napoléon war deutlich beeindruckt von der eloquenten Eloge seines Ministers und beschied daher:

»Monsieur Champagny, angesichts der Schwierigkeiten, die die Errichtung des Triumphbogens auf der Place de la Bastille bereitet, bestimme ich also, daß er bei Chaillot, an der Étoile, errichtet wird, unter der Bedingung, daß der Triumphbogen der Place de la Bastille durch einen schönen Brunnen ersetzt wird, ähnlich jenem, der auf der Place de la Concorde errichtet werden soll.«

Aus den beiden Brunnen wurde nichts. Dafür ließ Napoléon gleich noch einen zweiten Triumphbogen in Auftrag geben. Und so entstand neben dem Arc de Triomphe de l'Étoile der Arc de Triomphe du Carrousel in den Tuilerien. Und wenn es nach dem Willen des Kaisers gegangen wäre, hätten noch zwei weitere Bögen folgen sollen:

»Der eine soll der Arc de Marengo sein, der andere der Arc d'Austerlitz. Und ich werde noch einen weiteren an irgendeinem Ort in Paris errichten, der wird der Triumphbogen des Friedens sein, und einen vierten, der wird der Triumphbogen der Religion sein. Mit diesen vier Bögen werde ich die Steinmetze und Bildhauer die nächsten zwanzig Jahre ernähren.«

Zur Grundsteinlegung im August 1806 erschien Napoléon allerdings nicht, er hatte wichtigeres zu tun und schickte zweitrangige Chargen. Und auch die Fertigstellung dieses seines wichtigsten Bauwerks fand im Jahr 1836 ohne ihren Urheber statt, denn der war bereits seit fünfzehn Jahren tot.

Das wichtigste Bauwerk von Napoléon Bonaparte: L'Arc de Triomphe

Historischer Métro-Eingang an der Place de la Bastille

Stadt des Lichts unter Tage

5. Kapitel

Warum Musiker in der Unterwelt spielen und von Métro, Maloche und Pofe

Paris, »ville lumière«.[23] Bestaunt, ja, begehrt zu werden, daran labt sich wohlgefällig nur die *Polis.* In deren *Métro* aber, in die lebendige Unterwelt, führt manch verborgener, dunkler Schlund.

Die ville lumière in ihren Anfängen (Stich aus dem 17. Jahrhundert)

»Nudelstil« nennen Pariser die geschwungenen Linien der alten Métro-Eingänge und fanden sie natürlich gräßlich damals, als sie nach den Plänen von Hector Guimard[24]

23 **Ville lumière**
Bereits im 16. Jahrhundert wurden in Paris nachts Straßen beleuchtet. Allerdings – und das war nicht nur in Paris so – mußten die Bewohner selber für die »Illumination« sorgen und an ihren Häusern entsprechende Laternen befestigen. Das Gaslicht war die große Revolution in der Geschichte der öffentlichen Beleuchtung. Zwar war es London, wo 1806 eine erste Straße, die Pall Mall, vollständig in künstliches Licht getaucht wurde. Doch die Straßenbeleuchtung im großen Stil wurde zuerst in Paris möglich, als im Zuge der radikalen Stadtplanung durch Baron Haussmann die neuen Boulevards und mit ihnen die Trottoirs entstanden. Wurde schon immer das ganz besondere – natürliche – Licht der Stadt gerühmt – vor allem von den Malern des Impressionismus –, so wurde die Stadt jetzt ihres künstlichen Lichts wegen gerühmt – Paris war die »ville lumière«.

24 **Hector Guimard**
Der 1867 in Lyon geborene Architekt ist ein Hauptvertreter der Pariser Art nouveau, des Jugendstils, ja, Guimard *ist* gewissermaßen der Pariser Jugendstil. Er schuf diverse Inneneinrichtungen sowie das Castel Béranger (1894–

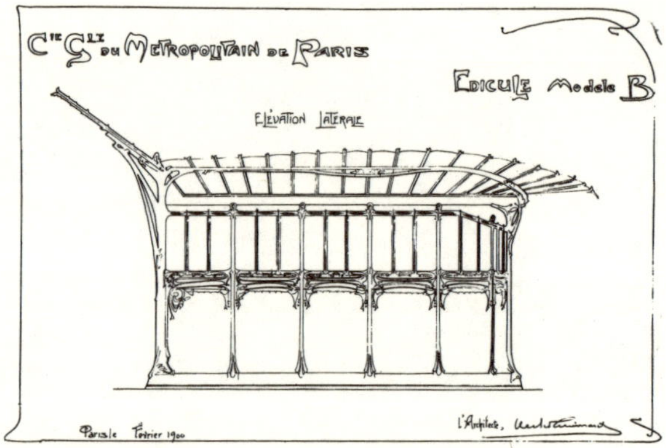

Der »Nudelstil« des Hector Guimard

1897). Es waren aber seine Métro-Eingänge, die von 1899 bis 1904 entstanden, mit denen er der Stadt einen unverwechselbaren künstlerischen Stempel aufgedrückt hat. Modernste Verarbeitungstechniken – man arbeitete mit vorgefertigten, austauschbaren Elementen aus Gußeisen und Glas – verband er mit einem Stil, der ganz der Pflanzen- und Tierwelt zuzugehören scheint, und einer ziemlich exzentrischen dazu. Den Zeitgenossen war das unheimlich, man schimpfte über all die »Libellenflügel« und empfand das Manieristische als nicht französisch, vielmehr als deutsch. Dem Erfolg der Pariser Métro-Eingänge konnten diese Stimmen nichts anhaben. Guimard starb 1942 in New York.

gebaut wurden. Aber dem Wahn, daß gut sei, was neu ist, sind die Franzosen ja nur selten verfallen – und haben sich stets daran gewöhnt, das einst Häßliche zu bewundern. Zudem: Erwartet man vom Herrn der Unterwelt nicht, daß er wenigstens den Einlaß dorthin geschmackvoll gestaltet? Wenn der schon unauffällig ist … Und mit den häßlichen, auffallend störenden Betoneingängen, mit denen deutsche Großstädte anzeigen wollen, daß auch sie Metropolis spielen möchten, muß er ja nicht unbedingt etwas gemein haben.

Métro: Schuhe jeder Art in Bewegung, Gänge entlang, Treppen hinauf oder hinunter; Sneakers, Hochhackiges, Wildleder oder deftiges Schwein, Geschnürtes, Sandalen, mal Stiefel, eher Gummi- oder Kreppsohle statt Leder, Wollstrümpfe oder nackt, selten seidene, aber doch ab und zu, darin aber Métro Palais Royal oder Victor Hugo. Schuhe, die auf Laufbändern fahren oder auf den eisernen Stufen von Rolltreppen stehen; Füße, die sich treten, verlaufen oder warten, auf dem Quai, nach der zischenden Einfahrt, dem Klappern der aufspringenden Türen über die den Fuß mit Gumminoppen warnende Kante in den Wagen steigen, sich plazieren, an der Stange, vor dem Sitz. Von morgens bis abends: Füße von oben hinab, von unten hinauf. Allein vom Darandenken bekommt man müde, geschwollene Füße! Obwohl sie doch von der Métro gefahren werden in ihrem jeweiligen Schuhwerk.

Zischen. Türen auf. Füße drängen raus, andere stehen störrisch und störend davor, wollen rein. Türen wieder halb zu. Der dumpfe Warnton. Rennen noch Schuhe heran? Quetschen sich Ellbogen durch die Tür? Klappern der zufallenden Chromhaken in der Mitte der alten Türen. Elektrisches Summen des anfahrenden Zuges, vielleicht ein zu laut gestellter Walkman oder – selten – ein Gespräch zum Mithören.

Eine Minute zwischen jeder Station, rechnet man. Morgens Gelegenheit, eine Zeitung zu lesen oder ein Buch, Hausaufgaben nachzuholen, in Eile, oft angetrieben vom schlechten Gewissen. Elite-Frau schminkt sich ungeniert.

Dann treten die Füße heraus, und die Ohren melden: Unterwelt[25] zwar, doch nicht Hölle. Ein klassisches Gitarrenkonzert in den Gängen der Station Auber, wo täglich eine Viertelmillion Menschen von einer Linie zur andern wechseln, hetzen und dann einen Moment verweilen; verschlossene Gesichter entspannen sich, vielleicht ein kleiner Traum für eine Seelensekunde.

Aus drei Abschnitten bestehe der Tag, heißt ein Motto in Paris: *métro, boulot, dodo.* Morgens (und abends) Métro fahren, malochen, und dann ist man so kaputt, daß man nur noch erschöpft auf die Matratze fällt, um zu pofen. Métro, Maloche, Pofe. Unbeschädigt überlebt keine Seele diese Tretmühle.

25 **Unterwelt**
Der Gedanke an die Unterwelt, an Orpheus und Hades, war immer virulent, seit am 19. Juli 1900 die erste Strecke des »Chemin de fer métropolitain«, kurz: Métro, eingeweiht wurde. Der *Figaro* berichtete, daß nicht wenige sich fürchteten, die Treppe hinabzusteigen, Angstschreie wurden ausgestoßen. Denn wer wollte wissen, ob ein frisch gegrabener Tunnel nicht auch wieder einstürzen konnte und ob es wirklich ausreichend Sauerstoff gab unter der Erde?

Doch die Jungfernfahrt verlief ohne Zwischenfälle. Die ersten Fahrgäste legten die Strecke Porte Maillot – Porte de Vincennes in einer halben Stunde zurück. Über Tage, mit der Straßenbahn, mit Autobus oder im Gespann hätten die elf Kilometer einmal quer durch die Stadt gut eine Stunde gedauert. Fulgence Bienvenû hieß ihr Architekt, und bereits dreißig Jahre später war ein Großteil des Netzes entstan-

Der Vorläufer der Métro: der Pferdeomnibus

den, wie es sich uns heute darbietet. Mit seinen 16 Linien und rund 300 Haltestellen ist es heute für 4,5 Mio. Menschen täglich das Verkehrsmittel Nummer eins.

Die Métro gilt als eine der übersichtlichsten Untergrundbahnen der Welt – und als eine der modernsten. Erst 1998 wurde die Linie 14 neu eingerichtet: Ein Hochgeschwindigkeitszug pendelt jetzt zwischen Madeleine und Bibliothèque François Mitterand hin und her – und das vollautomatisch, ohne Fahrer.

Einen Vorteil der Métro gegenüber den oberirdischen Transportmitteln hatten die Ingenieure des ausgehenden neunzehnten Jahrhunderts im übrigen gar nicht mit eingeplant. Als am 19. Juli 1900 die ersten Fahrgäste in die Unterwelt hinabstiegen, war es 38 Grad heiß in Paris, und der *Figaro* berichtete von Reisenden, die nicht zuletzt die Kühle genossen und am liebsten gar nicht wieder nach oben in die Hitze zurückgekehrt wären.

»Métro, molto allegro« haben aus Anlaß der Hundertjahrfeier die Herren dieser Unterwelt, die Verantwortlichen der Verkehrsgesellschaft RATP, daher daraus gemacht, und gemeint ist organisierte Verführung unter Tage durch Musik. Eine halbe Million Euro blättert die Métro-Verwaltung jährlich für ihre freien Konzerte hin, ob Blasorchester, Streicher oder Zupfhansel; und die Musiker freuen sich, mit leicht gestaltetem Programm ein Publikum zu erreichen, das normalerweise solche Musik wahrscheinlich nie anhören würde. Und in den Gängen – oder in der einen Minute zwischen zwei Stationen – gibt es ungeplante, aber geduldete Konkurrenz: Mit Flöte, Geige, Ziehharmonika lockt, wer sich getraut, den Hut vor sich hinzulegen, den Vorbeieilenden manch einen Zehner aus der Tasche, und Kenner melden guten Tagesverdienst, mehrere hundert Euro vielleicht – steuerfrei.

Die Arbeiten an der Pariser Métro zu Anfang des zwanzigsten Jahrhunderts

Der Blick fällt auf die lachende Kuh auf einem riesigen Werbeplakat, das so schön und ordentlich in den Keramikrahmen der Stationswand eingepaßt ist. Oder ein lächelndes Mädchen wirbt für Dessous – welch ebenmäßiger Körper. Ein Moment, um in sich hineinzuversinken, zu sinnen, vielleicht auch, um zu begehren. Je nach Jahreszeit werden die Augen erinnert an *rentrée* und neue Schulkleidung, an billige Möbel oder einen neuen Reißer im Kino. Wo Höhlenwände den Blick abstumpfen, müssen Visionen erwachen: Gelb eingefaßt verspricht der braune Magnetstreifen Kultträume. Sehnsüchte sind die erste Stufe zur Sünde, der zweite Schritt liegt im Verlangen, und um Verlangen nach einer Sekunde leichten Lebens zu wecken, überließ man eine ausgediente Station Künstlern statt Werbekrämern, Métro La Croix-Rouge. Auf den Plakatwänden spiegelt blaues Papier den Himmel wider, den dazu passenden Sandstrand liefert gelber Karton, davor ein lebensgroßer Sonnenschirm, auf dem Quai eine Frau, ein Mann, ein dem Ball nachlaufendes Kind, ein Hund – als Pappsilhouetten.

Wo Höhlenwände den Blick abstumpfen, müssen Visionen erwachen.

Die Werber kommen nicht zu kurz. Doch nicht alles gelingt. Mit Fernsehen wollten sie auch noch das letzte Gespräch in der Métro ersetzen, denn dort, wo man eh wenig redet, lenkt der Blick auf die Mattscheibe ab, verkürzt ein Spot die Reisezeit, falls man darüber nicht auszusteigen vergißt. Die Wagen der Linie Pont de Neuilly – Bois de Vincennes wurden mit Monitoren versehen, doch die Augen erfuhren nur, welche Fahrplanänderungen notwendig waren, auf welcher Strecke gebaut wurde, wo Störungen zu erwarten waren. Zwischendrin erklärten kleine Filme, wie man Fahrräder repariert und anderes mehr. Das Experiment wurde eingestellt, vielleicht vergaßen zu viele auszusteigen. Auf die Quais hat man dann die Monitore

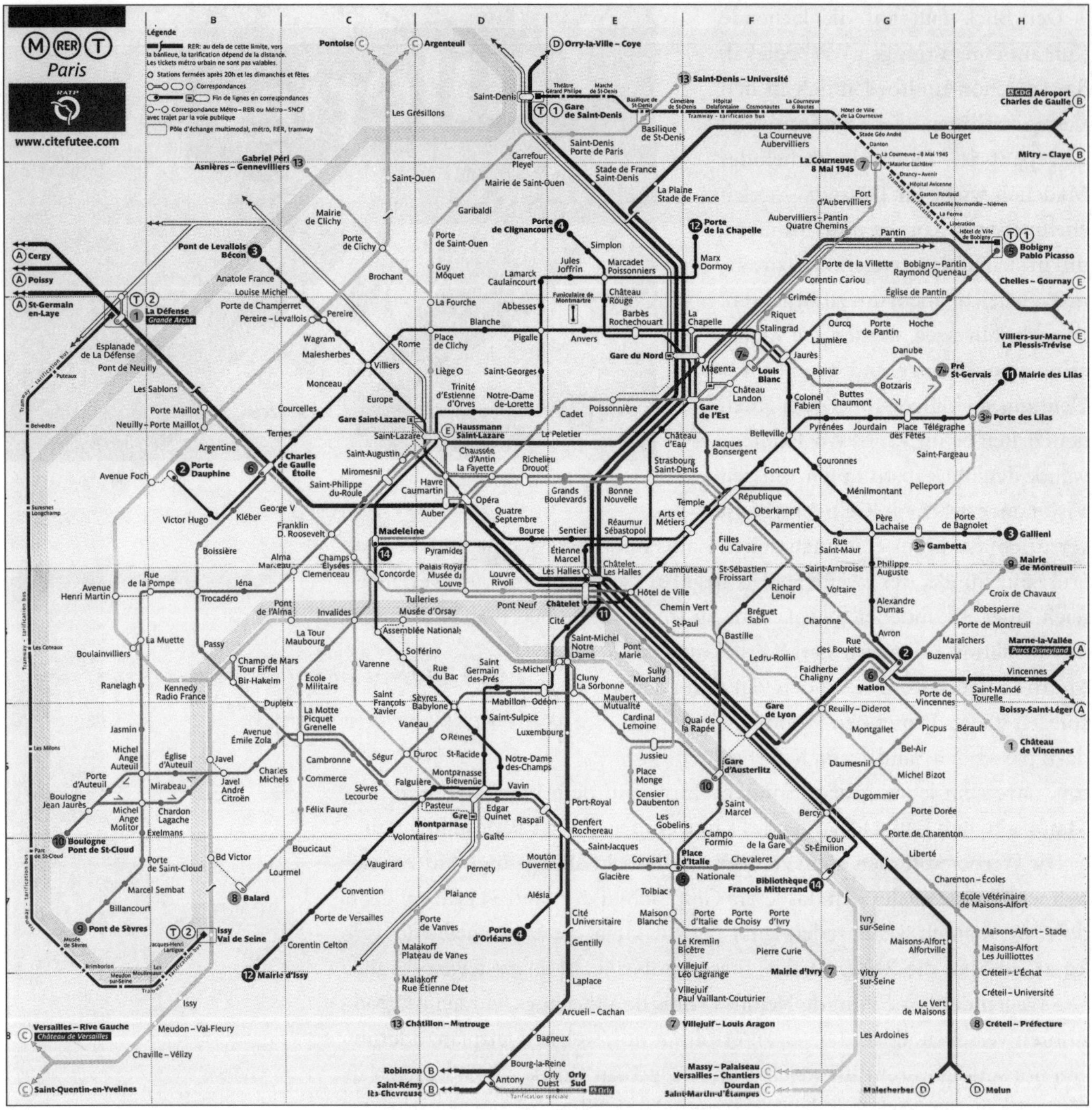

Der Métroplan scheint auf Pariser übersinnlich zu wirken

gestellt, weil beim Warten der Blick auf bewegte Bilder anreizen könnte. Auch das eine Pleite. Wer in der Métro wartet, hängt seinen eigenen Gedanken nach.

O ja, diese Unterwelt ist gesittet. Oben, im so häufig gerühmten Licht der Polis, steht der Louvre. Seit dem Umbau ist er ausgedehnter als Sankt Petersburgs Eremitage und gilt als der Welt größtes Museum. Da verzichtet die Métro auch unten auf lohnende Werbeflächen, opfert Mammon den Musen, weil kulturelles Ansehen den Wert eines mäßigen Schecks übertreffe. Statt Werbung ägyptische oder gotische Figuren, steif – hinter Glas. Métro Varenne: Rodins Denker und Balzac als ewige Passagiere auf dem Quai.

Diese Unterwelt ist gesittet.

Alles am Métrofahren ist praktisch. Wer seinen Weg sucht, der drückt bei einem der Leuchtpläne in der Schalterhalle auf einen Knopf, und schon zeigt die Leuchttafel die kürzeste Strecke – mit Umsteigen in verschiedenen Farben. Kaum ein Tunnelgewirr ist so übersichtlich und einfach zu durchfahren wie das von Paris. Was allein das Nützliche zum Maßstab hat, sei meist häßlich, heißt es. Der Métroplan[26] scheint für Pariser aber übersinnlich zu wirken, denn mit einem Wandgemälde aus Kacheln in Weiß, Rot, Schwarz, Gelb wurde die große Rückwand eines sechsstöckigen Schlafsilos geschmückt, auf dem sich Wegzeichen, Eingänge und Kreuzungen der unteren Welt als Plan von Paris finden – so, als solle man nach »*métro, boulot, dodo*« sogar noch davon träumen.

Métromanie

Aber auch in Paris ist die Métro weniger schön als die Polis. Dort, wo der Blick nicht durch schöne Fassaden getäuscht wird, spielen sich Leid, Qual, Einsamkeit vor aller Füßen ab. Da sitzt jemand schweigend, vielleicht vor einem Pappschild oder einem Hut, da hält ein

26 **Ballade von der Métro**
Von Lilly von Sauter

Gelbe Gesichter und braune,
schwarze, rote und weiße,
Gesichter aus Bein geschnitten,
Gesichter aus Erde geformt –
Boissière – Kléber – Etoile

Gesichter aus Abenteuern,
Gesichter aus Müdigkeit,
blitzend, erloschen, verzerrt,
lebendig und längst gestorben –
Clichy – Blanche – Pigalle

Sprechen, lesen, küssen,
riechen nach Knoblauch, Schweiß, Wäsche,
Parfum, Schminke und Dumpfheit,
grübeln, schlafen, auffahren –
Concorde – Bastille – Châtelet

Gänge, gekachelt, gewunden,
Stiegen, Aufzüge, Gänge,
klappernde Stangen aus Eisen,
Gummi an lautlosen Türen –
Balard – Pantin – Nation

(…)

Sechs Uhr, sieben Uhr, acht Uhr,
Dröhnen, erstickt in Menschen,
elf Uhr, Mitternacht, ein Uhr,
Dröhnen, entfesselt im Leeren –
Malesherbes – Wagram – Péreire

Wie viele Stunden des Tages,
wie viele Tage des Lebens,
wie viele Sterne am Himmel,
wie viele Meter von Erde
Passage – Limite – Sortie.

Alter mit gesenktem Blick seine Handfläche nach oben; niemand kann dem entweichen, nur schlechten Gewissens wegschauen, aber dann bleibt immer noch Betroffenheit. Solidarität zeigt diese Menge nicht; der einzelne eilt vorbei, weil Eile ein Teil der Sühne in dieser Unterwelt ist.

Um ein Uhr nachts wird die Métro geschlossen. Der letzte Diensthabende zerrt vor die Eingangsschlünde große Scherengitter, windet Ketten herum und sperrt sie mit Schlössern zu. Nur in Wintermonaten, wenn draußen kalte Ostwinde es unmenschlich erscheinen lassen, die dort tagsüber auf den Bänken Wohnenden aus dem warmen Mief, der seinen besonderen Geruch hat, zu vertreiben, richtet man Obdachlosen in einem Métroschacht auf Feldbetten das Nachtquartier ein.

Man glaubt zwar, die Kriminalität sei unter der Erde größer als in den Straßen, doch dieser Glaube entspringt nur der ewigen Angst, die man vor dem Dunkel hat, vor Höhlen, vor Tunneln. Nimmt die Gesetzlosigkeit in der Gesellschaft zu, dann steigt sie auch in der Métro. Polizeikontrollen beruhigen die Kunden mehr, als daß sie Diebe abschrecken. Jeder kennt einen, der in der Métro bestohlen worden ist. Und längst sind sie aus dem Untergrund-Alltag nicht mehr wegzudenken, die schwarzgekleideten Kerle mit den gefährlichen Hunden.

Auf jedes Jahr kommt ein Mord in der Métro. Ist das viel bei einer Milliarde Passagiere in zwölf Monaten? Selbstmorde, Leu-

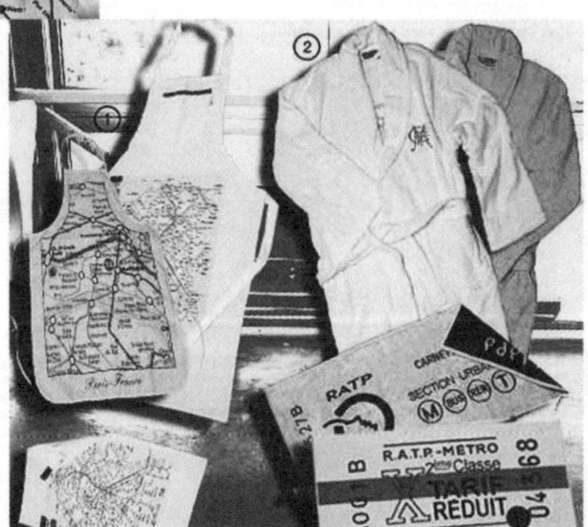

Die Métro als Marke: Artikel für die Fans

te, die sich vor einen Zug werfen, auch das gibt es. Sie führen zu zwei Opfern, heißt es abschreckend in einer Negativwerbung: dem Selbstmörder und dem geschockten Zugführer. *Zazie dans le métro*, Romanschriftsteller, Filmemacher nutzen die Kulisse gern, besonders für Krimis. Die Wirklichkeit ist banaler. Taschendiebe und Kleinhändler in Sachen Drogen werden durch Türschlitze oder mit versteckten Kameras beobachtet und blitzschnell gegriffen. Oder auch nicht.

Traurig und apathisch fand Franz Kafka[27] die Reisenden, als er Anfang des vergangenen Jahrhunderts in Paris weilte. Andererseits, meinte er, gebe die Métro die beste Gelegenheit, sich einzubilden, man habe schnell die Essenz von Paris verstanden. Ein paar Jahre später fügte der französische Schriftsteller und Kritiker Jean Paulhan (1884–1968) hinzu: Für den Métrofahrer bestehe die Gefahr darin, sich an diese Welt so zu gewöhnen, daß er sie, durch die täglich genossene Dosis, schließlich nicht mehr entbehren könne. Das nenne man dann die »Métromanie«.

Nichts macht heute süchtiger, als was modern ist. Mal Sex, mal Kokain, mal das, was manche Kultur nennen. Und mit der Droge Métro spekuliert die Unternehmensleitung, so, als mache Métrofahren schön und glücklich. Ein Werbespot der Métro in den neunziger Jahren endet mit einem Pärchen, das auf einer Bank schmust, verliebt ist und plötzlich in Hochzeitskleidung dasitzt. Eine weiße Taube fliegt herbei und setzt sich auf ihren Schleier. Dann schließt sich der gelbe Vorhang mit dem braunen Querstreifen, denn gelb mit braunem Streifen waren jahrzehntelang die heraldischen Farben des Métrotickets: Markenzeichen und Fetisch in einem.

»*Ticket chic, ticket choc*«, spricht sich gut; »*ticket chic, ticket choc*«, klingt nach alter Eisenbahn; tatsächlich handelt es sich aber um einen Werbe-Popsong, der in den achtziger Jahren Kultstatus erlangte. Der Sinn des Refrains? Das Eintrittsticket in die Métro sei so schick, daß es einen Schock verset-

27 **Kafka in der Métro**
Franz Kafka, den aller technischer Fortschritt eigentümlich faszinierte, reiste zusammen mit Max und Otto Brod im Oktober 1910 in die von ihm bewunderte Metropole. Für ihn war Paris vor allem eine Stadt des Verkehrs, und der hatte mit der Métro eine ganz neue Qualität gewonnen. Kein einheitliches Prachtgemälde einer Stadt bot sich dem Dichter dar, was er erlebte, waren vereinzelte Momentaufnahmen des Touristen, der bald hier, bald dort aus einem der Mäuler der Untergrundbahn auftaucht.

»Schrecklich war der Lärm der Métro, als ich mit ihr zum erstenmal im Leben vom Montmartre auf die großen Boulevards gefahren bin. Sonst ist er nicht arg, verstärkt sogar das angenehme Gefühl der Schnelligkeit. Die Reklame von Dubonnet ist sehr geeignet, von traurigen und unbeschäftigten Passagieren gelesen, erwartet und beobachtet zu werden. Ausschaltung der Sprache aus dem Verkehr, da man weder beim Zahlen noch beim Ein- und Aussteigen zu reden hat. Die Métro ist wegen ihrer leichten Verständlichkeit für einen erwartungsvollen und schwächlichen Fremden die beste Gelegenheit, sich den Glauben zu verschaffen, richtig und rasch im ersten Anlauf in das Wesen von Paris eingedrungen zu sein. Die Fremden erkennt man daran, daß sie oben, schon auf dem letzten Absatz der Métrotreppe, sich nicht mehr auskennen, sie verlieren sich nicht wie die Pariser aus der Métro übergangslos in das Straßenleben. Auch stimmt beim Herauskommen die Wirklichkeit erst langsam mit der Karte überein, da wir auf diesen Platz, wo wir jetzt nach dem Heraufkommen hingestellt sind, niemals zu Fuß oder zu Wagen gekommen wären, ohne Führung der Karte.«

ze. Und dieser Gedanke wird vermarktet, in der Métro natürlich. In einem der vielen kleinen Läden in den Métrostationen sind T-Shirts zu kaufen – nicht mehr in den Traditionsfarben Gelb und Braun, das moderne Métroticket ist leuchtend grün, aber immerhin –, dazu Handtücher, Radiergummis, Bleistifte, Mützen, Schals, was immer an Überflüssigem Geld bringt. Das *»ticket chic, ticket choc«* wird kulturell überhöht, und damit alles, was mit Métro verbunden ist. Die Métro, so ein Slogan, sei der Zweitwagen jeder Pariser Familie, für die meisten ist dies wohl der Wagen mit Chauffeur.

Die Métro, sagt Philosoph André Glucksmann, sei das wahre Kulturzentrum Frankreichs, da träfen sich alle Völker, Kulturen, Ausdrucksformen. Sicher nicht auf allen Linien. In Richtung Clignancourt stimmt das vielleicht, da fahren die Araber und Afrikaner in ihr Viertel. Aber gewiß nicht auf dem Weg zum Pont de Neuilly. Und nicht jeder steigt herab. Schließlich fährt oben der Bus, wenn auch die meisten dieser Gefährte ihre hintere Plattform verloren haben. Doch wer das Licht vorzieht oder die Menge scheut, der weiß bestens Bescheid über das komplizierte Geflecht von 62 oder 93, über Busstationen und wo man von Linie zu Linie umsteigt oder wo man durchfahren kann. Direkt geht's eigentlich nie.

Irgendwann aber wird man doch von Maloche und Pofe eingeholt. Um sechs Uhr abends läßt man schon mal einen Zug weiterfahren, hoffend, daß der nächste weniger überfüllt ist. Wenn man dann im Wagen sitzt oder eingequetscht steht und doch allein ist, der Blick nicht mehr abgelenkt wird, versinkt man in sich selbst, der Geist löst sich, tritt einen Augenblick neben den Körper, erstarrt für Sekunden unter der Erde. Begräbnis der Träume in der Métro. Was bleibt nach der Maloche? Métro und Pofe.

Parnaß der Avantgarde

6. Kapitel

Warum Mitterrand im Sitzen fotografiert wird und vom Leben der Kunstgemeinde

Loup de Mer liegt neben Rochen und Dorade auf dem Eis des Marktstandes; der Käseaffineur hält frische Crème im Bottich bereit; und die Gans, die Ente oder die Paupiette beim Metzger öffnen allein durch ihren Anblick verschiedene Drüsen im Gaumen. Dafür ist sie berühmt, die Rue Daguerre. Dort findet man es noch, das Klischee vom Quartier Montparnasse. Da trällert eine Dame mit Schleier am roten Hütchen für eine milde Gabe ein Liedchen zur Ziehharmonika. Wie auf einer Dorfstraße treibt das Leben geruhsam einher. Man grüßt sich, man kennt sich. Doch schaut man genau hin, dann stellt man fest, daß es hauptsächlich Alte sind, die hier auf dem Markt einkaufen.

Auch dieses Dorf mitten in der Stadt droht abzusterben. Montparnasse, dem man kaum mehr anmerkt, daß es ein Hügelchen war, heißt Berg Parnaß (oder für Hellenisten: Parnassos), genannt nach jener Erhebung in Griechenland, auf der sich Apollo mit den Musen verlustierte. Diesen Namen gaben einst die Studenten dem Viertel und weihten es damit den schönen Künsten. Und in der Tat sind hier zahlreiche der ganz großen Künstler der letzten hundert Jahre ihren Leidenschaften nachgegangen. Schriftsteller wie Hemingway, Lamartine, Balzac und George Sand, Maler und Bildhauer wie

Picasso, Modigliani, Matisse und Giacometti oder Philosophen und Poeten wie Sartre, Rilke und Baudelaire – sie alle verbrachten Jahre ihres Lebens in Montparnasse, und manch einer wurde schließlich in die Erde des Friedhofs auf dem »Hügel von Parnaß« gebettet.

In einem Penthaus an der Rue Daguerre wohnte jahrzehntelang, bis zu ihrem Tod im Jahr 2000, Gisèle Freund, die weltberühmte Fotografin und Soziologin, die gebürtige Berlinerin, die so viele große Künstler dieses Jahrhunderts porträtiert hat – James Joyce war besonders widerspenstig.

Gisèle Freund hat große Reportagen für das *Life*-Magazin gemacht, sie gehörte zu den Gründern der Fotoagentur Magnum, aber Sensationsaufnahmen lagen ihr nie. Berühmter als ihre Fotos etwa von Evita Perón, derentwegen sie aus Argentinien fliehen mußte, sind die Porträts von Literaten, die meist so wie sie – in Montparnasse lebten. Jean Paulhan, der Soziologe und Gründer der einflußreichen Literaturzeitschrift *Nouvelle Revue française*, nahm sich der jungen Gisèle an. Er wurde zu ihrem »Patenonkel«, wie sie ihn nannte. Auch die Buchhändlerin Adrienne Monnier, die *La Maison des Amis des Livres*[28] leitete und die ganze literarische Welt kannte, half ihr mit Kontakten. Gisèle fotografierte André Malraux, André Gide, Bert Brecht, Heinrich Mann und Jean-Richard Bloch, Louis Aragon und Jean Cocteau. Bei einem Abendessen bei Adrienne Monnier lernt sie Sylvia Beach kennen, die ihr den Kontakt zu dem äußerst scheuen James Joyce vermittelt; dessen *Ulysses* hatten Sylvia Beach auf englisch und Adrienne Monnier auf französisch veröffentlicht. Er

28 La Maison des Amis des Livres

1917 erfüllte sich die dreiundzwanzigjährige Adrienne Monnier einen Traum: Sie eröffnete in der Rue de l'Odéon 7, im Viertel St.-Germain-des-Prés, eine Buchhandlung, *La Maison des Amis des Livres*, das »Haus der Bücherfreunde«. Es sollte sich in kürzester Frist zum Zentrum der künstlerischen Avantgarde der Stadt entwickeln. Adrienne Monnier organisierte Bilderausstellungen, Lesungen und richtete hier die erste Leihbücherei Frankreichs ein. Darüber hinaus förderte sie zwei Literaturzeitschriften und betätigte sich als Verlegerin.

Adrienne Monnier und Sylvia Beach

Als 1919 die Amerikanerin Sylvia Beach in direkter Nachbarschaft ihre Buchhandlung *Shakespeare & Co.* aufmachte, wurde jetzt auch noch die englischsprachige Elite in die Rue de l'Odeon gelockt. Bis in die vierziger Jahre waren es diese beiden Frauen, die das literarische Leben von Paris bestimmten.

Das Schicksal eines der berühmtesten Bücher des zwanzigsten Jahrhunderts ist unmittelbar mit der *Maison des Amis des Livre* verknüpft. James Joyce, der für seinen Roman *Ulysses* keinen Verleger hatte, fand ihn schließlich in Sylvia Beach, die sich unter Aufbietung aller Kräfte, seelischer wie finanzieller, für Buch und Autor einsetzte. Adrienne Monnier brachte die erste französische Übersetzung heraus.

Doch Monnier hat nicht nur Bücher verlegt und verkauft, sie hat sich auch selbst als Schriftstellerin betätigt. In den *Aufzeichnungen aus der Rue de l'Odeon 1917–1953* (eine deutsche Ausgabe ist 1995 erschienen) erzählt sie ihre Erinnerungen an diese wichtige Zeit des literarischen Paris.

war schon halbblind, hatte ein Dutzend Operationen hinter sich und ließ sich nur in Schwarzweiß fotografieren, denn »Farbe kann ich nicht ertragen, dazu brauche ich Licht«. Gisèle Freunds Schwarzweißfoto erschien in *Life*, und alle Freunde lobten es gegenüber James Joyce.

James Joyce war besonders widerspenstig.

Ein Jahr später, 1939, erteilte *Time* der jungen Gisèle den Auftrag, Joyce in Farbe für ein Titelbild aufzunehmen, doch Joyce winkte ab, weil er – wie gesagt – nicht in Farbe aufgenommen werden wollte. Da gab Sylvia Beach der Fotografin und Freundin einen wertvollen Tip: »Er ist wahnsinnig abergläubisch. Schreiben Sie ihm unter dem Namen Ihres Mannes, dann wird er's sicherlich akzeptieren.«

Denn der Zufall wollte, daß der Nachname von Gisèles Mann genauso klang wie der, den die Hauptfigur in Joyce' *Ulysses* trägt – Bloom.

»Und das habe ich auch getan«, erzählte mir Gisèle Freund, als ich sie ein paar Jahre vor ihrem Tod in ihrer Wohnung besuchte; vergessen konnte sie es nicht, denn es wurde ein dramatisches Treffen, nachdem Joyce tatsächlich aus Aberglauben sofort zugesagt hatte.

»Und ich bin zu ihm gegangen, und da war er sehr betrübt – das war '39 – und sagte, ach, kein Mensch wird mein Buch lesen, und es ist jetzt das letzte Buch. Und dann wollte ich ihn aufnehmen und bat ihn, sich doch auf einen Stuhl zu setzen. Und er war sehr kraus und sah nicht. Auf einmal ist er mit dem Kopf gegen eine Lampe gestoßen und hat sich hinfallen lassen mit den Worten: Sie wollen meinen Tod, und so weiter ... Da habe ich daran gedacht, was meine Mutter tat, wenn ich mir den Kopf gestoßen hatte. Sie nahm eine Schere und drückte das kalte Eisen gegen die Beule. Das habe ich zu seiner Frau Nora gesagt. Ich sagte, ›Madame Joyce, geben Sie mir doch eine Schere ...‹, und die habe ich ihm dann auf den Kopf gelegt. Er war sehr nett, denn er hatte nichts, noch nicht einmal eine kleine Beule, aber ich war damals ein junges Mädchen ... Er hat dann dort mit der Lupe gesessen, und dieses Bild ist es geworden. Ich bin eilig weggefahren, denn *Time* wollte das Foto sofort haben, und hab' dem Taxichauffeur gesagt: ›Fahren Sie schnell, schnell!‹, und er ist so schnell gefahren, daß er mit einem anderen Auto zusammenstieß. Der Apparat ist auf den Boden gefallen, die Fensterscheiben haben mein Gesicht zerschnitten, und ich kam zu Hause mit Tränen an und habe ihn angerufen. ›Monsieur Joyce, Sie haben ein schlechtes Omen.

Sie haben sich diesen Unfall für mich ausgedacht, nachdem Sie glaubten, ich wollte Sie töten, weil Sie sich den Kopf angestoßen haben. Und was ist daraus geworden? Jetzt habe ich überhaupt nichts, nicht einmal die Fotos.‹ Er war so erschüttert davon – so abergläubisch –, daß er nur sagte, kommen Sie morgen wieder. Aber statt der roten Samtjacke hatte er jetzt eine schwarze an und viele Ringe an den Fingern, er hatte sehr schöne Hände, und dann habe ich das auch entwickeln lassen, und als beide Filme fertig waren, stellte ich fest, der erste war ganz unbeschädigt. *Time* war begeistert. Dann hat Joyce das Bild gesehen und sagte, wie schön, ich wollte überhaupt nicht sitzen, jetzt hat sie mich sogar zweimal fotografiert. Sie ist stärker als die Iren.«

Gisèle Freund, die als aktive Antifaschistin 1933 vor den Nazis floh, mußte 1940 noch einmal vor den Deutschen fliehen – diesmal aus Paris –, was ihr mit knapper Not gelingt. Nach dem Krieg kommt sie zurück.

Mit Jean-Paul Sartre und Simone de Beauvoir war sie eng befreundet. Ihre Wohnung konnte Gisèle zur Hälfte mit einem einzigen Foto finanzieren, das sie von Simone de Beauvoir machte, als diese 1954 den Prix Goncourt, die wichtigste literarische Auszeichnung Frankreichs, erhielt. »Als verkündet wurde, daß Simone der Goncourt verliehen werden sollte, wußte kein Mensch, wo sie war«, erzählte mir Gisèle. »Ich aber hatte die Telefonnummer ihrer Mutter, wo ich Simone, die sich vor dem Rummel versteckte, dann erwischte. Und weil ich den Hintereingang kannte, konnte ich dort unentdeckt hinein und sie als einzige aufnehmen.«

Ihre Wohnung konnte Gisèle Freund zur Hälfte mit einem einzigen Foto finanzieren, das sie von Simone de Beauvoir machte.

Ihr Ruhm war so groß, daß ein anderer, als er Größe erreichte, sie bat, das offizielle Staatsfoto von ihm als Präsidenten der Französischen Republik aufzunehmen: François Mitterrand, der zur Literatur den gleichen Hang hatte wie die Porträtistin der großen Autoren und Autorinnen. Gisèle Freund hatte ihn noch nie getroffen, und so befiel sie ein gewisser Bammel. »Mein Gott … solch ein Porträt hatte ich doch noch nie gemacht. Und da habe ich gesagt, sehr gerne, aber ich kenne Herrn Mitterrand nur durch das Fernsehen und aus *Paris-Match*. Schön, am nächsten Tag war ich im Élysée und ging mit Mitterrand im Park spazieren und habe dabei festgestellt, wie er ist. Er ist ein kleiner Mann. Und dann mußte ich einen Hintergrund finden, denn der Élysée-Palast, der gehörte der Madame de Pompadour, und das ist ein Stil, der mit den Sozialisten überhaupt nicht übereinstimmt. Und dann habe ich endlich gefunden, wo ich ihn fotografieren wollte, nämlich in der Bibliothek. Und dann habe ich mir gedacht, ich werd' ihn sitzend fotografieren. Im Hintergrund sieht man die Bücher – denn er hat auch schon einige veröffentlicht. Und dann hat er gesagt, nein, ich will stehen, noch nie hat ein Staatsmann gesessen, zumindest in Frankreich nicht. Ich sage, nein, Sie werden sitzen. Da sagt er, nein, ich will das nicht. Ich sage, wissen Sie, Sie sind der – wirklich wahr –, Sie sind der Präsident der Franzosen … aber heute bin ich Ihr Fotograf, und das müssen Sie mir überlassen. Ich meine, das hab' ich mir erlauben können meines Alters wegen. Und dann hat er das getan und so ernst dagesessen, und ich hab' gedacht, so kann man das doch nicht machen … Will man sieben Jahre lang einen Mann sehen, der so dasitzt? Er tat ganz würdig. Und dann hab' ich gesagt: Ich gratuliere, Monsieur le Président, Glückwunsch! Sie sind gerade wieder Großvater geworden! Und da kam ein ganz kleines Lächeln auf seine Lippen, und in diesem Augenblick habe ich die Aufnahme gemacht.« Vierzehn Jahre lang – während Mitterands Amtszeit – hing das Foto in jeder Amtsstube Frankreichs.

Und dann hat Mitterrand gesagt, nein, ich will stehen, noch nie hat ein Staatsmann gesessen, zumindest in Frankreich nicht.

Künstlerateliers ohne Künstler

Geht man den Boulevard Raspail entlang oder die Rue R. Schoelcher, dann fallen einem große Glasflächen in den alten Häuserfronten auf. Fenster spielen in Montparnasse eine besondere Rolle. Sie sind eher hoch als breit in Häusern, die Anfang des vergangenen Jahrhunderts gebaut worden sind, als solche riesigen Ausblicke noch nicht üblich waren. Doch die Maler brauchten Licht in ihren Ateliers.

Die Fenster sind geblieben, Kunstschaffende gibt es kaum noch. Für sie ist das Viertel längst zu teuer geworden, und vieles, was einst alt und billig war, wird nicht mehr renoviert, sondern saniert, das heißt: abgerissen.

César

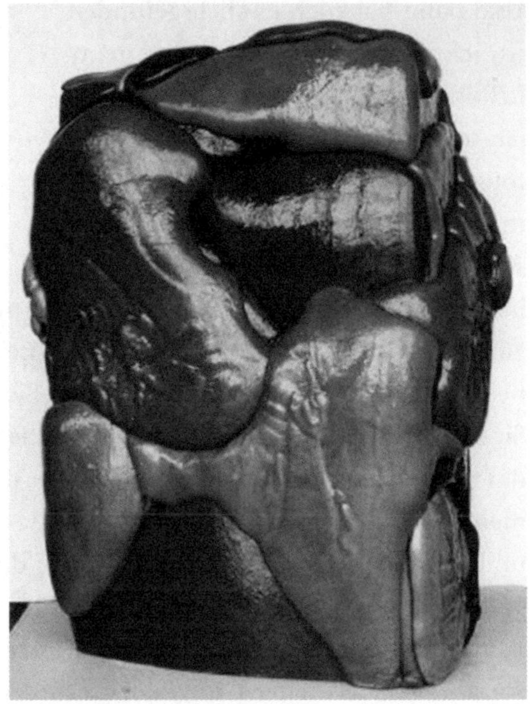

Eine »gesteuerte Expansion« von 1967

29 César
César Baldaccinis vielleicht berühmteste Skulptur, ein gigantischer, aufgerichteter Daumen, steht zwar in der »Tate Modern« in London, aber es finden sich noch genügend andere imposante Objekte über die ganze Stadt verteilt auf den diversen Pariser Plätzen. 1960 gelang dem Neorealisten der Durchbruch mit seinen »Kompressionen«, seinen zu kompakten Bündeln gepreßten Schrottautos. Später veranstaltete er Happenings, bei denen er Schaumstoff aufquellen und zu Zufallsformen erstarren ließ. In den achtziger Jahren konzentrierte sich Césars Arbeit mehr aufs Grafische, und er produzierte wie am Fließband.

Tatsächlich beschäftigte er eine Reihe von Grafikern, unter deren Arbeiten er nur noch seine Signatur setzte. Aus seiner eigenen Hand stammt immerhin ein Plakat für den Pariser Nachtklub Crazy Horse, zu dessen Stammgästen César gehörte.

Drei Jahre nach seinem Tod, Ende 2001, sorgte César noch einmal für einen Skandal in der Kunstszene, als die Polizei einen Ring von César-Fälschern auffliegen ließ. Zweihundert von vermuteten vierhundert Fälschungen wurden konfisziert, zumeist Kompressionen und Zeichnungen. Hergestellt hatte sie ein Pariser Journalist, er wurde – ebenso wie ein belgischer Kunsthändler und vormaliger Freund des Künstlers – verhaftet. Viele internationale Kunsthändler mußten sich unbequeme Fragen anhören. Der Fälscher, der unter dem Pseudonym Le Tiec agierte, hatte die angeblichen Césars – bei konspirativen Treffen in Pariser Nachtklubs – an den internationalen Jetset verhökert.

Die enge Rue Roger am Friedhof Montparnasse ist noch von Preßlufthämmern verschont geblieben. Hier versteckte sich jahrelang der in Frankreich wohl berühmteste Bildhauer: César Baldaccini,[29] 1998 verstarb er. Doch man kennt ihn nur unter seinem Vornamen, vor allem da er die nach ihm benannte französische Filmtrophäe geschaffen hat – jene, die in Frankreich den Oscar nachahmt. César wurde 1921 in Marseille geboren, doch weil Künstler in der französischen Provinz nicht wahrgenommen werden, zog er 1943 nach Paris. Eine Zeitlang wohnte er im selben Haus wie Giacometti. César hat sie alle gekannt, die großen Avantgardisten. Sich selbst bezeichnete er bescheiden als einen »traditionellen Modernisten«, und so sehen seine aus Abfällen, Schrott und Kunststoff gearbeiteten Kunstwerke auch aus.

Auf dem Carré de la Croix Rouge, an der Kreuzung von Rue de Grenelle und Rue de Sèvres im Viertel St.-Germain, steht seine Hommage an Picasso, ein Pferd mit dem Gesicht Césars. Ein markantes Gesicht, allen bekannt als Ensemble von weißem Vollbart, einem kleinen, versteckten Mund, leicht traurigen Augen, die über halbrunde, ein wenig blinde Gläser schauen, die nach seinem Entwurf unten eingerahmt werden von je einem messingnen Halbkreis, auf dem die Spanne von null bis hundertachtzig Grad in kleinen Strichen eingetragen ist – und alle fünfzehn Grad auch Ziffern dazu. Berühmt ist seine Skulptur, die einen riesigen stehenden Daumen darstellt. Und im Park der Stiftung Cartier errichtete er eine Hommage an Gustave Eiffel, den Erbauer des Eiffelturms. Alle verwendeten Teile stammten tatsächlich vom Turm, sie waren in den achtziger Jahren bei Renovierungsarbeiten ersetzt worden. Eines Tages aber entstand das Problem, daß dieses Monument, als es fertig war, dreißig Tonnen wog und nicht mehr umgesetzt werden konnte!

Sich selbst bezeichnete César bescheiden als einen »traditionellen Modernisten«, und so sehen seine aus Abfällen, Schrott und Kunststoff gearbeiteten Kunstwerke auch aus.

César hat einmal versucht, aus Montparnasse auszubrechen, und sich im vornehmen 16. Arrondissement eine Wohnung gekauft, in die er nie eingezogen ist, weil ihm das Leben dort zu steril war. »Früher habe ich in meinem Atelier in Montparnasse alles gemacht«, berichtete er mir einmal, »heute wohne ich hier nur noch. Wenn ich jetzt an Werken arbeite, dann mit Marmor in Carrara, mit Bronze in der Gießerei oder mit Eisen beim Eisenhändler.« Aber seine Wohnung sah aus wie ein Atelier, in dem Arbeitsproben der letzten vierzig Jahre standen.

Man Ray und das Ochsenauge

Ein paar hundert Meter hinter dem Friedhof,[30] der mitten in Montparnasse liegt, sind inzwischen ganze Häuserzüge demoliert worden. Wo gehämmert, geklopft, gebohrt und lärmend abgebrochen wird, da flieht der Künstler. Und natürlich haben städtische Bauplaner immer Zahlen zur Hand, um Abrisse zu begründen. Nur sechs Prozent der Wohnungen waren im Jahr 1980 mit einem Badezimmer ausgestattet gewesen, fünfundsiebzig Prozent hätten nicht einmal eine eigene Toilette gehabt. Natürlich verdoppeln sich nach der Sanierung die Mieten. Dann zieht die Bevölkerung schon von selbst weg. Manchmal wartet man auch darauf, daß sie ausstirbt, und dann werden lukrative Bürotürme[31] errichtet, die das Dorf ersticken.

Am Boulevard Montparnasse selbst, wo sich früher die Künstler in den Kneipen die Nächte um die Ohren schlugen, glaubt man sich häufig schon auf dem Rummelplatz. Um die Ecke, in der Rue Delambre, in der Nummer 5 hinten, da lag das Atelier des Japaners Foujita, in der 9 hauste die Tänzerin Isadora Duncan, gleich neben der noch existierenden – amerikanischen – Bar *Rosebud.* Auf der anderen Seite des Boulevards, Rue de la Grande-Chaumière, schrieb in der Nummer 12 Strindberg, in der 14 posierten die Nacktmodelle – vor ihren ernsthaften Malern. Im Hinterhof der 8 lebten Gauguin, Pascin, Mucha und Modigliani. Und an der Ecke zum Métro-Eingang Raspail, in dem mythischen Gebäude der Rue

30 **Friedhof Montparnasse**
Ende des achtzehnten Jahrhunderts hatte man beschlossen, daß Friedhöfe aus der Stadt zu verbannen seien, aus hygienischen Gründen. Der letzte Friedhof intra muros, der »Cimetière des Innocents« in unmittelbarer Nachbarschaft der Markthallen Les Halles, wurde 1786 geschlossen. Knochen von gut zwei Millionen Menschen wurden hier ausgegraben und in die Pariser Katakomben verfrachtet.

In der Folge entstanden vier neue Friedhöfe: der Cimetière Montmartre im Norden, der Cimetière de Passy im Westen, der Cimetière Père Lachaise im Osten und der Cimetière Montparnasse im Süden. So hieß er denn auch zunächst, als er 1824 angelegt wurde: Cimetière du Sud.

Viele Berühmtheiten haben hier ihre letzte Ruhestätte gefunden. Samuel Beckett etwa oder Simone de Beauvoir, Constantin Brancusi, von dem auch die kleine, großartige Skulptur »Der Kuß« in der äußersten Ecke des Cimetière Montparnasse stammt, der Automobilhersteller André Citroën, Charles Garnier, der Schöpfer der Pariser Oper, Serge Gainsbourg, Eugène Ionesco, Guy de Maupassant, Man Ray, Camille Saint-Saëns, Jean-Paul Sartre und viele mehr.

Brancusi: Der Kuß, Grabskulptur auf dem Friedhof Montparnasse
Von Reiner Kunze

Als hätten sie sich verirrt
zwischen diesen festungen von
gräbern

und der friedhof habe unter
aufbietung der letzten mauer
sie auf der flucht gestellt,

um endlich zwei zu haben,
die leben

31 **Lukrative Bürotürme**
Seit den siebziger Jahren wird im traditionellen Künstlerviertel Montparnasse massiv modernisiert. 1985 schuf der Architekt Ricardo Bofill einen der wenigen durchweg modernen Plätze der Stadt, die Place de la Catalogne. Der neoklassizistische Komplex, den er hier errichten ließ, erinnert an ein Amphitheater und birgt fünfhundert Wohnungen. Ein nagelneues riesiges Einkaufszentrum ist auch entstanden. Nichts dominiert den veränderten Stadtteil aber wohl so sehr wie der 220 Meter hohe Tour Montparnasse an der Avenue du Maine: 59 Etagen hat er, davon sind 52 für Büros reserviert, in denen täglich etwa 7000 Menschen arbeiten. Immerhin: In der 56. Etage befinden sich eine Bar und ein Restaurant, *Le Ciel de Paris*, und wenn die Sicht gut ist, genießt man von der Panoramaterrasse einen Ausblick auf Paris wie sonst nur vom Eiffelturm.

Der Tour Montparnasse

Campagne-Première Nr. 31a, beleuchtet heute noch über dem Tor das Ochsenauge von Man Ray, der hier sein Atelier hatte, die Loggia; und in der 31 wohnten Aragon und Elsa Triolet; ein Stück weiter oben, 26, Rainer Maria Rilke. Aber ach! und hélas! – wie die gequälten Helden Racines und Corneilles ausrufen –, dem Mammon weicht alles.

Noch heute trauern die Alten dem Restaurant *Richefeu* nach, das seit 1802 am Anfang der Rue de la Gaité stand und heute einem *Café de la Liberté* gewichen ist. Das *Richefeu* bestand aus drei Etagen und – oben drauf – einer Terrasse, und je höher man stieg, desto schlechter wurden Menü und Bedienung. Während die Gäste im ersten Stock ordentlich zu essen bekamen – und eine Serviette dazu –, fehlte das Mundtuch schon im zweiten, die Speisen waren bescheidener, im dritten servierte man nur »Arlequins«, Allerlei aus Speiseresten, und auf der Terrasse – Pommes frites und Käse.

Das Leben der Kunstgemeinde von Montparnasse ist auch eine Geschichte der Lokale, der Bars, der Theater – die inzwischen in der Rue de la Gaité Sexshops und Peep-Shows gewichen sind, obwohl Alteingesessene behaupten, die hätten nur die alten Bordelle ersetzt. Wenn dem so ist, dann mußte das Diskrete zugunsten des Lauten verschwinden.

Die Menge macht's auch hier. Und wie anderswo zieht der Bahnhof die Banlieue an. Die Touristen eilen herbei, weil sie glauben, daß man hier ja bei den Künstlern sei. Ein Hot-dog-Stand nach dem anderen, Billigrestaurants, Kinopaläste locken allabendlich Zehntausende von Kunden an. Hier suchen sie Vergnügungen, wo angeblich auch die Boheme zu feiern weiß. Doch diese flieht, so gut sie kann. Die übriggebliebenen Lokale mit ihren berühmten Namen geben der Kundschaft das Gefühl, dieselbe Luft zu atmen wie die Künstler.

La Coupole zum Beispiel, das weltberühmte Restaurant, steht noch am selben Fleck, doch der Gründer, Monsieur René Lafon, hat es verkauft und damit sein Vermögen noch einmal um reichlich ein paar Millionen vergrößert. Ein Bauunternehmen stapelte über das zuvor unter Denkmalschutz gestellte Restaurant ein paar tausend Quadratmeter betonierte Bürofläche.

1927 hatte René Lafon *La Coupole*, die »Kuppel«, eröffnet. Als er sie verkaufte, war er neunundachtzig Jahre alt und arbeitete immer noch zehn Stunden am Tag. Während sein ältester Sohn sich schon hatte pensionieren lassen, ging er durch die Reihen, begrüßte die Stammgäste, war streng und doch ein geachteter Patron. Er hatte alle bedient – Hemingway, Sartre, Ionesco, Picasso, Dalí. »Als ich *La Coupole* eröffnete, zog das Leben so langsam vom

Montparnasse
Von Ernest Hemingway

Es gibt überhaupt keine Selbstmorde in dem Viertel unter
Leuten, die man kennt
Keine geglückten Selbstmorde.
Ein junger Chinese bringt sich um und ist tot.
(Sie stecken weiterhin seine Post in das Brieffach des »Dome«.)
Ein junger Norweger bringt sich um und ist tot.
(Niemand weiß, wo der andere Norweger geblieben ist.)
Man findet ein Modell tot auf,
allein im Bett und sehr tot.
(Es brachte der Hausmeisterin ungeheuren Ärger.)
Olivenöl, Eiweiß, Senf und Wasser, Seifenlauge
und Magenpumpen retten die Leute, die man kennt.
Am Nachmittag sieht man die Leute, die man kennt,
im Café.

Quartier Latin[32] nach Montparnasse«, sagt René Lafon. »Die Künstler mieteten sich in den umliegenden kleinen Häusern ein, Cabarets und Nachtlokale machten auf. Montparnasse war in Mode, und mit *La Coupole* ging es unaufhaltsam bergauf.« In den ersten zwanzig Jahren ihres Bestehens schloß *La Coupole* keine Minute, rund um die Uhr wurde bedient.

Eine Qualität des großen Lokals, wo man zwischen den Säulen hindurch alle, die kamen, sehen konnte, wo der Fremde lange in der Bar auf seinen Tisch warten mußte, war die eingefahrene Mannschaft. Wer ging, verkaufte seine Stelle! Aber man blieb, denn der Verdienst war gut, und die Stammkunden, denen der Maitre d'hôtel, Monsieur Charles, immer schnell einen Tisch zuschob, ließen in der Hand stets ein Scheinchen zurück. Und deshalb war er, Charles, für Eingefleischte die wichtigste Person. Fast dreißig Jahre, bis zum Verkauf, sortierte er die Berühmtheiten in *La Coupole* und wurde so selbst eine, denn er kannte nicht nur die Kundschaft, sondern auch ihre Grillen. Dalí hat ihm zwei Bilder gewidmet, Picasso einen Teller bemalt.

Monsieur Charles war allerdings kein gebürtiger Franzose – sondern Berliner. Ein bißchen Mist hatte er als junger deutscher Soldat in Paris gemacht, war in Kriegsgefangenschaft geraten, und da man die Entlassung anbot, wenn er sich zur Fremdenlegion meldete, hat er beherzt zugegriffen. In Indochina und Algerien kämpfte er noch als Hans Laue. Später arbeitete er als Butler auf dem Schloß des Grafen de Marenches, der Frankreichs Geheimdienstchef wurde und zu dem Hans Laue den Kontakt nie verlor. Als er in *La Coupole* anfing, gab es schon drei Jeans, und so taufte Monsieur Lafon ihn kurzerhand Charles.

32 **Quartier Latin**
Es reicht vom Jardin de Luxembourg im Westen bis zu den Boulevards Saint Marcel und de l'Hopital im Osten, vom Seine-Ufer im Norden bis zum Boulevard de Port Royal im Süden: der Stadtteil, in dem die Menschen Latein sprechen. Oder es zumindest vor siebenhundert Jahren taten.

Das Quartier Latin entstand im 13. Jahrhundert, als den Gelehrten allmählich die Cité-Insel zu eng wurde. 1215 wurde die Pariser Universität als bischofsunabhängige Körperschaft auf dem linken Seine-Ufer gegründet und entwickelte sich rasch zu einem der wichtigsten Zentren des gelehrten Europa. Etwa 100 000 Einwohner zählte die Stadt inzwischen, und fast ein Drittel davon lebte auf der linken Seine-Uferseite.

1245 bis 1248 unterrichtete hier der berühmte Schwabe Albertus Magnus aristotelische Philosophie. In der heutigen Rue Soufflot arbeitete sein Schüler, der noch berühmtere Thomas von Aquin daran, die aristotelische und die augustinische Lehre zusammenzubringen. Vorlesungen fanden in der Rue Fouarre statt, der Strohstraße, denn die Studenten saßen im Freien auf Strohballen und lauschten ihren Professoren. Die Rue de la Parcheminerie erinnert an das für das Geistesleben unentbehrliche Pergament, das hier, südlich von Saint-Séverin, hergestellt wurde. Als 1253 der aus dem Ort Sorbon stammende Kaplan Robert ein Konvikt für mittellose Theologiestudenten stiftete, wurde sein Name zum Oberbegriff für die Pariser Universitäten insgesamt: die Sorbonne.

In den dreißiger Jahren des 19. Jahrhunderts wurde das Quartier Latin zum bevorzugten Wohnort junger, unangepaßter, langhaariger Künstlernaturen, deren Treiben Henry Murger in seinem Buch *Les Scènes de la vie de Bohème* festgehalten hat.

Heute findet man neben den Universitätsgebäuden und Eliteschulen reichlich Boutiquen, Restaurants, Cafés, kleine Programmkinos und große Kinopaläste, aber auch bemerkenswerte Altertümer, wie etwa den ältesten Park von Paris, den Jardin des Plantes, oder eine der ältesten Straßen der Stadt, die malerische »Mouff'«, wie die schmale Rue Mouffetard genannt wird. Außerdem kann man hier Überreste der antiken Arena an der Rue Monge besichtigen, ebenso wie die Ruinen der berühmten gallorömischen Thermen an der Place Paul-Painlevé. Womit auch der Bogen zurück zum Lateinischen geschlagen wäre.

Die Sorbonne im Quartier Latin im alten Zustand, Stich um 1650

Dicht beim Paradies

7. Kapitel

Warum schlanke Fräulein sich fürchten und von Rilke, Süskind und Maupassant

Bei Morgengrauen schließen die Erzengel, gekleidet in dunkelblaue Uniform, die Schlösser an den dicken Eisenketten auf, die um die Tore zum Garten Gottes gelegt sind, und öffnen die schweren Gitter mit ihren goldenen Spitzen, lassen die ersten verschlafenen Läufer ein, die im ruhigen Park ein paar Runden drehen, bevor sie sich dem Lärm, der Hektik, dem Streß der Welt da draußen hingeben. Nur wenn im Sommer der Morgen den Himmel über Paris zu früh rötet, dann richten die Wächter sich nach Artikel 2 der Gartenordnung: »Die Anlage ist der Öffentlichkeit von Sonnenaufgang bis Sonnenuntergang zur Verfügung zu stellen. In jedem Fall jedoch werden die Tore nicht vor sieben Uhr geöffnet.« Die Wächter machen einen unaufgeregten Eindruck; sie gehören zu den wenigen, die in Frankreich noch jene kreisrunde Kopfbedeckung, wie sie früher jeder Polizist aufsetzte, mit Stolz tragen.

Der Garten
Von Jacques Prévert

Abertausend Jahre Zeit
Fassen nicht
Die kleine Sekunde Ewigkeit
Da du mich küßtest
Da ich dich küßte
Eines Morgens unterm Wintersonnenlicht
In einem Park zu Paris
Auf dieser Erde
Die ein Stern ist.

Erst wenn es Zeit ist für einen Café crème und ein Croissant, dann kommt bei Frühlingsanfang »er«, der Flaneur und Habitué, setzt sich in das kleine, dunkelgraue Café neben dem offenen Konzertpavillon und schaut träu-

Jardin du Luxembourg
Von Erich Kästner

Dieser Park liegt dicht beim Paradies.
Und die Blumen blühn, als wüßten sie's.
Kleine Knaben treiben große Reifen.
Kleine Mädchen tragen große Schleifen.
Was sie rufen, läßt sich schwer begreifen.
Denn die Stadt ist fremd. Und heißt Paris.

Alle Leute, auch die ernsten Herrn,
spüren hier: Die Erde ist ein Stern!
Und die Kinder haben hübsche Namen
und sind fast so schön wie auf Reklamen.
Selbst die Steinfiguren, meistens Damen,
lächelten (wenn sie nur dürften) gern.

Lärm und Jubel weht an uns vorbei
wie Musik. Und ist doch bloß Geschrei.
Bälle hüpfen fort, weil sie erschrecken.
Ein fideles Hündchen läßt sich necken.
Kleine Neger müssen sich verstecken,
und die andern sind die Polizei.

Mütter lesen. Oder träumen sie?
Und sie fahren hoch, wenn jemand schrie.
Schlanke Fräuleins kommen auf den Wegen
und sind jung und blicken sehr verlegen
und benommen auf den Kindersegen.
Und dann fürchten sie sich irgendwie.

Anmerkung: Wenn ich ein junges Mädchen wäre – es ist zur Freude der jungen Mädchen nicht der Fall –, also, ich fürchtete mich wahrscheinlich auch.

mend durch die großen Scheiben. Die hohen Baumwipfel auf den dunklen Stämmen der Kastanienblume filtern das Licht milde, und da die Natur sich zu einer angenehmeren Jahreszeit entschlossen hat, färben die ersten hellgrünen Blätter, die aus den Knospen sprießen, die Helle freundlich ein. Die Sonne wird heute die Luft erwärmen, weshalb der Kellner die Tische draußen, wo zwanzigmal soviel Platz ist wie drinnen, aufstellt. Aus den vielen, an ihrem Rande etwas speckigen Taschen dieser Weste pult er, wenn er endlich kassieren kommt, die Münzen. Im Sommer ist die Arbeit eine tägliche Hatz, im Winter äußerst geruhsam, und in den Zwischenzeiten hängt sie vom Wetter ab. Weshalb der Kellner sich nicht woanders verdinge, fragt Monsieur und erhält prompt eine Erwiderung, die, weil mit erhobener Stimme gegeben, so überzeugend klingt, als käme sie spontan aus dem Unterbewußtsein: »*Mais le jardin, c'est le paradis, vous savez!* – Der Garten, der ist das Paradies, wissen Sie!« Zwar ist der Kellner nicht mehr ganz jung, aber Erich Kästner dürfte er doch nicht getroffen haben, sonst wäre der Ursprung für dessen Gedicht über den Jardin du Luxembourg endlich gefunden: »*Dieser Park liegt dicht beim Paradies. Und die Blumen blühn, als wüßten sie's*«, fiel Kästner ein, und so fügt er sich bescheiden in die Reihe von Künstlern, die sich über die Jahrhunderte hinweg an dieser grünen Stelle von Paris den Musen an die Brust legten. Nicht der Natur allein verdankt dieses Fleckchen mitten in der alten Stadt seinen Ruhm, sondern dem umliegenden Quartier, »Latin« genannt, dem Ort, an dem seit jeher die Intellektuellen ihre Stuben bezogen, wo die alten Familien Frankreichs ihre Wohnungen von Generation zu Generation vererben.

Jean Antoine Watteau, der wohl bedeutendste französische Maler des 18. Jahrhunderts, suchte zwischen Pflanzen und Statuen Anregung, und sein Freund, der Maler Claude Audran III., wurde sogar der Concierge du Jardin genannt, war er doch dessen Konservator. Der Park mit seinen riesigen Bäumen, im Wechsel englisch und französisch gestaltet, mit seinen gepflegten, stets den Zeiten angepaßten Blumenrabatten, mit den dazwischengestreuten, aus Stein gehauenen oder aus Bronze gegossenen Figuren betäubt seine aus der hastigen Welt eintretenden Besucher, verlangsamt deren Schritt, und je tiefer sie sich in seinen Schoß hineinbegeben, desto gelassener wirken sie, bis sie ganz entspannt auf einem Stuhl Ruhe finden. Diderot ließ sich von dem Charme dieses Gartens einwickeln, Rousseau wandelte über seine Pfade und lernte Virgil auswendig. Aus der Literatur ist »le Jardin« nicht mehr wegzudenken – und wegen eines einzigen Gedichtes von Rilke auch nicht

Der Palais du Luxembourg

aus der deutschen, obwohl die Einführung des »Jardin« in die Welt der Bücher mit dem 1713 veröffentlichten Roman *Die Promenade de Luxembourg* von dem zu Recht vergessenen Chevalier de Mailly etwas kläglich ausfiel.

Was wissen die, die sich im Jardin du Luxembourg wie im Paradies fühlen, von diesem Flecken Geschichte? Das Lager des römischen Kaisers Honorius befand sich damals, im 5. Jahrhundert, an dieser Stelle, und als die Soldaten abzogen, wurde Wein angepflanzt. Im 10. Jahrhundert baute Robert II., Sohn von Hugues Capet, König von Frankreich, ein Schloß, das wieder verfiel, ja, und in den Ruinen trieben sich dann Teufel und Gelichter umher, denn er, der Robert der Fromme genannt wurde, war durchaus nicht so fromm; aus der Kirche wurde er gar verstoßen, weshalb Jahrhunderte später dieser Teil von Paris nicht in die Stadtmauern eingefaßt wurde.

Was wissen die, die sich im Jardin du Luxembourg wie im Paradies fühlen, von diesem Flecken Geschichte? Das Lager des römischen Kaisers Honorius befand sich an dieser Stelle, im 10. Jahrhundert baute Robert II. ein Schloß, das wieder verfiel, und in den Ruinen trieben sich dann Teufel und Gelichter umher …

Aber den Adel zog es doch wieder her. Der Graf von Luxembourg hatte hier seine Residenz, daher der Name. Anfang des 17. Jahrhunderts kaufte Königin Marie de Médicis das Anwesen und ließ ihr Palais du Luxembourg errichten, in dem heute der Senat tagt; die vierundzwanzig von Rubens für das Schloß gemalten Bilder hängen jetzt im Louvre. Jedes Jahrhundert fügte dem Garten sein Teilchen hinzu – meist in Form von Statuen, wobei Bürgerkönig Louis-Philippe seiner Zeit weit voraus war und nicht Abbildungen der Herrscher, sondern von deren Frauen – und andere berühmte Weiblichkeiten – sichtbar um die Terrasse aufstellen ließ.

Je nach Belieben sucht man eine Ecke aus. Will Frauchen den Hund – bitte nur an der Leine – ausführen, dann oben in der Ecke am Boulevard Saint-Michel, ausgerechnet dort, wo Gustave Flaubert ein Denkmal gewidmet ist. Wer lesen will, den zieht es in die Nähe der Baumschule an der Rue d'Assas oder unter die Bäume im Westen, wo auf dem schattigen Rasen eine Kopie der Freiheitsstatue und einige kitschige Erinnerungen an Sainte-Beuve,

Massenet und Verlaine aufgestellt wurden. Zwischen den Tennisplätzen und der Orangerie aber stehen die Stühle und Tische der Spieler. Ob man das Brett für Dame, Schach oder Mühle aufklappt, die Karten für Tarot, Belote oder Bridge hervorholt, das Spiel hat seine Ecke in der Nähe der Orangerie, ist Treffpunkt für die Habitués, die Stammgäste, und so spielt hier auch *Ein Kampf*, jene Kurzgeschichte von Patrick Süskind, in der ein vorbeischlendernder junger Mann die Herausforderung von Jean, einem Schachspieler, der nie gegen irgendwen im Jardin je verloren hat, mutig annimmt.

»Das Interesse der kleinen Menge galt dem Herausforderer, einem jüngeren Mann mit schwarzen Haaren, bleichem Gesicht und blasierten dunklen Augen. Er sprach kein Wort, bewegte keine Miene, ließ nur von Zeit zu Zeit eine unangezündete Zigarette zwischen den Fingern hin und her rollen und war überhaupt die Nonchalance in Person. Niemand kannte diesen Mann, keiner hatte ihn bisher spielen sehen.« So beginnt, was nachdenklich endet, denn zunächst gilt alle Sympathie dem Fremden …

Fremde sind willkommen, drum nennt sich Paris *»terre d'asile«*, Ort der Zuflucht, und so finden politisch verfolgte Dichter, ihrer Musen beraubt, in diesem Garten neue, wie der Südafrikaner Breyten Breytenbach, der jeden Morgen seine Runden auf der Innenseite des Gitters joggt, tagsüber kommt er wieder – um zu entspannen und nachzudenken.

»Solch einen Park gibt es nur in Paris«, sagte mir Breytenbach bei einem unserer Treffen: »Er könnte in keiner anderen Stadt der Welt liegen, weil Parks woanders nicht das gleiche Gefühl ausströmen. Der Park ist mein Barometer der Jahreszeiten, weil ich spüre,

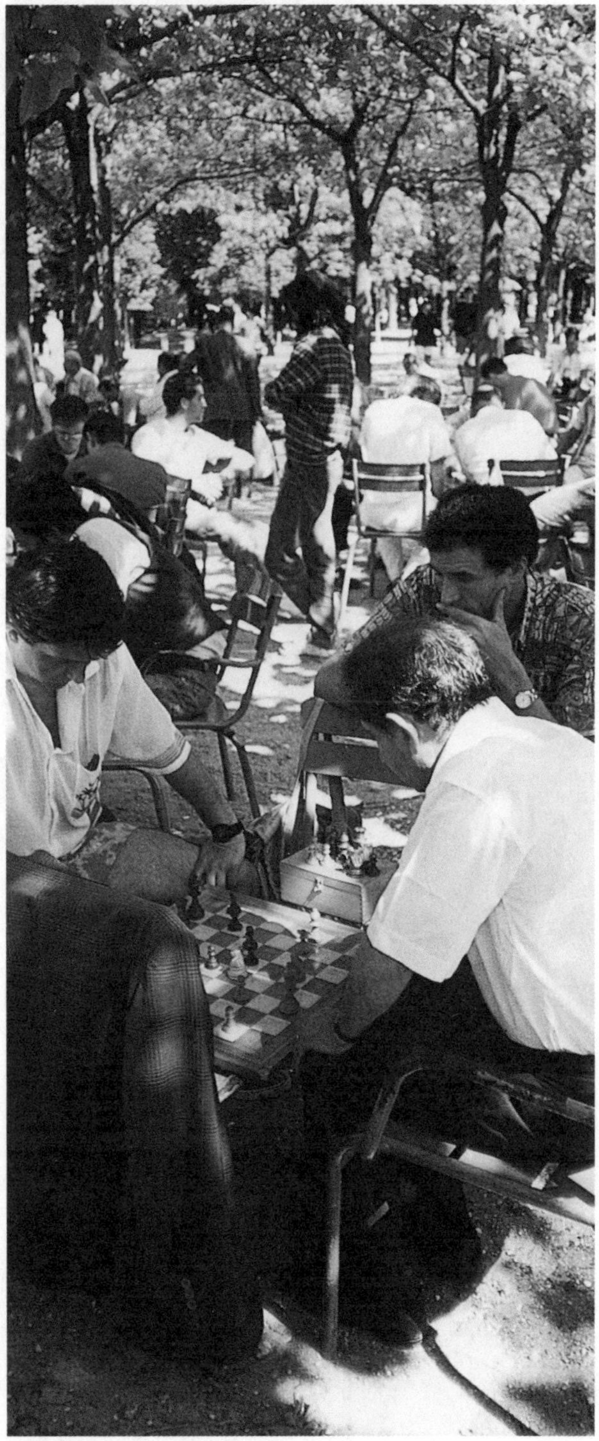

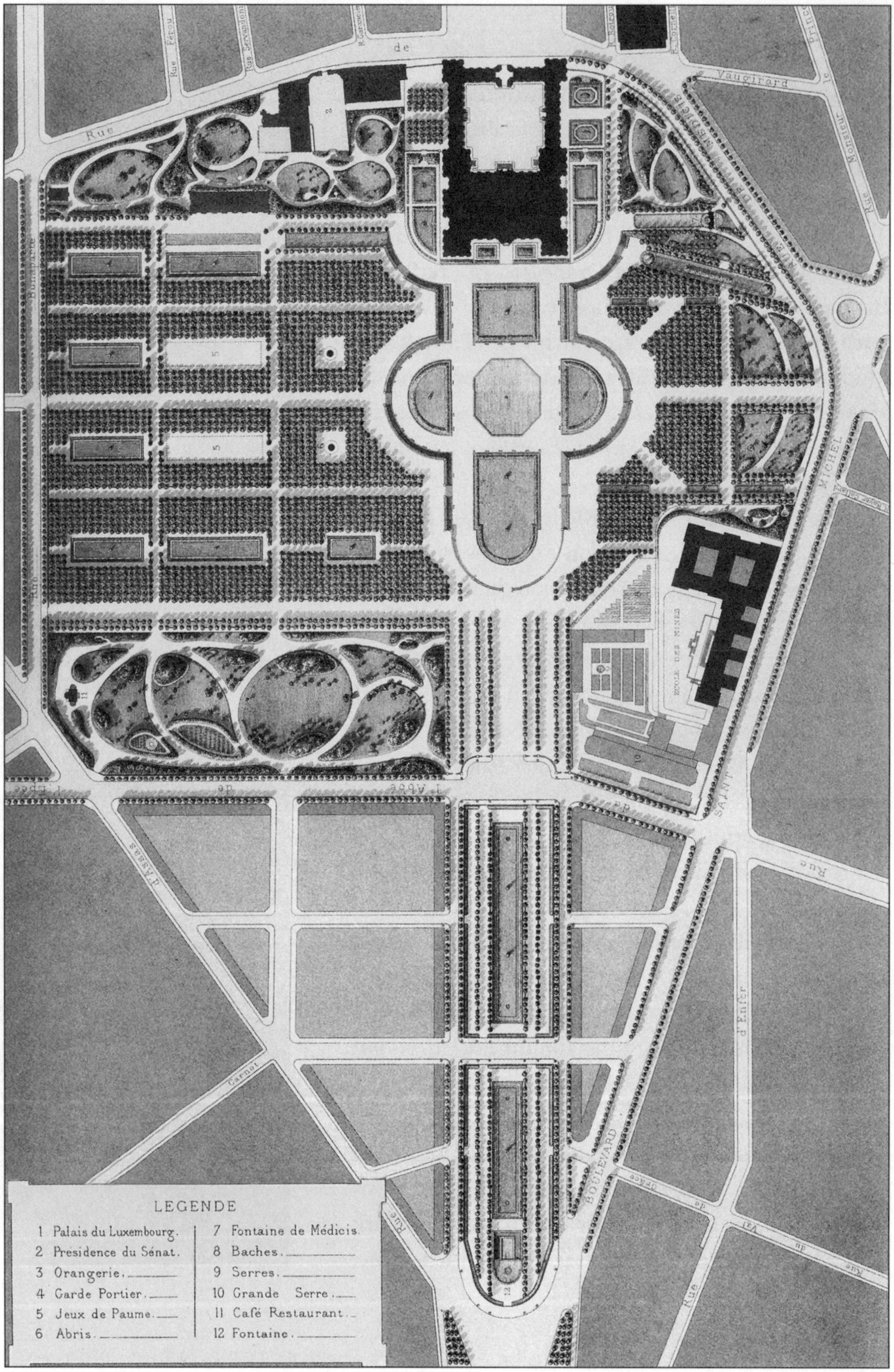

Der Jardin du Luxembourg

wenn die Zeiten kommen, lange bevor sie sich woanders in der Stadt andeuten. Hier merkt man noch genau, welche Epoche des Jahres man durchlebt. Komme ich in den Jardin, dann habe ich das Gefühl, mich in einen öffentlichen Raum zu begeben. Nicht nur, weil er für jeden offen ist – man sieht Clochards, Großväter, kleine Kinder, Großmütter, Reiche, Arme, berühmte Leute, Ausländer –, sondern weil ich manchmal den Eindruck habe, in die verschiedenen Ebenen von Erinnerungen, Erfahrungen, in Träume von Generationen und Generationen von Parisern einzutauchen, was mich berührt, und ich versuche mir vorzustellen, was der Park gleichzeitig für einen sehr alten Mann, aber auch für ein sehr kleines Mädchen bedeuten kann.«

Une allée du Luxembourg
De Gérard de Nerval

Elle a passé, la jeune fille
Vive et preste comme un oiseau:
A la main une fleur qui brille,
A la bouche un refrain nouveau.

C'est peut-être la seule au monde
Dont le cœur au mien répondrait,
Qui venant dans ma nuit profonde
D'un seul regard l'éclaircirait!

Mais non, – ma jeunesse est finie …
Adieu, doux rayon qui m'as lui, –
Parfum, jeune fille, harmonie …
Le bonheur passait, – il a fui!

Eine Allee im Luxembourg
Von Gérard de Nerval

Es ging vorüber, das junge Mädchen,
Flink und scheu wie ein Vogel:
In der Hand eine leuchtende Blume,
Auf den Lippen ein neues Lied.

Vielleicht ist sie die eine auf der Welt
Deren Herz zu meinem spricht,
Die zu mir kommt und meine tiefe Nacht
Mit einem einzigen Blick erhellt.

Doch nein, – meine Jugend ist dahin …
Leb wohl, mildes Licht, das mich berührte, –
Duft, junges Mädchen, Harmonie …
Das Glück ging vorüber, – es floh!

»Schlanke Fräuleins kommen auf den Wegen …

Draußen! Draußen vor den schmiedeeisernen Gittern erfährt man die bedrohliche Welt, die Angriffe der Straße; selbst ihnen zu entfliehen ist gefährlich. In meiner Zeit als Paris-Korrespondent kam ich oft hierher, und nicht selten sah ich Madame Simone, wie sie aus ihrer Wohnung in der Rue de Vaugirard, wo das Wohnzimmerfenster auf den Jardin blickt, hinabstieg und über die Straße eilen wollte, man erwartete sie doch, aber ein Blechgefährt nach dem anderen raste, Abgase spuckend, auf sie zu, obwohl sie am Zebrastreifen stand; erzürnt mußte sie erst die Hand erheben, dann trat sie auf die Straße, überquerte sie eilig, und der Schritt wurde erst langsamer an der Querseite der Orangerie. Auf einem der grünen, gußeisernen Stühle, an denen Madame Simone vorbeischritt, war ein alter Mann in seinem Anzug zusammengesackt und eingenickt, denn drinnen, drinnen im Leib des

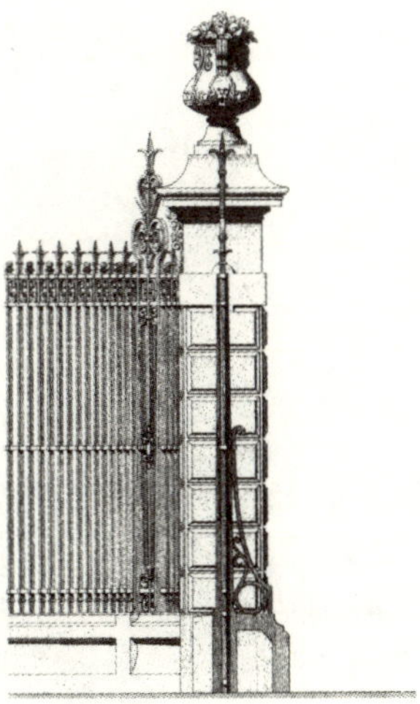

Jardin, fällt die Spannung ab, Muße durchfließt geplagte Stadtmenschen. Madame Simone pflegte ihren Stammtisch, wo Freunde – nein, man duzt sich nicht –, wo Bekannte mit dem Kartenspiel ihrer harrten. Und nebenan spielt Süskinds Jean täglich Schach.

»Dieser, ein ziemlich scheußliches Männlein von etwa siebzig Jahren, war in jeder Hinsicht das genaue Gegenteil seines jugendlichen Herausforderers … die Umstehenden kannten ihn bestens. Alle hatten sie schon gegen ihn gespielt und immer gegen ihn verloren, denn obwohl er alles andere als ein genialer Schachspieler war, hatte er doch die seine Gegner zermürbende, sie aufbringende und geradezu hassenswerte Eigenschaft, keine Fehler zu machen.«

Gar so ernst war das Spiel von Madame Simone und ihren Partnern, alle im vorgerückten Alter, nicht, vielleicht weil keiner solch ein Lokalmatador war wie Jean. Aber – Simone gab an diesem Tisch den Ton an, denn sie fand sich hier seit fünfundvierzig Jahren ein. »Laufkundschaft« nannte sie deshalb die anderen. Und so, als wollte sie ganz allein Anspruch auf den Jardin erheben, berief sich die energische Simone auf die Generation vor ihr und holte sogar Fotos hervor, auf denen noch ihre Mutter zu sehen war; ein kunstvolles Bild, das eine voluminöse alte Frau mit einem unförmigen Hut zeigte, einem Blumentopf aus Filz. Eine dicke Perle zeigte das Ende einer Hutnadel an.

»Sehr schön, sehr ernst!« bemerkte ein Mitspieler.

»Sie ist am Abend vor ihrem zweiundneunzigsten Geburtstag gestorben«, erklärte Simone. »Sie war sehr berühmt, und zu ihren Lebzeiten sind viele Artikel über sie als Schauspielerin, später als Gesangslehrerin geschrieben worden. Um die legendäre Sarah Bernhardt kennenzulernen, ist sie in den Theaterchor der Comédie Française eingetreten. Aber damals deklamierte

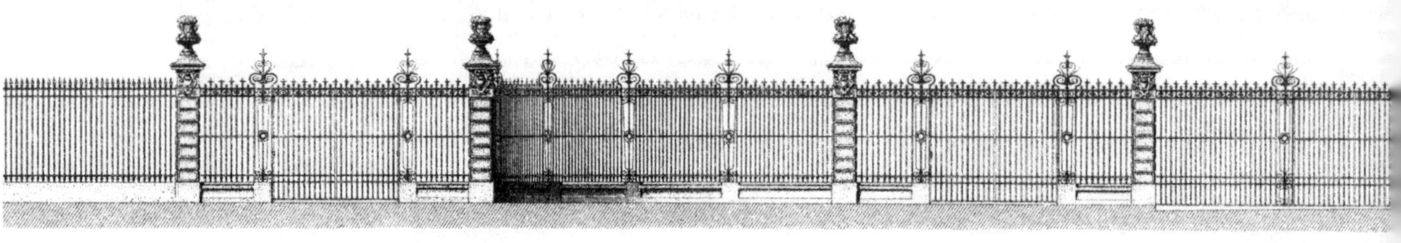

man noch schrecklich …« Simone führte die rechte Hand mit ausladendem Arm von der Brust hoch in die Luft und sprach zu aller Vergnügen mit lauter Stimme vor.

»Das entsprach dem Stil der Zeit«, so die Tochter. »Sie ist fünfunddreißig Jahre lang hierher gekommen, so daß man sie schließlich die Königinmutter nannte, aus Spaß wurden ihr sogar Postkarten an die Adresse des Jardin geschickt und dort zugestellt!«

»Schlanke Fräuleins kommen auf den Wegen«, fiel einst Kästner auf, »und sind jung und blicken sehr verlegen und benommen auf den Kindersegen. Und dann fürchten sie sich irgendwie.«

… und sind jung und blicken sehr verlegen und benommen auf den Kindersegen. Und dann fürchten sie sich irgendwie.«

Wenn es wärmer wird, die Blätter größer und ihre Farben dunkler geworden sind, sitzt manch ein Mädchen auf einem Schoß, pickt zart mit den Lippen nach denen des Geliebten, ganz versunken in ein Gefühl, das Haut und Seele gleichzeitig erwärmt. Nebenan kann sich ein Kinder- oder Au-pair-Mädchen kaum der Annäherung eines Aufdringlings erwehren. Für die Kinder aber – »*… haben hübsche Namen und sind fast so schön wie auf Reklamen*« (Kästner) – sind Spielplätze angelegt, mit Bänken für deren Begleiter.

Im Jardin sei der Einsame nicht mehr einsam, erklärte Günter Grass seiner Tochter Helene, als sie einsam in Paris lebte. Alle Einsamen, so der Vater, gehen in den Jardin du Luxembourg, treffen dort auf andere Einsame, und wenn auch keiner sich zum anderen gesellt, so strömt der Park doch eine Gemeinsamkeit aus, die alle Einsamen beseelt; geborgen werden sie eins mit den anderen, und erst, wenn sie den Platz wieder verlassen, kehren sie in ihre private Einsamkeit zurück.

Zwar liegt der Jardin dicht beim Paradies, doch Paradies ist er nicht, weshalb Schutzengel zwischen den Bäumen über die Einsamen wachen. Manch einer der uniformierten Gardiens kommt um Midi, Punkt zwölf, in das Café, wo »er« immer noch sitzt, läßt sich ein preiswertes Menü vorsetzen und trinkt dazu sein Quart de Rouge aus dem Krug. Man kennt »ihn«, den Habitué, inzwischen, und erzählt ihm, wie schwer es sei, in die Reihe der Wärter aufgenommen zu werden.

»Wir sind ehemalige Unteroffiziere und tragen jetzt den Grad von Adjutanten«, erklärt mir der Gardien. »Um das zu werden, nimmt man an einem Auswahlwettbewerb teil, und einmal aufgenommen, wird man ein Jahr lang angelernt und schließlich ernannt.« Wer eine Fremdsprache radebrechen kann, wird, wegen der vielen Ausländer unter den Parkbesuchern, bevorzugt.

»Es ist ein sehr begehrter Posten, den nur wenige ausüben; es macht Spaß, im Grünen und in der Ruhe zu arbeiten.«

»Wir achten darauf, daß die Leute die Regeln einhalten, sich nicht auf den Rasen legen, nicht auf die Sockel oder gar auf die Statuen selbst klettern …
Manche Leute pflücken sogar die Blumen …«

»Was passiert denn so während eines Tages?« fragt Monsieur.

»Wir achten darauf, daß die Leute die Regeln einhalten, sich nicht auf den Rasen legen, was häufig geschieht, nicht auf die Sockel oder gar auf die Statuen selbst klettern, was eine italienische Besonderheit ist. Manche Leute pflücken sogar die Blumen. An Wochenenden verlieren sich zehn bis fünfzehn Kinder, und wenn man sie findet und den Eltern wiederbringt, dann ist das Lächeln der Erwachsenen eine schöne Belohnung. Allerdings, nicht immer geht es so harmlos zu.«

Und der Gardien weist mit dem Finger auf den ihm gegenübersitzenden Kollegen, einen großen, starken Mann mit dunklem, nur leicht angegrautem Vollbart.

»Vor zwei Monaten hat er zwei Radfahrer aufgefordert, von ihren Rädern zu steigen und sie zu schieben. Da haben sie ihn, ohne zu zögern, zusammengeschlagen. Er hatte gar keine Zeit, mit dem Funkgerät Verstärkung herbeizurufen.«

Das kollektive Gedächtnis einer Stadt

Großeltern kommen, wenn das Frühjahr in voller Pracht steht, mit den Enkelkindern am Sonntag nach dem Mittagessen, er in feinen Tweed gekleidet, mit Schlips und Kragen, Großmutter im Seidenkleid mit Handtasche, die Kinder entsprechend herausgeputzt; dann steht man Schlange, entweder beim hundert Jahre alten Kasperletheater, das in einem Backsteinhäuschen aufgeführt wird, oder aber beim Karussell, dem Rainer Maria Rilke huldigte.

Dreht er sich heute, schimmert der Elefant dann und wann grau, die Pferde kommen immer noch vorüber, der Hirsch trägt einen Sattel und – dann und wann – ein blaues Mädchen aufgeschnallt.

Genau gegenüber dem Palais, auf der südlichen Seite des Jardin, wo die Gitter ihn vor der Avenue de l'Observatoire in Schutz nehmen, sind drei weite Rasenflächen zwischen Reihen hoher Bäume Kindern unter sechs Jahren vorbehalten, ohne sie dürfen Eltern oder Kindermädchen sich nicht auf dem Gras sonnen. Gerade durch die Kleinen ist der Jardin du Luxembourg in das gemeinsame Gedächtnis der Stadt hineingewachsen. Zwar seien die Kinder in diesem Park weniger elegant gekleidet als im Parc Monceau oder in den Tuilerien, klagte Ende neunzehnten Jahrhunderts der französische Schriftsteller Joris-Karl Huysmans, doch zog er die ein wenig provinzielle Atmosphäre des Viertels, die sich mit dem Jardin vereint, den allzu geraden Scheiteln der vornehmen Pariser Quartiers vor.

Im Jardin spielten so viele französische Dichter und Schriftsteller als Kind, daß er in Biographien, in Gedichten, in Theaterstücken und Romanen großer Franzosen mannigfach vorkommt. Alfred de Musset setzt in *La confession d'un enfant du siècle* das verderbte Leben, das er nach einer enttäuschten Liebe führte, der Erinne-

Das Karussell
Von Rainer Maria Rilke

Mit einem Dach und seinem Schatten dreht
sich eine kleine Weile der Bestand
von bunten Pferden, alle aus dem Land,
das lange zögert, eh es untergeht.
Zwar manche sind an Wagen angespannt,
doch alle haben Mut in ihren Mienen;
ein böser roter Löwe geht mit ihnen
und dann und wann ein weißer Elefant.

Sogar ein Hirsch ist da, ganz wie im Wald,
nur daß er einen Sattel trägt und drüber
ein kleines blaues Mädchen aufgeschnallt.

Und auf dem Löwen reitet weiß ein Junge
und hält sich mit der kleinen heißen Hand,
dieweil der Löwe Zähne zeigt und Zunge.

Und dann und wann ein weißer Elefant.

Und auf den Pferden kommen sie vorüber,
auch Mädchen, helle, diesem Pferdesprunge
fast schon entwachsen; mitten in dem Schwunge
schauen sie auf, irgendwohin, herüber –

Und dann und wann ein weißer Elefant.

Und das geht hin und eilt sich, daß es endet,
und kreist und dreht sich nur und hat kein Ziel.
Ein Rot, ein Grün, ein Grau vorbeigesendet,
ein kleines kaum begonnenes Profil –.
Und manchesmal ein Lächeln, hergewendet,
ein seliges, das blendet und verschwendet
an dieses atemlose blinde Spiel …

Im Jardin spielten so viele französische Dichter und Schriftsteller als Kind, daß er in Biographien, in Gedichten, in Theaterstücken und Romanen großer Franzosen mannigfach vorkommt.

rung an die unbeschwerte und fröhliche Jugend entgegen, als er – noch naives Kind – im Jardin du Luxembourg gespielt hat. In mehreren Geschichten von Honoré de Balzac kommt der Jardin als der Ort vor, in dem Studenten lernen, weil ihre Zimmer so eng sind; Charles Baudelaires Liebesgeschichte *La Fanfarlo* nimmt ihren Anfang im Jardin; selbst in Chateaubriands *Mémoires d'outre-tombe* wird er erwähnt.

Im Sommer sind die Tennisplätze stets überfüllt, denn ein Platz kostet kaum Miete, es reicht, wenn man sich einmal im Jahr für ein paar Dutzend Euros eingeschrieben hat. Nur eine halbe Stunde darf man spielen, wenn der Andrang groß ist, und reservieren kann nur, wer am Vormittag persönlich vorbeikommt, was die Spieler auf die Nachbarschaft beschränkt. Für das Jeu de Paume, das Federballspiel, ist ein Platz hergerichtet, und für das Boulespiel sind mehrere Sandbahnen mit Holz eingefaßt, eine sogar für Leute, die die Kugel à la Lyonnaise zu werfen pflegen, mit Anlauf und komplizierten Regeln.

Apropos Boule – Patrick Süskinds junger Mann verlor den Kampf, weil er so schlecht Schach spielte. »Die Zuschauer standen betreten, beschämt, und blickten ratlos auf das Schachbrett. Nach einer Weile räusperte sich der eine oder andere, scharrte mit dem Fuß, griff zur Zigarette. – Wieviel Uhr ist es? Schon Viertel nach acht? Mein Gott, so spät! Wiedersehen! Salut Jean!« Aber auch Jean fühlte sich nicht als Sieger. »Er war kein Mann großer moralischer Erkenntnisse, Jean, der Lokalmatador. Aber soviel war ihm klar, als er mit dem Schachbrett unter dem Arm und dem Schächtelchen mit den Figuren in der Hand nach Hause schlurfte: daß er nämlich in Wahrheit heute eine Niederlage erlitten hatte, eine Niederlage, die deshalb so furchtbar und endgültig war, weil es für sie keine Revanche gab und sie durch keinen noch so glänzenden künftigen Sieg wieder würde wettzumachen sein. Und daher beschloß er – der im übrigen auch nie ein Mann großer Entschlüsse gewesen war –, Schluß zu machen mit dem Schach, ein für allemal. Künftig würde er Boule spielen wie all die anderen Rentner auch, ein harmloses, geselliges Spiel von geringerem moralischem Anspruch.«

Zwischen den Bäumen bewegen sich zwei schlanke junge Männer, leicht gekleidet, weil es warm ist. Gesicht zu Gesicht haben sie sich aufgestellt, die Handflächen des einen schieben die geraden, zusammengelegten Finger des andern in langsamen Bewegungen durch die laue Luft, drücken die Arme hoch, nach unten, vor und zurück, lassen sie Kreise beschreiben, während ihre Körper dem Druck im Gleichklang nachgeben, als wären sie aneinandergewachsen. Tai Chi – Anlernen im Schattenboxen. Eine angenehme Entfernung weiter balanciert ein älterer Mann zwischen den Kastanienstämmen auf dem linken Bein und streckt das rechte ganz behutsam in der Höhe seiner Lenden nach vorn, dreht den Fuß mit den Zehen nach außen, läßt die Bewegung ruhig weiterfließen, die offenen Hände hebt er schlangengleich, unablässig verändert der Körper seine Stellung und steht doch auf nur einem Zentimeter dieser Erde, mit der des alten Mannes Geist irgendwie eins zu werden scheint – für die Dauer des Augenblicks; kein Vergleich zu der Gruppe

Das große Becken im Jardin du Luxembourg

Aus »Menuett«
Von Guy de Maupassant

»Ich bin fünfzig. Damals war ich jung, und ich studierte Jus. Ein wenig vergrämt, ein wenig verträumt, von einer schwermütigen Philosophie durchtränkt, liebte ich keineswegs die geräuschvollen Cafés noch die großsprecherischen Kameraden, noch die albernen Straßenmädchen. Ich stand früh auf; und eine meiner liebsten Vergnügungen war es, allein, gegen acht Uhr morgens durch den Ziergarten des Luxembourg zu wandern.
Ihr habt ihn nicht gekannt, diesen Ziergarten? Er war wie ein vergessener Park aus einem anderen Jahrhundert, ein Park, reizend wie das sanfte Lächeln einer alten Frau. Dichte Hecken trennten die engen, regelmäßigen Alleen, stille Alleen zwischen zwei Wänden von methodisch beschnittenem Blattwerk. Die große Schere des Gärtners säuberte unablässig die Mauern aus Zweigen; und hier und da stieß man auf Blumenbeete, auf Reihen von kleinen Bäumen, angeordnet wie Schüler beim Ausgang, Gemeinschaften herrlicher Rosen oder Regimenter von Obstbäumen.
Ein ganzer Winkel dieses entzückenden Haines war von den Bienen bewohnt. Ihre Häuser aus Stroh, mit kundiger Hand auf Brettern verteilt, öffneten ihre Türen, groß wie das Loch eines Fingerhuts, der Sonne; und man begegnete überall auf den Wegen den summenden, goldenen Insekten, den wahren Beherrscherinnen dieses friedlichen Ortes, den wahren Lustwandlerinnen in diesen stillen, Korridoren gleichenden Alleen.
Hierher kam ich beinahe jeden Morgen. Ich setzte mich auf eine Bank und las. Manchmal ließ ich das Buch auf meine Knie sinken, um zu träumen, um rund um mich Paris leben zu hören und die unendliche Ruhe dieser altmodischen Laubengänge zu genießen.
Bald aber bemerkte ich, daß ich nicht der einzige war, der diesen Ort gleich nach Öffnung der Tore aufsuchte, und manchmal stand ich an der Ecke eines Gebüschs einem seltsamen kleinen Greis gegenüber.
Er trug Schuhe mit silbernen Schnallen, eine Hose mit Stegen, einen langen tabakfarbenen Rock, Spitzen an Stelle der Krawatte und einen unwahrscheinlichen grauen Hut mit breiter Krempe und langen Borsten, der an die Sintflut denken ließ.
Er war mager, sehr mager, eckig, schnitt Grimassen und

von lateinamerikanischen Joggern, die in eleganten Trainingsanzügen im Gleichtakt, dabei laut schnatternd, um das große Bassin traben, wo die Stühle am frühen Nachmittag von denen besetzt sind, die ihre Mittagspause für ein Sonnenbad nutzen. Früher kostete es den, der einen der gußeisernen Stühle besetzte, einen Franc, heute – wo der Staat eine Sitzgelegenheit im Park als soziale Einrichtung betrachtet – benutzt, wer kann, derer zwei: Auf dem ersten legt er sachte Körper, Kopf und Arme ab, während er den anderen so heranzieht, daß die Fersen die angewinkelten Beine in eine angenehme Ruhelage bringen.

Eine versunkene Welt

Victor Hugo ging als junger Mann häufig im Jardin du Luxembourg spazieren und warf ein Auge auf Adèle, seine spätere Ehefrau, eine Erinnerung, die ihn anregte, im dritten Teil von *Les Misérables* mehrere Szenen in diesen »Garten dicht beim Paradies« zu verlegen: Marius geht regelmäßig im Jardin du Luxembourg spazieren und beobachtet auf einer Parkbank ein junges Mädchen; es ist Cosette, die ein alter Mann begleitet, Valjean. Als Marius das Mädchen zum erstenmal sieht, findet er sie noch ganz Kind und geht unbekümmert weiter, sechs Monate später hat sie sich zu einem bezaubernden jungen Mädchen entpuppt, in das er sich verliebt. Nun beobachtet er sie täglich und geht ihr und Valjean nach, den er für den Vater hält. Valjean fühlt sich verfolgt, wechselt die Wohnung und meldet den Vorfall. Weil der sich erinnernde Autor es will, bringt der Zufall Marius und Cosette schließlich wieder zusammen.

Ähnlich denkt Guy de Maupassant in seiner Erzählung *Menuett* noch einmal an seinen täglichen Gang, morgens um acht Uhr, durch den Park zur Schule; das berühmte Lycée Montaigne liegt an der Südseite. In *Menuett* bemerkt ein junger Mensch einen alten Mann zwischen den Bäumen, der, sich unbeobachtet fühlend, zu tanzen beginnt. Schließlich sprechen die beiden miteinander, und der Alte erzählt dem jungen, daß er sich nur noch im Jardin wohl fühle und gemeinsam mit seiner Frau, einer ehemals berühmten Tänzerin, alle Nachmittage hier verbringe. Im Höhepunkt der Geschichte führt das alte Paar ein Menuett vor, einen Reigen, der nicht mehr in die Zeit, wohl aber in den verzauberten Garten paßt.

Offenbar vermischen sich die Geister des intellektuellen Quartiers mit den Wichten der Natur zu einem besonderen Element, das auch auf Breyten Breytenbach ausgestrahlt hat: »Ein fast verwunschener Ort ist der Jardin für mich, denn man spürt keine Feindseligkeiten, keine Machtkämpfe. Jeder ruht sich aus, deshalb handeln einige meiner Gedichte ganz direkt von diesem Garten, und in einem meiner Romane verabredet sich die Hauptfigur immer hier – im Jardin. Und für diesen Roman ist es Voraussetzung, daß die Treffen im Jardin du Luxembourg stattfinden. Es hängen auch einige ganz besondere Momente meines Lebens mit diesem Ort zusammen. Als ich vom Tod meines Vaters erfuhr, bin ich hierhin gegangen, an einem sehr kalten Wintertag. Der Jardin war wie ein Treffpunkt mit ihm, ich konnte an ihn denken, das Geschehen überdenken – gerade hier.«

lächelte. Seine lebhaften Augen zitterten, regten sich unter einer ständigen Bewegung der Lider; und in der Hand trug er immer einen prächtigen Stock mit goldenem Knauf, der wohl für ihn ein kostbares Andenken sein mußte.
Zunächst fiel der gute Mann mir auf, dann aber interessierte er mich über die Maßen. Und ich beobachtete ihn durch die Blätterwand hindurch, ich folgte ihm in der Ferne und blieb bei Biegungen hinter dem Buschwerk stehn, um ungesehen zu bleiben.
Und da, eines Morgens, als er sich völlig allein glaubte, begann er eigenartige Bewegungen zu vollführen; einige kleine Sprünge zuerst, dann eine Verbeugung, dann machte er mit seinem dürren Bein einen noch recht gelenkigen Kreuzsprung, dann begann er, sich galant zu wenden, hüpfte, wackelte auf komische Art, lächelte wie vor einem Publikum, verbeugte sich, rundete die Arme, drehte seinen armseligen Marionettenkörper, richtete rührende, lächerliche kleine Grüße ins Leere. Er tanzte!
Ich war starr vor Staunen und fragte mich, wer von uns beiden wahnsinnig sei, er oder ich.
Doch plötzlich hielt er ein, trat vor, wie es die Schauspieler auf der Bühne tun, dann verneigte er sich, trat mit anmutigem Lächeln und den Kußhänden einer Komödiantin zurück, Kußhänden, die er mit seinen zitternden Fingern zwei Reihen wohlgestutzer Bäume zuwarf.
Und dann setzte er bedächtig seinen Spaziergang fort.
Von diesem Tag an verlor ich ihn nicht mehr aus den Augen ...«

Fontaine des Médicis

Den Kindern wird im Jardin so viel angeboten, daß es nicht verwundert, wenn es sie später immer wieder hierherzieht, so sehr haben sie sich an die Bäume, Rasenflächen, an das Welken der Blätter, an die Pastellfarben der Herbstastern in den Blumenkästen auf der Balustrade der Terrasse gewöhnt.

Der Medici-Brunnen

Und wenn im Alter die Erinnerung an die Jugend in den Vordergrund tritt, ergreift der Jardin wieder sein Recht. Daß er mit dem Ranzen auf dem Rücken jeden Tag durch den Jardin du Luxembourg hüpfte, davon erzählt in seinen Memoiren Nobelpreisträger Anatole France; jeden Herbst, wenn der Park etwas traurig, aber schöner als sonst erscheint, sieht er dieses Bild seiner selbst.

Und in der Autobiographie des André Gide spielen zahlreiche Szenen aus Kindheit und Jugend im Jardin. Sein früh verstorbener Vater nimmt ihn abends, kurz vor dem Schließen, in den großen Garten mit. Hierhin führt ihn auch das Kindermädchen, aber der kleine André weigert sich, mit anderen Kindern zu spielen, und beobachtet nur. Als das Kindermädchen kurze Zeit abgelenkt ist, nutzt André die Gelegenheit, die Sandkuchen der anderen Kinder zu zertreten. Dann trifft er dort seinen ersten Freund, dessen Namen er nicht kennt, aber mit dem er Hand in Hand in den Alleen spazierengeht. Der Freund trägt eine starke Brille, und später hört der Erzähler, wie das Kindermädchen der Mutter sagt, der Kleine würde bald erblinden. Daraufhin versucht André möglichst lange die Augen geschlossen zu halten, um zu erfahren, wie sich sein Freund fühlen muß. In einem sehr kalten Winter ist er dann auf dem Bassin Schlittschuh gelaufen, und seine Bonbons kaufte er an dem Kiosk neben den Schiffschaukeln.

Jean-Paul Sartre hätte dagegen als Kind gern mit den anderen gespielt, wenn das Kindermädchen oder die Mutter mit ihm hinuntergingen, wie er in *Die Wörter* beschreibt, doch – obwohl er alles dafür gegeben hätte – niemand sprach den kleingewachsenen Knaben an, und als Einzelkind wagte er nicht, auf andere zuzugehen. Er erinnert sich noch genau an einen besonderen Kindheitsaugenblick: Jean-Paul Sartre saß neben der erschöpften

Mutter auf einer Parkbank und wußte plötzlich, daß alles auf dieses Sitzen zugelaufen war, daß es notwendigerweise dazu kam. *»Es gibt ein Ziel: ich werde es kennenlernen.«*

Und – wen verwundert's? – auch die *»jeune fille rangée«* Simone de Beauvoir streut in ihre *Mémoires* die Spiele, die Schulwege, die Treffen im Jardin ein.

Zwischen den Statuen von Anne de Bretagne und Anne d'Autriche, beide französische Königinnen, führt eine breite Allee zum westlichen Tor, wo Ponys darauf warten, Kinder zu tragen oder in einer kleinen Kutsche zu ziehen. Anfang des 19. Jahrhunderts wurden dazu Ziegen eingesetzt, aber ist das ein wesentlicher Wandel? Die Tiere werden in Ställen gehalten, die weit weg vom Jardin stehen; jeden Morgen, jeden Abend laufen sie deshalb mit der gleichen selbstlosen Ruhe, mit der sie ihre Last tagsüber tragen, eine Stunde durch die Straßen von Paris.

Nicht nur für diesen Park ist der Baum ein besonderes Element der Schöpfung, sondern in der tiefen Seele Frankreichs stellen zwei Bäume das Land dar: die Eiche den Norden, der Olivenbaum den Süden, und beide,

mit ineinander verschränkten Ästen, hat François Mitterrand als sein persönliches Wappen für seine Amtszeit als Staatspräsident entwerfen lassen.

Wenn die Bäume ihre Blätter verlieren, bleiben die Menschen eher zu Hause. Doch leer ist der Jardin nie. Das Stadtgebiet, dessen Bürger ihn nutzen, ist nicht groß, gerade anderthalb Kilometer im Umkreis, hat man gemessen, aber es wohnen fast zweihunderttausend Menschen im Einzugsgebiet, zweihunderttausend Menschen, denen es an Grünflächen mangelt. Wen wundert's da, wenn an manch warmem Sommertag bis zu achtzigtausend Personen im »Luco«,[33] so sein Name unter Eingeweihten, gezählt werden. Im Herbst aber bleiben nur die Habitués, die keine Wetter scheuen und nur die leichte Weste gegen ein warmes Wams tauschen. Beim Boulespiel treffen sie sich der Kälte zum Trotz; ihre Kugeln bleiben die gleichen, die Regeln sowieso.

Etwas schwülstig überkam es in dieser Jahreszeit auch den Poeten Rilke, der dann zur Fontaine de Médicis an der Ostseite des Parks reimte:

Schon etwas von dem Abschied schwebt und drängt,
schon flecken gelbe Blätter die Fontäne
wo Polyphem Verliebten überhängt;
der Himmel, stumm und irgendwie gekränkt,
leistet Verzicht auf die zu leichte Träne.

33 **Luco**
Wenig hat der Jardin du Luxembourg mit dem geographischen Luxemburg zu tun, noch weniger seine Kurzbezeichnung »Luco«. *Lucotitius* ist gemeint, denn so nannten die Römer jene Siedlung, die sich in dieser Gegend vor den Toren der Stadt befand, links der römischen Nord-Süd-Achse, der heutigen Rue St.-Jacques. Sie meinten damit wohl einfach nur »diese Gallier da«, denn tatsächlich geht die Bezeichnung auf den gallischen Namen *louk-teh* zurück: So hatten die ersten Siedler ihre den Sümpfen abgewonnene Siedlung genannt: »Ort der Sümpfe«. Die Römer machten daraus *Lutetia*.

Die Gärten von Paris

Neben den Tuilerien ist der Jardin du Luxembourg gewiß der populärste Park von Paris; lockt die Nähe zum Louvre vielleicht mehr Touristen in den einen, so kommen in den anderen, durch die Nähe zum Quartier Latin, vermehrt die Studenten. Jardin du Luxembourg ebenso wie die Tuilerien sind Zeugnisse des alten Paris, geometrisch-symmetrische Anlagen, die der Adel liebte, weil er das Ideal einer rationalen klaren Weltordnung darin veranschaulicht sah. Ein Naturerlebnis war hier nicht vorgesehen.

Das ist in unseren Tagen anders. Paris verfügt heute über so viele grüne Oasen wie nur wenige Metropolen, und das ist – einmal mehr – das Ergebnis der städtebaulichen Maßnahmen, die Napoléon III. Mitte des 19. Jahrhunderts durchführen ließ. Seine Neustrukturierung der Stadt sah nämlich nicht nur die Schaffung neuer breiter Boulevards (und die Modernisierung der Kanalisation) vor, sondern auch – in kluger ökopolitischer Vorausschau – die Schaffung zahlreicher neuer Parks. Diese sollten nun nicht dem Hofe zu Repräsentationszwecken dienen, sondern ausdrücklich den Bewohnern der Stadt zur Erholung. Daß hier keine abgezirkelte Gartenbaukunst à la Le Nôtre gefragt war, versteht sich von selbst.

Louis-Napoléon wollte Natur, er liebte die Natur. In seinem Londoner Exil hatte er die englischen Landschaftsgärten studieren können. Für den Duke of Hamilton schuf er gar selbst einen Garten, woraufhin dieser scherzte, sollte er, Napoléon, einmal arbeitslos sein, könne er jederzeit bei ihm, dem Herzog, als Gärtner anfangen. Aus England brachte Napoléon auch die Idee der »Squares« mit, jene begrünten Karrees zwischen den Häusern, die, von Eisengittern umzäunt, eigentlich nur von den unmittelbaren Anwohnern genutzt werden sollten; in Paris sind die Squares aber seit jeher öffentlich. Baron Haussmann, der mit der Neugestaltung der Stadt beauftragte Präfekt, ernannte den Ingenieur Adolphe Alphand zum Leiter eines eigens geschaffenen Gartenbauamts, und in enger Zusammenarbeit mit Haussmann schuf Alphand in den nächsten zwanzig Jahren vier-

Park Monceau
Von Kurt Tucholsky

Hier ist es hübsch. Hier kann ich ruhig träumen.
Hier bin ich Mensch – und nicht nur Zivilist.
Hier darf ich links gehen. Unter grünen Bäumen
sagt keine Tafel, was verboten ist.

Ein dicker Kullerball liegt auf dem Rasen.
Ein Vogel zupft an einem hellen Blatt.
Ein kleiner Junge gräbt sich in der Nasen
und freut sich, wenn er was gefunden hat.

Es prüfen vier Amerikanerinnen,
ob Cook auch recht hat und hier Bäume stehn.
Paris von außen und Paris von innen:
sie sehen nichts und müssen alles sehn.

Die Kinder lärmen auf den bunten Steinen.
Die Sonne scheint und glitzert auf ein Haus.
Ich sitze still und lasse mich bescheinen
und ruh von meinem Vaterlande aus.

Der Bois de Bologne

1860 war dies eine Gegend, die nur wenig Zauber besaß: Abdeckereien hatten sich hier niedergelassen, Fäkalien wurden hier gesammelt; eine Brutstätte von allen möglichen Krankheitserregern und also dem Ordnungsfanatiker Haussmann ein ganz besonderer Dorn im Auge: *»Mir kam die vielleicht etwas bizarre Idee«*, notierte der Baron in seinen Lebenserinnerungen, *»gerade diesen Ort in eine Attraktion für die Bewohner des 19. und 20. Arrondissements zu verwandeln.«* Das ist ihm gelungen. Der Parc des Buttes-Chaumont, mit seinem alten Baumbestand, den Höhlen und Steilhängen und vor allem mit seiner hochaufragenden pittoresken Felseninsel, darf als der schönste Park aus jener Zeit gelten.

Aber Paris wäre nicht Paris, wenn es sich auf seinen historischen Leistungen lange ausruhte. Die Stadtverwaltung hat zu Recht in den neunziger Jahren verkündet, Paris sei eine der wenigen Hauptstädte der Welt, die immer noch Gartenanlagen im großen Stil schaffen. So geschehen in Bercy, wo unter François Mitterrand nicht nur das futuristische Gebäude des neuen Finanzministeriums direkt an der Seine entstand, sondern auch der Parc de Bercy. Ein, wie es heute heißt, »Themenpark«, der die verschiedensten Gartentypen vorführt, vom Obst- und Gemüsegarten über den Kräutergarten bis zum Rosarium.

Im Südwesten, im 15. Arrondissement, an der Rue des Morillons, ist auf dem Gelände eines ehemaligen Schlachthofs der Parc Georges-Brassens entstanden, und im hohen Norden, im 19. Arrondissement, der Parc de la Villette.

Der Parc de la Villette, konzipiert von dem Lausanner Architekten Tschumi, ist mit seinen 55 Hektar heute der größte

undzwanzig »squares«, vier »jardins«, vier »parcs« und die beiden »bois«, den Bois de Vincennes am östlichen und den (dem Londoner Hyde-Park nachempfundenen) Bois der Bologne am westlichen Stadtrand – über 1800 Hektar neue Grünflächen, was fast achtzig Prozent des heutigen Bestands ausmacht.

Zu den von Alphand geschaffenen Anlagen gehört etwa der Parc Monceau am Boulevard de Courcelles im Nordwesten der Stadt; Marcel Proust ging hier mit Vorliebe spazieren, und auch Kurt Tucholsky hat ihn bedichtet. Mit seinen artifiziellen Ruinen und Tempeln vermittelt er einen besonders treffenden Eindruck vom Ideal des wild-romantischen englischen Gartens.

Der Parc Montsouris in der Cité-Universitaire im Süden wäre zu nennen oder sein nördliches Pendant: der Parc des Buttes-Chaumont, der »Zaubergarten«, wie der Schriftsteller Louis Aragon ihn nannte, an der Métrostation Botzaris. Noch

der Stadt. Doch Tschumi hat das Konzept des Erholungsparks deutlich gegen den Strich gebürstet: Nicht Grün herrscht hier vor, sondern Rot – die Komplementärfarbe –, und zwar in Gestalt von fünfundzwanzig »folies«: postmodernen, signalroten Phantasiegebäuden. Und auch hier finden sich Themengärten, jetzt allerdings nicht nur zum Bestaunen, sondern zum Selbermachen. Jung und Alt sollen mit Sanddünen, mit Wasser, mit Nebel, mit Spiegeln und diversen anderen Dingen Erfahrungen sammeln und ihre gehörigen Überraschungen erleben. Ein gigantischer Abenteuerspielplatz für das 21. Jahrhundert.

Gärten im engeren Sinn, aber nicht minder futuristisch, sind hingegen zwei andere Anlagen: Der Jardin Atlantique über den Gleisen der Gare Montparnasse bildet gewissermaßen das organische Zentrum des runderneuerten Stadtteils Montparnasse, das vor allem hinter dem Bahnhof einige der spektakulärsten Neubauten von Paris vorzuweisen hat.

Weiter im Südosten, direkt an der Seine und umgeben von modernen Geschäfts- und Wohnhäusern, schufen auf dem Gelände der ehemaligen Citroën-Werke die Architekten Provost und Clément den Parc André-Citroën. Dominiert wird die Anlage von zwei fünfzehn Meter hohen und sechs kleineren hypermodernen Gewächshäusern aus Glas und Teakholz. Steine und Mineralien strukturieren die Außenanlagen nach Farben. Es gibt den weißen Garten und den schwarzen Garten, im Norden gibt es einen »jardin en mouvement«, einen Park in Bewegung, so heißt eine sich selbst überlassene natürliche Wiese, und am westlichen Rand des Parks fließt malerisch die Seine dahin.

Frankreich also als Vorreiter auf dem Gebiet der zeitgenössischen Gartenbaukunst? Es scheint fast so. Die Verantwortlichen für die städtischen Park- und Grünanlagen nahmen jedenfalls bereits vor Jahren überrascht zur Kenntnis, daß die Engländer, die in der Gartenbaukunst doch immer führend waren, Studienreisen durchführten – zu den Gärten von Paris.

Der Parc Montsouris

Der Parc des Buttes-Chaumont

Essen als schöne Kunst betrachtet

8. Kapitel

Warum die Revolution leibliche Genüsse förderte und von der Königin ohne Korsett

Frankreich nennt sich eine *méritocratie*, also eine Gesellschaft, in der sich die Hierarchie nach dem Verdienst richtet. Das gilt nicht nur für den Geist, sondern auch für die Macht, für die Wissenschaften, für den Sport, eben für alle gesellschaftlichen Bereiche. Wer Ski fährt, der strebt schon jung danach, die entsprechenden Abzeichen, ein, zwei, drei Sterne, zu ergattern.

Das System der *méritocratie* in Frankreich ist schon jahrhundertealt. Und so ist auch die Gastronomie-Kritik keine neumodische Erfindung. Schon in den letzten Jahren des 18. Jahrhunderts, so schreibt der französische Soziologe Jean-Paul Aron in seiner Studie *Le Mangeur du 18ème siècle*, wurde die Küche zum Gegenstand fachmännischer Erörterungen: »Die Presse, die kleine und die große Literatur sprechen von ihr wie von einer ernsten Angelegenheit. Sicher, ein neueröffnetes Restaurant oder eine Mahlzeit bei M. de Talleyrand waren erwähnenswerte Ereignisse. Aber unter den verstreuten Einzelheiten der *faits divers* bemerkt man etwas Dauerhaftes und Grundlegendes, ein System von Werten, dem man die gleiche Beachtung schenkt wie den Wissenschaften oder den bildenden Künsten.«

Speisen in der Öffentlichkeit:
Pariser Restaurant im 18. Jahrhundert

Kochen für Revolutionäre

Die Französische Revolution wird zu Recht als universell bezeichnet. Und so hatte auch der Sturm auf die Bastille am 14. Juli 1789 schon drei Tage später Folgen für die französische Küche. Ja, ernstzunehmende französische Wissenschaftler behaupten sogar, die Revolution habe den Anstoß zu einer neuen Ernährungsordnung gegeben.

Der Prinz von Condé, wie viele andere Adelige, zögerte nicht lange, sondern packte, vom Aufstand des Pariser Pöbels erschreckt, flugs seine Kisten und Kästen und floh am 17. Juli 1789 ins Exil. Nun saß sein Hofstab arbeitslos auf der Straße, darunter eine ganze Reihe erstklassiger Künstler, Chefköche, Sauciers, Pastetenbäcker. Aus der Not machte Condés Küchenchef Robert eine Tugend und eröffnete mit Hilfe seiner alten Küchenmannschaft ein Restaurant in der Rue de Richelieu. Andere berühmte Chefs taten es ihm nach.

Vor der Revolution hatte Chef Beauvilliers dem Comte de Provence, dem späteren Louis XVIII, in der Küche gedient, jetzt bot er seine Künste in prächtigen Sälen in der Galerie de Valois an. Und Méot, der auch beim Prinzen von Condé angestellt gewesen war, eröffnete in der Rue de Valois ein luxuriöses Etablissement, in dem er die »ausgesuchtesten Leckereien« verkaufte.

So haben die Herren der Revolution unter den dem Adel entwundenen Privilegien plötzlich leibliche Genüsse entdeckt, von denen sie bisher nie gehört hatten, denn Nachrichten über die Hofgelage des Adels waren kaum aus den Schlössern und Palais nach außen gedrungen. Nun entstand eine paradoxe Situation. Die Revolution war ausgelöst worden durch eine Hungersnot. Die Frauen von Paris waren vor das Schloß des Königs nach Versailles gezogen und hatten nach Brot gerufen. Die für ihre Ausschweifungen bekannte Königin Marie-Antoinette[34]

34 **Königin Marie-Antoinette**
Sie war die letzte Königin Frankreichs, und ihr Ausspruch »*Ils n'ont pas de pain? Qu'ils mangent de la brioche!*« ist legendär. Marie-Antoinette war 1755 in Österreich als Maria Antonia geboren worden, eins von sechzehn Kindern der Erzherzogin von Österreich, Maria Theresa, und ihres Mannes, Kaiser Franz I. Mit vierzehn wurde sie nach Versailles geschickt und mit dem fünfzehnjährigen Kronprinzen verheiratet, der vier Jahre später als Ludwig XVI. gekrönt werden sollte.

Marie-Antoinette war wunderschön, selbstbewußt und mutig. Ludwig dick, plump und schüchtern. In Österreich hatte die junge Frau alle Freiheiten genossen, und in Versailles sträubte sie sich heftig gegen die strengere Etikette. Sie galt als frivol und lasterhaft. Sie weigerte sich, Korsetts zu tragen, und ging allein aus. Das Volk mochte diese Königin nicht. Der Haß, der einem überholten Gesellschaftsmodell galt, er traf »die Österreicherin«, wie sie abschätzig genannt wurde, mit besonderer Härte.

1789 wurde die königliche Familie ins Tuilerienschloß gebracht und dort fast drei Jahre festgehalten. Alle diplomatischen Bemühungen und auch mehrere Fluchtversuche schlugen fehl, König und Königin wurden des Hochverrats für schuldig befunden und in die Concièrgerie, das berüchtigte Gefängnis des revolutionären Paris auf der Île de la Cité, gesteckt.

1793 schließlich wurde Marie-Antoinette auf der Place de la Révolution (wie die Place de la Concorde zu der Zeit hieß) hingerichtet, wenige Monate nach ihrem Mann. Und wenn es 1871 nicht ein Raub der Flammen geworden wäre, könnten wir vielleicht noch heute mit Heinrich Heine »am hellen Tag« im Tuilerienschloß die alten Gespenster wie eh und je herumgeistern sehen.

Maria Antoinette
Von Heinrich Heine

Wie heiter im Tuilerienschloß
Blinken die Spiegelfenster,
Und dennoch dort am hellen Tag
Gehn um die alten Gespenster.

Es spukt im Pavillon de Flor'
Maria Antoinette;
Sie hält dort morgens ihr Lever
Mit strenger Etikette.

Geputzte Hofdamen. Die meisten stehn,
Auf Tabourets andre sitzen;
Die Kleider von Atlas und Goldbrokat,
Behängt mit Juwelen und Spitzen.

Die Taille ist schmal, der Reifrock bauscht,
Darunter lauschen die netten
Hochhackigen Füßchen so klug hervor –
Ach, wenn sie nur Köpfe hätten!

Sie haben alle keine Kopf,
Der Königin selbst manquieret
Der Kopf, und Ihro Majestät
Ist deshalb nicht frisieret.

Ja, Sie, die mit turmhohem Toupet
So stolz sich konnte gebaren,
Die Tochter der Maria Theresias,
Die Enkelin deutscher Cäsaren,

Sie muß jetzt spuken ohne Frisur
Und ohne Kopf, im Kreise
Von unfrisierten Edelfraun
Die kopflos gleicherweise.

Das sind die Folgen der Revolution
Und ihrer fatalen Doktrine;
An allem ist schuld der Jean Jacques Rousseau,
Voltaire und die Guillotine.

Doch sonderbar! es dünkt mich schier,
Als hätten die armen Geschöpfe
Gar nicht bemerkt, wie tot sie sind
Und daß sie verloren die Köpfe.

Ein leeres Gespreize, ganz wie sonst,
Ein abgeschmacktes Scherwenzen –
Possierlich sind und schauderhaft
Die kopflosen Reverenzen.

Es knickst die erste Dame d'amour
Und bringt ein Hemd von Linnen;
Die zweite reicht es der Königin,
Und beide knicksen von hinnen.

Die dritte Dam und die vierte Dam
Knicksen und niederknien
Vor Ihrer Majestät, um Ihr
Die Strümpfe abzuziehn.

Ein Ehrenfräulein kommt und knickst
Und bringt das Morgenjäckchen;
Ein andres Fräulein knickst und bringt
Der Königin Unterröckchen.

Die Oberhofmeisterin steht dabei,
Sie fächert die Brust, die weiße,
Und in Ermangelung eines Kopfs
Lächelt sie mit dem Steiße.

Wohl durch die verhängten Fenster wirft
Die Sonne neugierige Blicke,
Doch wie sie gewahrt den alten Spuk,
Prallt sie erschrocken zurücke.

soll ihnen daraufhin vorgeschlagen haben, wenn sie kein Brot hätten, sollten sie doch Brioche essen.

Der König wurde gestürzt, doch das Volk hatte trotzdem nichts zu essen. Die Hungersnot dauerte noch Jahre an. 1793 war die Versorgung mit Lebensmitteln in Paris so gefährdet, daß der Konvent ein Gesetz gegen Hamsterkäufe verabschiedete und Keller und Speicher nach gehorteten Gütern durchsuchen ließ.

Aber die Revolutionäre ließen sich von der Not ihres Volkes genausowenig beeindrucken wie einst der König und schlemmten in den neuen Restaurants: Mahlzeiten mit unzähligen Gängen, zubereitet von den Chefs der alten Herrschaften, die aber ihrerseits auch nicht auf das gute Essen verzichten mochten. Selbst hinter Gittern ließen sich die vom Revolutionstribunal zum Tode verurteilten Adeligen Feinschmeckereien auftragen: *»Die Opfer in den Gefängnissen huldigten ihren Mägen«*, schreibt Louis Sébastien Mercier,[35] *»und der enge Durchlaß in der Tür sah das zarteste Fleisch passieren, bestimmt für Männer, die ihrer letzten Mahlzeit entgegenharrten und sehr wohl darum wußten. Aus den Tiefen eines Kellerverlieses heraus schloß man einen Vertrag mit einem Restaurant, der von beiden Seiten unterzeichnet wurde und spezielle Vereinbarungen über die Vorspeisen enthielt. Nie besuchte man einen Gefangenen, ohne ihm seine Flasche Bordeaux, Liköre von den Antillen und das zarteste Gebäck mitzubringen. Der Konditor, der sehr wohl wußte, daß der*

Der König wurde gestürzt, doch das Volk hatte trotzdem nichts zu essen.

35 **Louis Sébastien Mercier**
»An einer Straßenecke des Faubourg Saint-Antoine stand in einer Mauernische eine Statue der Heiligen Jungfrau. Niemand hatte je darauf geachtet, nach welcher Seite sie den Kopf gewendet hielt. Als eines Tages eine Prozession vorüberzog, schrie jemand auf, die Jungfrau habe den Kopf nach dem Priester gewandt, wie um ihren Sohn zu grüßen. Das Wunder geht von Mund zu Mund; alsbald kommt der Pöbel gelaufen. Eine Alte zündet eine Kerze zu Füßen der Muttergottes an, und tags darauf versammeln sich fünfzigtausend Seelen um die Gipsstatue. Es sei erwähnt, daß die Jungfrau mit dem Rücken zum Laden eines Kerzenhändlers stand. Der hatte sein Lager bald geleert. Es wird erzählt, der Krämer, um dessen Geschäft es schlecht stand, habe die Figur aus Gips manipuliert und mittels eines Messingdrahtes ihren Kopf in Drehung versetzt, in der Hoffnung, daß er dann viele Kerzen verkaufen würde. – Wie viele Wunder hängen nur an einem Messingdraht! Und Not, so heißt es, macht erfinderisch.«

So schildert Ende des 18. Jahrhunderts Louis Sébastien Mercier in seinen vielen tausend kleinen Bildern das Leben und Treiben der damaligen Millionenstadt Paris.

Er lebe nur aus Neugier, meinte Mercier, den man heute als den ersten Großstadt-Reporter der Geschichte bezeichnet. 1781 erscheint unter dem Titel *Tableau de Paris – Mein Bild von Paris* der erste von schließlich zwölf Bänden mit mehr als tausend Kapiteln. *»Noch niemand vor mir hatte sich darangemacht, das Gesamtbild einer Riesenstadt wiederzugeben«*, erklärte er und machte sich ans Werk. Mercier hatte zuvor Theaterstücke und Prosa geschrieben, war vor der Revolution in die Schweiz geflüchtet, weil er befürchten mußte, eingesperrt zu werden. Fünf Jahre blieb er dort und kehrte als europäische Berühmtheit zurück, wurde im September 1792 in die Convention der Revolutionäre gewählt, aber im Oktober 1793 verhaftet. Er wäre sicherlich unter der Guillotine gelandet, wäre nicht Robespierre vorher selbst verhaftet worden.

Als sich Johanna Schopenhauer, die Mutter des Philosophen, in der Winterzeit 1803/04 in Paris aufhielt und die Krönung von Napoléon miterlebte, schilderte sie in ihrem Tagebuch auch einige Treffen mit Louis Sébastien Mercier. Sie beschreibt ihn als einen rüstigen, stattlichen Mann von mittlerer Größe, den *»ungeachtet seiner vierundsechzig Jahre eine gewisse graziöse Gewandtheit in Gang, Haltung und Bewegung noch nicht verlassen hatte«*. Er trug einen *»altmodischen, aber sehr sauber gehaltenen braunen Rock mit großen Perlmutterknöpfen«*, eine ziemlich lange, mit einer bunt gestickten Blumengirlande geschmückte Weste aus weißer Seide, weißseidene Strümpfe mit goldenen Schnallen.

Da er sich so kleidete, verwundert nicht Merciers Beobachtung: *»Nichts dürfte den Fremden mehr belustigen als der Anblick eines Parisers, der mit dreischwänziger Perükke, weißen Strümpfen und betreßtem Rock auf Zehenspitzen durch schmutzige Straßen hüpft. Warum gibt es keine Gehsteige wie in London?«* Zahlreich waren die deutschen Dichter, die Mercier bewunderte, obwohl er so konservativ war, daß er sogar die These verteidigte, die Erde sei eine flache Scheibe, um die sich die Sonne drehe.

Johann Paul Richter nennt sich Mercier zu Ehren in Jean Paul um, und Friedrich Schiller übersetzt nicht nur Teile der auf die Schaffung eines bürgerlichen Dramas ausgerichteten Poetik Merciers, er übernimmt auch dessen Gedankengut in seinem Aufsatz *Die Schaubühne als eine moralische Anstalt betrachtet.* Und beeinflußt von Merciers *Bild von Paris,* plant Schiller 1799 sogar ein Theaterstück über die Pariser Polizei.

In seinen Bildern von Paris, die er meist am Ende eines Tages aufschrieb, interessierte sich Mercier nicht für die Salons, den Hof, die Sehenswürdigkeiten. Sondern er beschrieb die Wasserträger und die Schuhputzer, die Wucherer und die Metzger, die Huren und die Findelkinder. Zwar haben die Zeiten sich geändert, doch die Pariser verharren hartnäckig in ihren Gewohnheiten und Eigenarten, so daß auch heute noch Merciers Bilder gültig sind, denn es gibt sie immer noch, die fein Gekleideten, die durch den Regen springen, und die Metzger, die Huren und die Findelkinder.

Appetit beim Essen kommt, schickte seinerseits seine Karte bis in die hintersten Winkel der Gefängnisse.«

Bald hatten die verschiedenen Gruppen unter den Revolutionären ihre Stammlokale, in deren Hinterzimmern sie ihre Pläne schmiedeten. Und wenn es galt, im Kampf um die Macht einen Gegner zu erledigen, wurde zur Not auch die Genußsucht in ebenjenen Restaurants angeprangert. Zu den Vorwürfen gegen Danton gehörten auch seine Liebesmähler in der Grange-Batelière. Im April 1794 wurde er hingerichtet.

Doch die Vorwürfe der Schlemmerei störten die Mitglieder des Revolutionstribunals überhaupt nicht. Der öffentliche Ankläger Fouquier Tinville, die Geschworenen Dumas und Renaudin entspannten sich abends nach den anstrengenden Sitzungen des Tribunals mit einigen anderen im Restaurant von Méot. Und es scheint hoch hergegangen zu sein, denn der Geschworene Dumas scherzte über ihren Hausherrn, den ehemaligen Koch des Prinzen von Condé: *»Dieser Méot macht sich gut an seinem Küchenherd; es wäre spaßig, ihn eines Morgens samt seiner Schürze ganz einfach abholen und auf der Stelle guillotinieren zu lassen. Da hätten wir sozusagen den Frikasseur frikassiert.«* Diese Worte machten bald die Runde, bis sie dem Geheimkommissar d'Ossonville zu Ohren kamen, woraufhin die Geschworenen, um ihre Haut zu retten, den Vorfall schleunigst abstritten.

Zweihundert Jahre nach der Revolution urteilt Jean-Paul Aron in seiner Studie: »Beauvilliers und Méot sind zweifellos ihre drei Sterne wert, gepflegter Rahmen und ausgezeichnete Küche. Möge der *Guide Michelin* mir verzeihen: Ich borge mir seine Benotung. Ist sie nicht Teil unserer heutigen Denkungsart? Robert, der zwar ein angesehener Meister ist, aber nicht über einen angemessenen Rahmen verfügt, bekommt zwei Sterne.«

Während das Volk immer noch hungerte, festigte das an die Macht und in den Besitz der Privilegien gekommene Bürgertum das neue System. Und dazu gehörte auch die neue »Ernährungsordnung«.

Vor der Revolution gab es in Paris noch nicht einmal fünfzig Restaurants. Und daß man für Geld an einem Tisch Platz nehmen und ein Menü verzehren konnte, galt eher als Kuriosität, deren Entstehung auf das Jahr 1765 zurückgeführt wird. Ein Traiteur namens Boulanger[36] hatte damals die Idee, in seinen Räumen in der Rue des Poulies, der heutigen Rue du Louvre, in Paris Marmortische aufzustellen und den Kunden Essen zu servieren. Über die Eingangstür setzte er den Spruch: *Venite ad me omnes qui stomacho laboratis, et ego restaurabo vos.* Was locker übersetzt bedeutet: »Kommt zu mir, wenn euer Magen knurrt, ich will euch stärken.« Eine dezente Verballhornung des Verses bei Matthäus: *Venite ad me omnes qui laboratis et onerati estis, et ego reficiam vos.* – »Kommt her zu mir, alle, die ihr mühselig und beladen seid; ich will euch erquicken.«

Daß man für Geld an einem Tisch Platz nehmen und ein Menü verzehren konnte, galt eher als Kuriosität.

Boulangers *Restaurant* sprach sich unter Bourgeois und Gentilhommes geschwind als Neuheit und Mode herum. *Tout le monde* eilte hin, und Boulanger verdiente innerhalb eines Jahres so viel Geld, daß er sich zur Ruhe setzen und vom Gewinn zehn Jahre leben konnte. Er verkaufte sein Restaurant an zwei Freunde, Rozé und Pontaillé, die in ein eleganteres, mit Spiegeln ausgestattetes Lokal in der Rue Saint-Honoré umzogen. Der Erfolg fand Nach-

36 **Boulanger**
Er gilt als der Erfinder einer französischen Institution – des Restaurants. Und auch die Bezeichnung »Restaurant« selbst geht auf ihn zurück. Als er damals, im Jahr 1765, seine Türen für die Menschen öffnete, wollte er sie mit seinen Speisen stärken, *restaurer*, wie die Franzosen sagen.

Viele Geschichten ranken sich um seine Person. Der *Guide Gourmand*, das Standardnachschlagewerk in Sachen französische Küche, weiß zu berichten, daß Boulanger nicht nur der erste war, der den Leuten Essen servierte, sondern auch als erster mehrere Speisen zur Auswahl stellte. Sein berühmtestes Gericht sollen Schafsfüße an Weißweinsauce gewesen sein. Und Boulangers schöne Gattin war angeblich nicht ganz unbeteiligt an dem sagenhaften Erfolg des Unternehmens: Sogar den Dichter Diderot soll sie bezirzt haben.

Vieles von dem, was über die Person Boulanger erzählt wird, trägt legendäre Züge. Aber die Vermischung von historischer und poetischer Wahrheit gehört schließlich dazu, zu einem anständigen Gründermythos.

Um so größer war die Aufregung unter den Pariser Gastronomen, als eine amerikanische Wissenschaftlerin, Rebecca Spang, steif und fest in einem Buch behauptete, Boulanger habe nie gelebt. Erst 1782 finde sich eine schriftliche Erwähnung – in einem Buch über französische Sitten vergangener Zeiten –, ansonsten habe sie keine Spur von dem Mann entdecken können. Spang will die Eröffnung des ersten Restaurants auf das Jahr 1773 datiert wissen, als nämlich Rozé de Chantoiseau, der gemeinhin als der Nachfolger von Boulanger gilt, seine Räume in der Rue St.-Honoré bezog.

Ein Mitarbeiter der staatlich geförderten Buchreihe *Inventaires du Patrimoine Culinaire*, die darauf ausgerichtet ist, das »kulinarische Erbe« sämtlicher Regionen der französischen Nation zu »inventarisieren« (fast dreißig Bücher sind bisher bei Albin Michel erschienen), meldete Zweifel an der Darstellung der Autorin an. Miss Spang habe wohl etwas voreilig geurteilt, hieß es. Vielmehr sei die Erwähnung in besagter Kulturgeschichte aus dem 18. Jahrhundert gerade ein sehr zuverlässiger Hinweis auf die Existenz Boulangers. Gastronomiegeschichte sei ein sehr junger Zweig der seriösen Forschung, und man werde schon noch Genaueres über den Mann herausbekommen. Vielleicht eines Tages sogar seinen Vornamen?

Die Gourmets und Gourmands dürfte dies alles kaltlassen. Für sie wird der Name Boulanger immer mit der Erfindung eines Lebensstils verbunden bleiben.

ahmer, doch erst nach der Revolution veränderte sich das Verhalten der Bürger.

Eine neue Mentalität machte sich breit, wonach das Restaurant zum sozialen Treffpunkt wurde. Um 1820 war Paris nicht wiederzuerkennen, denn inzwischen existierten mehr als dreitausend dieser neumodischen Einrichtungen, die täglich rund sechzigtausend Personen ernährten.

In den Restaurants trafen sich die Abgeordneten, die aus allen Regionen Frankreichs in die Hauptstadt entsandt worden waren. Hierhin lud der neureiche Bourgeois seine Freunde ein, weil er nicht wagte, seinen plötzlichen Wohlstand und den Überfluß in seinem Stadthaus zu zeigen. Beim Essen wurden die Börsenkurse diskutiert, handelten Finanziers Kredite aus, schrieben die Journalisten Episteln, die in ihren Blättern dann in London, Madrid, Wien oder Berlin, ja sogar in Konstantinopel oder Mexiko erschienen. Selbst die Académie française hielt nicht all ihre Sitzungen im Institut ab. Eine stattliche Anzahl ihrer Mitglieder lehnte ein Essen an den renommiertesten Tischen nicht ab, und glücklich durfte sich der Kandidat schätzen, der über genügend Mittel verfügte, um seine Aufnahme in die Akademie mit Einladungen in die großen Restaurants zu fördern.

»Restaurateure, Ihr wißt gar nicht, was Ihr wert seid«, schrieb Anfang des 19. Jahrhunderts Antoine Caillot in einem Buch über Sitten und Gebräuche der Franzosen: »Ihr solltet Euch über Eure wirkliche Bedeutung in der Gesellschaft bewußt werden. Mit Euren déjeuners setzt Ihr die Maßstäbe für die herrschende Meinung, für die Finanzen, die Familieninteressen, die Wahlen am Institut und manchmal vielleicht die der Volkskammer. Ihr sorgt für den Triumph der Autoren und steigert durch Euren Einfluß auf die Künste des Theaters das Vergnügen auf der Bühne. In unserem schönen Frankreich dreht sich alles um Eure Tische und um Eure Flaschen.«

Die gute Küche entwickelte sich zum Statussymbol und bedeutete von nun an sogar Macht. Doch damit dieses kostbare Privileg nicht vom Plebs mißbraucht und entweiht würde, erfand die neue Gesellschaft ein Netz von Gebräuchen, wovon einer der wichtigsten darin bestand, über das Privileg der guten Küche zu reden. Während es in angelsächsischen und anderen puritanisch angehauchten Gesellschaften zum guten Ton gehört, über Tafelfreuden zu schweigen, verhält sich der französische Bourgeois genau umgekehrt, obwohl auch in Frankreich der gute Ton es eigentlich verbietet. Nur hier verstößt man eher gegen eine Regel, die vom strengen Adel und seinen Nachäffern aus der hohen Bourgeoisie aufgestellt wurde. Honoré de Balzac goß einem Besucher einen *grand vin* ein, und daraufhin sagte der Gast:

Die gute Küche entwickelte sich zum Statussymbol und bedeutete von nun an sogar Macht.

»Diesen Wein, mein Freund, den streichelt man mit dem Blick.«

»Und dann?«

»Dann atmet man ihn ein.«

»Und dann?«

»Man stellt ihn demütig zurück auf den Tisch, ohne ihn berührt zu haben.«

»Und dann?«

»Danach spricht man über ihn.«

Man spricht über ihn. Schweigen mag, wer ein Gemälde betrachtet oder aber einem Musikstück gelauscht hat. Aber die Auslegung des Geschmacks eines großen Weins fügt dem Genuß nicht nur einen besonderen Wert hinzu, sondern sie unterscheidet auch den beliebigen Trinker von dem, der weiß, womit sein Glas gefüllt worden ist.

Das Restaurant ist für die Franzosen längst ein Statussymbol, wie für die Deutschen das Auto. Während eine deutsche Firma ihren leitenden Angestellten Dienstwagen stellt, gewährt ein französisches Unternehmen statt dessen großzügig bemessene Bewirtungskosten, wobei – nebenbei bemerkt – der Dienstwagen ein Unternehmen wahrscheinlich billiger kommt. Wer Karriere machen will, der lädt in ein renommiertes Restaurant ein; wer gesellschaftlich aufsteigen will, muß guten Geschmack beweisen.

Durch regelmäßiges Erscheinen an den richtigen Orten, meint Jean-Paul Aron, stellt man sich als Vorbild hin. Völlig arriviert ist derjenige, der in einem stets ausgebuchten Restaurant immer noch einen Tisch reservieren kann. Das bedeutet wirklich etwas. So mußte man bei Joël Robuchon einen Tisch etwa zwei Monate im voraus buchen!

Und weil französische Schriftsteller schon immer gern am bürgerlichen Leben teilhatten und Einladungen an die Tafeln der Bourgeoisie befolgten, nahm die Gastronomie ab Mitte des 19. Jahrhunderts auch in der französischen Literatur eine immer größere Bedeutung ein. Damit erhielt die Kochkunst endgültig einen angemessenen Platz in der französischen Zivilisation, und seitdem kommen auch auf diesem Gebiet Franzosen nur noch selten Zweifel an der Einmaligkeit ihres Könnens.

In einer Zeitschrift, herausgegeben von der Alliance Française in Mexiko, stand: »Von allen europäischen Völkern interessieren sich nur die Franzosen wirklich für das, was sie essen. Man kann sicher sein: Wenn in der westlichen Welt ein Restaurant wegen seiner Küche berühmt ist, dann flattert die Trikolore über dem Herd. Und wenn in München, Zürich oder London ein Koch überdurchschnittliche Talente zeigt, dann hat er es bei den Franzosen gelernt.«

Eine Umfrage ergab, daß über achtzig Prozent der Franzosen ihre Küche für die beste der Welt halten, gefolgt von vier Prozent, die für die chinesische, und nur jeweils zwei Prozent, die für die maghrebinische und die italienische Küche votierten. Das ist ungerecht, besonders was die italienische Küche angeht; denn – Franzosen hören es gar nicht gern – die Grundlage für die französische Küche stammt wahrscheinlich aus Italien. Als Mitte des 16. Jahrhunderts Henri II sich mit Catherine de Médicis vermählte, brachte die Tochter der reichen Florentiner Familie als Teil ihrer Aussteuer auch italienische Köche und die ersten Kenntnisse einer feinen Küche an den Hof von Paris.

In modischen Restaurants speist man immer schlecht, die Zutaten kommen meist aus der Tiefkühltruhe, und es kostet viel zuviel. Der Ruf erlaubt den hohen Preis.

Es ist jedoch falsch, der französischen Küche ein einhelliges Lob auszusprechen. Wo viel Geld gemacht werden kann, da sind auch jene schnell dabei, die mit modischem Schnickschnack all jene anziehen, die sich zur mondänen Welt zählen – oder zählen wollen. In Paris eröffnen alle naselang Lokale, über die in den Gazetten geschrieben wird, weil irgendwelche Schauspieler, Literaten oder Politiker dort essen. In modischen Restaurants speist man immer schlecht, die Zutaten kommen meist aus der Tiefkühltruhe, und es kostet viel zuviel. Der Ruf erlaubt den hohen Preis.

Vom Speisen und vom Essen

Natürlich schaut der kultiviert Speisende auf den bloß Essenden hinab, der in ein Lokal nicht wegen der hervorragenden Küche geht, sondern weil es schick ist. Wer als Esser ein In-Restaurant besucht, dem geht es darum, gesehen zu werden – und zu sehen. Trotzdem haben manche Etablissements in Paris über hundertfünfzig Jahre und länger den »Schick« halten können. Das *Café de la Paix* in der Nähe der alten Oper am Boulevard des Capucines war schon 1830 ein Anziehungsort für Leute, die sich von der prachtvollen Ausstattung und dem edlen Mobiliar genauso beeindrucken ließen wie von den großen Fenstern, durch die der Flaneur sie erblicken kann. Balzac macht sich über Salonlöwen lustig und schreibt: *»Es gibt den Prosceniumslöwen aus der Oper, der dort sein voluminöses Opernglas, seine Seidenweste und sein geheimes Abkommen mit irgendeiner kleinen Ballettratte zur Schau stellt. Der diniert auch im Café de la Paix, wo er dann sein Diner zur Schau stellt. Das Restaurant gefällt ihm, weil er sich dort durch die Fenster im Erdgeschoß selbst den Passanten zur Schau stellen kann.«*[37]

Wer für Feinheiten zugänglich ist, der wird feststellen, daß es Lokale gibt, in denen die verschiedensten Kreise verkehren. Wer etwa in die *Brasserie Lipp* geht, weil er meint, Prominente zu sehen, die dort zuhauf verkehren, der wird vom Maître d'hôtel in das obere Stockwerk

37 **Zur Schau stellen**
Der Boulevard und das Café-Restaurant wurden im Paris des 19. Jahrhunderts zur Bühne, auf der der moderne Großstadtmensch sein Privatleben zur öffentlichen Angelegenheit machte. Kaum verwunderlich, daß die Literatur diese Bühne nicht lange ungenutzt ließ. Edouard Dujardin ließ in seinem kleinen, 1887 erschienenen Roman *Die Lorbeerbäume sind geschnitten* seinen Helden über die Grand Boulevards schlendern, in Cafés einkehren oder vor der Opéra Garnier auf seine Angebetete warten. Dabei macht der Held sich so seine Gedanken, und die rauschen ihm im scheinbar ungebändigten Präsens durch den Kopf. Dujardin erfand auf diese Weise den »Stream of consciousness«, allerdings nahezu unbemerkt von der literarischen Öffentlichkeit.

Fast vierzig Jahre später bekannte ein inzwischen weltberühmter Autor freimütig, daß er die Technik des inneren Monologs, die in seinem neuen, skandalumwitterten Roman so sehr verstörte, aus jenem schmalen Werk Dujardins gestohlen habe. James Joyce – denn um ihn und seinen *Ulysses* geht es natürlich – lud Dujardin zu seiner Verlegerin Sylvia Beach, in deren Buchladen in der Rue de l'Odéon, ein und machte den unbekannten, inzwischen über sechzigjährigen Autor mit der versammelten literarischen Avantgarde bekannt. In einem Widmungsexemplar für Dujardin unterzeichnete Joyce mit *»le larron impénitent«* – der unreuige Dieb.

»Erhellt, rot, golden, das Café; die funkelnden Spiegel; ein Kellner mit weißer Schürze; die Säulen mit Hüten und Überziehern behängt. Ist jemand Bekannter hier? Diese Leute schauen zu, wie ich hereinkomme; ein magerer Herr, mit langen Koteletten, was für ein Ernst! die Tische sind voll; wo soll ich mich hinsetzen? dort eine Lücke; gerade mein gewohnter Platz; man kann einen gewohnten Platz haben; Léa hätte keine Anlaß, sich darüber lustig zu machen.
– Wenn Monsieur ...
Der Kellner. Der Tisch. Meinen Hut an die Garderobe. Ziehen wir die Handschuhe aus; man muß sie nachlässig auf den Tisch werfen, neben den Teller; oder eher in die Tasche des Überziehers; nein, auf den Tisch; diese kleinen Dinge gehören zur allgemeinen Haltung. Meinen Überzieher an die Garderobe; ich setze mich; uff! ich war müde. Ich werde die Handschuhe in die Tasche meines Überziehers tun. Erhellt, golden rot, mit den Spiegeln, dieses Funkeln; was?

das Café; das Café, in dem ich bin. Ah! ich war müde. Der Kellner:
– Potage bisque, Saint-Germain, Consommé ...
– Consommé.
– Danach nimmt Monsieur ...
– Zeigen Sie mir die Karte.
– Weißwein, Rotwein ...
– Roten ...
Die Karte. Poisson, Sole ... Gut, Sole. Entrées, Côte de pré-salé ... nein. Poulet ... ja.
– Sole; Poulet; mit Kresse.
– Sole; Poulet-Kresse.
So werde ich denn essen; daran ist nichts Unangenehmes.«
(Edouard Dujardin, »Die Lorbeerbäume sind geschnitten«)

zum Plebs geführt. Im *Café de Flore* setzt sich der Tourist – oder wer gesehen werden will – auf die Terrasse und schaut dem Trubel auf dem Boulevard Saint-Germain zu. Die einst berühmten Gäste Sartre, de Beauvoir, Aragon, Cocteau etc. saßen drinnen – hinten auf den Bänken. Und wenn sich heute der Philosoph Bernard-Henry Lévy immer an den gleichen Tisch innen rechts neben den Eingang setzt, so zeigt er damit seinen Exhibitionismus. Denn wer wirklich meint »in« zu sein, der steigt die kleine verschwiegene Treppe neben der Kasse hoch und setzt sich zum Gespräch an einen Tisch in der ersten Etage – dort, wo niemand jemanden vermutet, wo man nicht gesehen wird.

Auch seriöse Köche, die lange an ihren Sternen gearbeitet haben, mühen sich, Prominenz an ihre Tische zu ziehen. Ein mir bekannter Koch, der mit zwei Sternen ausgezeichnet ist, erzählte jedesmal, wenn ich ihn traf, wie weit sein Bemühen gediehen war, François Mitterrand, damals Staatspräsident, zu einem Abendessen in sein Restaurant in der Nähe der Tuilerien zu locken. Das bedurfte einer genau abgestimmten Strategie, die den Koch eine Menge von Einladungen kostete, bis er ein Geflecht von Beziehungen aufgebaut hatte, das so weit reichte, dem Präsidenten seine Küche schmackhaft zu machen. Er hat es schließlich geschafft.

So wie ein kultivierter Franzose einen Speisenden von einem Esser unterscheidet, so muß man auch zwischen den Spitzenküchen und der Vielzahl kleiner Restaurants unterscheiden. Nicht selten wird man selbst in gediegen wirkenden Restaurants genauso schlecht essen wie in Deutschland oder England – während in Italien eine Pasta auch in der abgelegensten Kaschemme köstlich schmeckt.

Eine Frage der Erziehung

In Paris haben die Köche des Adels ihre Restaurants eröffnet und das soziale Leben verändert. Die Hauptstadt hat in den vergangenen Jahrhunderten ständig Einfluß auf die Entwicklung der Gastronomie genommen, aber ohne das Zutun der Provinz hätte die französische Küche nie ihre Höhen erreicht. Der Zentralismus wurde von den Jakobinern noch verstärkt. Und so gab Paris sogar die Geschmacksrichtungen vor. In der Hauptstadt entstand der Prototyp des neuen Essers und setzte sich durch. Jean-Paul Aron in seinem *Mangeur:* »Dort ruft er zuerst einen schwunghaften Handel ins Leben, dort entwickelt er einen eigenen Stil, und dort stiftet er den unvergleichlichen Mythos, dessen Erben wir sind. Die Küche des 19. Jahrhunderts hat sich mit dem zentralistischen Regime identifiziert, das ihren Anfängen Raum gab.«

Der Zentralismus wurde von den Jakobinern noch verstärkt. Und so gab Paris sogar die Geschmacksrichtungen vor.

Im Jahr 1854 schrieb ein Journalist: *»Es handelte sich also darum, die Küche ebenso zu zentralisieren wie den Verkehr, die Kleidung, die Möbel und überhaupt alle Gebrauchsgegenstände des täglichen Lebens.«*

Als sich in Frankreich 1880 schließlich die Republik als Staatsform durchsetzte, hatte auch diese politische Entwicklung ihren Einfluß auf die Gastronomie. Die fürstlichen Herdfeuer erloschen wieder einmal. Die Republik führte eine Reihe von demokratischen Maßnahmen durch, wie etwa die allgemeine Schulpflicht. Und der Gelehrte Jules Favre schlug daraufhin vor, die französische Küche zu vulgarisieren und sie den Massen zur Verfügung zu stellen. Deshalb sollte man die Kochkunst auch in den Schulen lehren. Favre veröffentlichte eine Schrift über die Wissenschaft der guten Küche, die ganze Generationen französischer Köche prägte. Der Stadtrat von Paris schloß sich der Idee Favres an und ließ an fast allen Volksschulen des Departements Hauswirtschaftsklassen für Mädchen einrichten, in denen ihnen Kochen beigebracht wurde.

Kleiner Streifzug durchs kulinarische Paris

Als die Prinzen, Fürsten und Kirchenmänner vor den Revolutionären flohen, da ließen sie im brodelnden Paris ihre exzellenten Köche zurück. Die öffneten, um zu überleben, Restaurants und ließen nun das zahlende Publikum sich an ihren Künsten erlaben. Essen in Frankreich entspricht seit jeher einem Kunstgenuß. Der Franzose sagt von sich, er arbeite, um essen gehen zu können, während der Deutsche esse, um sich für die Arbeit zu stärken. Selbst der einfache französische Gemüsehändler wird eine Weile sparen, um – herausgeputzt – seine Frau und Schwiegermutter in ein Dreisternelokal einzuladen.

Essen gehen, besonders am Abend, heißt sich Zeit nehmen. Die meisten Lokale rechnen damit, daß ein Tisch nur einmal besetzt wird. Vor acht, lieber halb neun Uhr abends, sollte der Gast das Lokal nicht aufsuchen – sonst ist es noch leer. Die Kellnerinnen und Kellner werden Sie aufmerksam, aber nicht hektisch bedienen, so daß Sie gegen elf gespeist haben. Es ist eine Wohltat, von französischen Kellnern bedient zu werden, denn die sind stolz auf ihren Beruf, beherrschen ihn, sind aufmerksam, wortgewandt und häufig gewitzt. Das Trinkgeld ist in der Rechnung inbegriffen. War der Gast zufrieden, läßt er noch einmal bis zu zehn Prozent liegen. War er unzufrieden, dann reicht das Kleingeld.

Es empfiehlt sich in Paris immer, einen Tisch, und sei es auch nur eine Stunde vorher, zu reservieren.

Thoumieux

79, rue Saint-Dominique
7. Arrondissement
Métro: Invalides
Tel. 01.47054975

Am Sonntagabend, wenn die alte Comptesse aus dem 7. Arrondissement nicht in die Küche schlurfen will, zieht ihr Mann die Tweedjacke an, und sie gehen ins *Thoumieux*. Dort treffen sie auf den Kioskbesitzer von der Straßenecke, die Studentin aus Amerika mit ihrem Freund, den Maler aus dem Bastilleviertel und auf den Taxifahrer aus dem Vorort. Der Trubel ist richtig französisch, gemischt mit dem internationalen Flair, das nun einmal zu Paris gehört. Die Austern sind zur Freude der Gräfin billig, die *côte de bœuf* zum Vergnügen des Taxifahrers groß. Das Gemisch aus allen Gesellschaftsschichten und Generationen belebt die Atmosphäre. Deshalb bilden sich abends lange Schlangen am Eingang, doch geduldig wartet, wer nicht reserviert hat. Was auch immer aus der Küche kommt, ist ordentlich und reichlich. Zur Spargelzeit ist dieses Lokal besonders zu empfehlen.

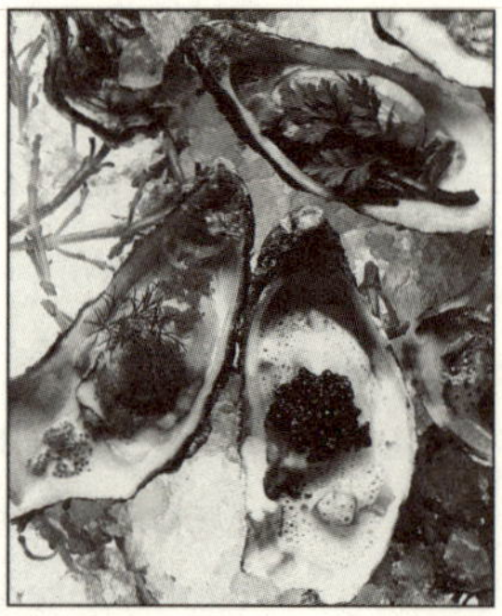

Das *Thoumieux* ist eine alter Pariser Einrichtung, deren Küche nie modischen Trends erlegen ist: Hier kocht man »corrèzien«, wie es die Großmutter auf dem Lande schon tat. Nur verzichtet man heute auf die schweren Saucen von einst. Die langen Wände des tiefen Raums sind mit vielen Spiegeln versehen, so daß alle mitbekommen, was im Saal geschieht. Besonderes Lob gilt den Kellnern, die aufmerksam sind, alles im Griff haben und, wenn Madame über Kopfschmerzen klagt, gleich eine *vieille prune*, einen alten Pflaumenschnaps, zur Hand haben.

Chez Georges

1, rue du Mail
2. Arrondissement
Métro: Bourse
Tel. 01.42 60 07 11

Als Motto für sein Bistro hält sich Monsieur Georges an den französischen Dichter François Rabelais, der im 15. Jahrhundert empfahl, »aus dem Vollen zu schöpfen«. Mittags füllen Makler aus der Börse oder Journalisten der französischen Nachrichtenagentur AFP sein schlauchartiges Lokal, an dessen Wänden Spiegel in der Form alter Fenster nicht fehlen, ein freundlicher, heller Raum. Abends kommt die Kundschaft spät, ab neun, aus den Büros und Ateliers der Modezaren, die um die Place Victoire ihre Geschäfte und Studios haben. Schöne Frauen also, Models, mit modischen Herren. Hier erscheint man im Pullover oder dunklem Anzug, wenn man gerade von einer Verabredung kommt.

Es ist reizvoll, die Kundschaft zu studieren, denn da sitzen auch Vertreter der »France profonde« mit ihren Hunden unter dem Tisch. Leute, die das urwüchsige Frankreich darstellen, so wie es bei Marcel Pagnol beschrieben wird. Das paßt, denn das Geschirr stammt noch von den Urgroßeltern, und die Kellnerinnen, schwarz gekleidet mit weißer Schürze, scheinen seit Ewigkeiten die großen Schüsseln aus der Küche an die langen Tische an den Wänden zu tragen. Schüsseln, jawohl, denn der Gast soll aus dem Vollen schöpfen. Wer *museau* (Ochsenmaulsalat), *champignon grec* oder auch nur Radieschen als Vorspeise bestellt, erhält eine große Schale, aus der er sich nach Belieben bedient.

Die Küche bietet alte Rezepte an, Kalbsmilch mit Morcheln, Rochen, Butt, Nieren. Und wer Süßspeisen mag, kann in *baba au rhum*, *charlotte aux poires*, *tarte tatin* oder in *profiterolles glaces* schwelgen.

Aux Charpentiers

10, rue Mabillon
6. Arrondissement
Métro: Mabillon
Tel. 01.43 26 30 05

Ein *charpentier* ist ein Zimmermann, und neben dem Lokal liegt das Museum der Zimmerleute, das man aber nicht zu besuchen braucht, da in dem Lokal selbst zahlreiche Zeichnungen, Fotografien und Holzmodelle der Arbeit von Zimmerleuten zu sehen sind, Modelle, deren Holz mit der Zeit gealtert und gedunkelt ist. Die Rue Mabillon ist eine kleine, versteckte Straße neben dem wiederhergerichteten Marché Saint Germain, und sie liegt nur wenige Meter entfernt vom Trubel des Boulevard Saint Germain mit seinen unzähligen Touristenlokalen. Hier dagegen geht der ganz normale Pariser speisen, denn *Aux Charpentiers* bietet die *andouillette* an, eine Wurst aus Eingeweiden, die wegen ihres intensiven Geschmacks nur Kennern empfohlen ist. Oder *bœuf à la ficelle* ißt man hier, traditionell und würzig also, mit wechselnden Tagesgerichten.

Aus unerfindlichen Gründen sind die Vorspeisen auf der alten Karte nicht nach Preisen gestaffelt, sondern nach der Länge des Namens. Im Sommer, der in Paris länger ist als weiter östlich in teutonischen Gefilden, kann man auch an einigen wenigen Tischen auf der »Terrasse« sitzen, womit keineswegs eine Terrasse gemeint ist, sondern so lautet der Begriff für Tische, die auf dem eh schon zu engen Trottoir noch vor das Lokal gestellt werden. Ins *Charpentiers* gehen Stammgäste, die mit dem Personal lange Gespräche beim Bestellen führen. Hier kann man auch den einen oder anderen bekannten Schauspieler treffen, der sich völlig unbeachtet fühlen kann.

Le Bœuf sur le Toit

34, rue du Colisée
Métro: Saint-Philippe-du-Roule
Tel. 01.53 93 65 55

Was für ein schöner Name für ein Restaurant: Der Ochse auf dem Dach. Ein Ochse hält sich nicht alle Tage dort oben auf. Aber es ist kein Wunder, daß das Fleischtier sich dorthin verirrt hat, denn das Lokal mit dem wunderlichen Namen stammt aus den Zeiten des Dadaismus und Surrealismus, ist also ganz im Art déco gehalten – mit Spiegeln über Spiegeln. Das Lokal lag früher woanders, zog dann um, machte Pleite und wurde von dem Management der *Brasserie Flo* (wozu auch das *Julien* und *La Coupole* gehören) übernommen, wiederhergerichtet und bestens geführt.

Früher tagten im *Bœuf sur le Toit* Maler wie Piccabia, Picasso, Max Ernst, Dalí etc. Ein Werk von Jean Marais, dem Lebensgefährten von Jean Cocteau, schmückt das Lokal heute. Hier ist das Seegetier besonders hervorragend, Austern stets sehr frisch, der große *plat des fruits de mer* wird liebevoll vor dem Eingang hergerichtet und ist preiswert. Für die Nachtische wird eine eigene Karte gereicht, die Auswahl erschlägt schier, besonders zu empfehlen ist die *tarte fine aux pommes* und, für die, die schon zuviel verzehrt haben, das leichte *granité de pommes vertes au vieux calvados*, für Liebhaber die *crème brulée*.

Das Restaurant besteht aus drei großen Spiegelsälen, wobei der hintere sehr, der obere weniger zu empfehlen ist. Gewisse Zeiten soll man in diesem Restaurant meiden – weil es dann trotz Reservierung überlaufen ist: Zwischen 20 und 22 Uhr 30 kann es schon mal geschehen, daß eine Busladung japanischer Touristen oben abgefertigt wird. Und dann, wenn der Wechsel stattfindet zwischen der Schicht, die um acht zum Essen kam, und der nächsten, die ansteht, dann kann es sehr lang dauern, bis man seinen – vorbestellten – Tisch erhält.

Am späten Abend ist die Klientel am interessantesten, dann mischen sich Leute aus dem Show-Gewerbe mit Models und Modefotografen. Mittags, in den Zwischenzeiten oder aber abends nach Theater und Kino wird man – »*Attention, messieurs dames* – der Teller ist heiß« – aufs zuvorkommendste bedient. Und wenn man das Lokal verlassen hat, dann fällt einem auf, daß man satt geworden ist, ohne das Gefühl in der Magengegend zu spüren, man müsse jetzt Angst vor dem Dikkerwerden haben.

Le bar à huîtres

112, boulevard du Montparnasse
14. Arrondissement
Métro: Vavin
Tel. 01.43 20 71 01

Weitere Niederlassungen:
33, rue Saint-Jacques
5. Arrondissement
01.44 07 27 37

33, boulevard Beaumarchais
3. Arrondissement
01.48 87 98 92

Wenn man hier ein Stück Fleisch bestellt, wird man gewiß ein zartes Stück erhalten, doch deswegen sollte man in die *Bar à huîtres* nicht gehen. Solch ein Lokal gibt es nur in Ländern, in denen alle Lebewesen des Meeres genossen werden, soweit sie überhaupt eßbar sind.

Zunächst hat der Kunde die Auswahl zwischen fünfzehn verschiedenen Arten von Austern. Und in der Bar à huitres gilt auch nicht die Regel, Austern esse man nur in Monaten, in denen ein R vorkomme (ein Buchstabe, der alle kühlen Monate von SeptembeR bis ApRil schmückt, in den warmen Monaten von Mai bis August aber fehlt). Seeigel gibt es, grüne wie violette, Crevetten, Langusten und Hummer sowieso. Einige der Muscheln werden dem Kenner aus Deutschland bekannt sein, die *praires* etwas, die *palourdes*, aber dann wird er anfangen zu fragen, was denn nun die *patate de mer* sei. »*Mais, madame, monsieur, c'est un mollusques.*« Eine Moluskel, ein Weichtier aus dem Meer. Für Neugierige sei sie empfohlen, für diejenigen, die alles probieren müssen, um selig zu werden, also auch vor einem Meeresweichtier nicht zurückschrecken. Schlecht schmeckt es keineswegs, sehr intensiv nach Jod und Meer. Für zwei Personen kann man ein phantastisches *plateau géant* bestellen oder ein *plateau prestige* mit Languste. Dazu bietet sich ein Weißwein aus dem gutsortierten Keller an oder ein Rosé. Aber auch gekühlte Rotweine (Chinon oder Brouilly) passen zu den Seetieren. Ein Spaß besonderer Art ist es, wenn das Besteck vorgelegt wird, denn dann hat man den Eindruck, eine größere Operation vornehmen zu müssen. Zum *plateau prestige* werden sieben verschiedene Eßinstrumente vorgelegt: Gabeln, Löffel, Messer, Austerngabel, ein Nußknacker und mehrere spitze Geräte, um Schnecken aus ihren Häusern zu pulen. Keine Angst, es macht Spaß und schmeckt!

Le Voltaire

27, Quai Voltaire
7. Arrondissement
RER: Musée d'Orsay
Tel. 01.42 61 17 49

Soll man mehr über dieses Haus oder über das in diesem Haus liegende Restaurant reden? Das Restaurant wird man in keinem der üblichen Reiseführer verzeichnet finden, im Guide Michelin steht es genausowenig wie im Gault-Millau. *Le Voltaire* ist unter Eingeweihten so bekannt, daß Reklame nur stört, denn am liebsten bleiben die Stammgäste unter sich. Werbung ist wahrhaftig nicht notwendig, denn die Küche ist gut, so daß wer nicht zeitig reserviert, schwer einen Tisch ergattern wird.

Das kleine, intime Lokal besteht nur aus zwei vornehm mit Holz getäfelten Räumen und einem dritten Teil – dem gediegenen Bistro, in das man aber nur durch das Restaurant gelangt. Max Ernst war genauso Stammgast wie Serge Gainsbourg, der um die Ecke wohnte; heute gehört Karl Lagerfeld zu den prominenten Gästen des Etablissements.

Berühmt ist die Küche für die riesige Auswahl an Fisch- und Fleischgerichten, besonders aber für die Kalbsniere in Senfsauce und – als üppige Vorspeise – pochiertes Ei in Sauerampfer. Und die *tarte tatin*! Mächtig sieht sie aus, doch federleicht zerschmilzt sie am Gaumen. Hätte Eva den Apfel aus dem Paradies ihrem Adam so dargeboten, wären beide nicht vertrieben worden.

Le Voltaire heißt so nicht nur wegen des Quais, an dem es liegt, sondern weil Voltaire in diesem Haus gewohnt hat – und hier gestorben ist. 1723 vermietete ihm die Marquise de Bernières eine Wohnung, in die er nie einzog, weil der Quai ihm zu laut war. Als Voltaire 1778 nach langem Auslandsaufenthalt – unter anderem bei Friedrich dem Großen – nach Paris zurückkehrte, wurde ihm in diesem Haus wieder Logis gegeben, und er taufte hier den Enkel von Benjamin Franklin mit den Worten: »Gott, Freiheit und Toleranz.« Kurz darauf wurde Voltaire krank und starb im Alter von dreiundachtzig Jahren. Das Lokal wird dieses Alter übertreffen.

Le Train bleu

Gare de Lyon
12. Arrondissement
01.43 43 09 06

Die Franzosen lieben es, Begriffe zu verkürzen, und so heißt der »Train à Grande Vitesse«: TGV – Zug mit hoher Geschwindigkeit. Wenn nun ein Restaurant mit dem Namen *Le Train Bleu* (»Der blaue Zug«) sein Menü »TGV« nennt (»Très Grande Vitesse« – *sehr* hohe Geschwindigkeit), dann hat das seine Geschichte. Und die beginnt mit der Eisenbahnstrecke London–Paris–Nizza.

Nizza als Urlaubsort ist eine Erfindung der Engländer, die ihr im Nebel liegendes Land im letzten Jahrhundert mit der Eisenbahn in den europäischen Süden gern verließen. In Paris mußten sie allerdings umsteigen, und in der Gare de Lyon wechselten sie in die Schlafwagen des »Train bleu« – den es immer noch gibt –, der sie über Nacht an die Côte d'Azur bringen würde. Vorher allerdings speisten sie in angemessenem Ambiente – und das gibt es ebenfalls noch: *Le Train bleu* ist das außergewöhnlichste Restaurant von Paris, ganz im prachtvollen Stil der Belle Époque gebaut, mit großen Wandgemälden, die den Reisenden einen Vorgeschmack auf ihr Ziel vermitteln. Ein Restaurant an einem solchen Ort gibt es sonst nirgendwo auf der Welt: überladen mit goldenen Figuren, Schmuck und mit viel Platz.

Diesen Anblick zahlt man natürlich mit. Man sitzt in mehreren großen, hohen Räumen, die durch angedeutete Eisenbahncoupés in kleine Bereiche unterteilt sind, und fühlt sich in eine andere Zeit zurückversetzt. Nur wer aus dem Fenster schaut, taucht aus der Vergangenheit wieder auf und kann die wirklichen TGV sehen. Der eine oder andere Gast kommt mit seinen Koffern, andere halten dies für einen Museumsbesuch, bei dem man essen, und zwar gut essen, kann. Die Küche gehört zu den traditionellen, von *andouillette* über *foie de gras* in der Pfanne zu Lammzünglein oder Filet. Auf eine hervorragend bestückte Käseplatte folgt eine Extrakarte für die Desserts, die der Chef-Pâtissier fabriziert. Wer nach dem Mahl auf den Bahnhofsvorplatz tritt, hat das Gefühl, von einer Reise heimzukehren.

Carré des Feuillants

Koch: Alain Dutournier
14, rue Castiglione
1. Arrondissement
Métro: Tuileries
01.42 86 82 82

Schon als junger Koch hat Alain Dutournier gelernt, die Authentizität der Produkte zu würdigen und zu respektieren, die Land und Flüsse, Seen und Meere hergeben. Da er aus dem Béarn, aus der Gegend der Pyrenäen, zwischen Ozean und Wäldern, stammt, hat er sich einer Küche verschrieben, die ihre Traditionen aus der Gascogne bezieht. Dutournier gehört zu den besten Köchen von Paris.

Sein tadelloser Ruf hat ihm eine regelmäßige, zweimal in der Woche ausgestrahlte Kochsendung im Fernsehen eingebracht. Sein Lokal, das er an einer historischen Stelle mitten in Paris errichtete, wirkt elegant und modern, ohne in die italienische Kühle zu verfallen. Das *Carré des Feuillants* liegt an der Stelle nahe der heutigen Place Vendôme, wo vor knapp fünfhundert Jahren Henri IV den Grundstein für ein Feuillantiner-Kloster legte, in dem Frankreichs Geschichte bis in den Tagen der Revolution ihre Spuren hinterließ.

Dutournier serviert zur Vorspeise einen Teller voll *pibales*, nadelgroße Fische aus den Flüssen der Gascogne, die so selten sind, daß ein Kilo gut hundert Euro kostet. Sie werden so gereicht, wie sie einst seine südfranzösische Großmutter zubereitete: eine Minute in der Pfanne geschwenkt. Wer eher Trüffel oder *foie gras*, Hummer oder Austern als Entrée vorzieht, findet genug im Angebot. Von der Aufmerksamkeit seiner jungen, äußerst angenehm normal wirkenden Bedienung kann man vielerorts nur träumen.

Ob Fisch oder Fleisch, jedes der Hauptgerichte verdient die zwei Sterne, die der Michelin diesem Lokal verlieh. Die Taube läßt er für sich züchten, das Lamm kommt von einer besonderen Weide aus den Pyrenäen, die *pièce de bœuf* ist – natürlich! – drei Wochen abgehangen, und die dazu vorgelegten *pommes frites* sind in Gänseschmalz gebraten. Die meisten Nachspeisen werden besonders zubereitet, weshalb sie schon zu Beginn der Mahlzeit bestellt werden sollten. Die Karte führt übrigens vierhundert verschiedene Weine. Sollte man sich damit überfordert fühlen, kann man getrost den Sommelier fragen. Er wird, wie in jedem guten Restaurant, gern eine passende Flasche zu einem angemessenen Preis empfehlen.

Historische Aufnahme der Place du Tertre auf dem Montmartre

Die andere Seite des Montmartre

9. Kapitel

Warum es zu wenig Betten für Afrikaner gibt und vom Zauberer im sechsten Stock

Durch die Gassen der Goutte-d'Or, die sich am Hang des Montmartre hinziehen, lugt zwischen den schmalen Häusern immer wieder die weiße Fassade des Sacré-Cœur[38] hindurch. Pittoresk wird der Tourist diesen Kontrast zwischen bescheidenen Gebäuden und pompös gebauter Sühnekirche nennen; hier sind die Fassaden nicht wie an den großen Boulevards, nicht wie in den vornehmen Vierteln, aus Kalkstein geschlagen, so teuer wurde hier nie gebaut. An den meisten Häuserwänden blättert die Ölfarbe ab, der Verputz versteckt lediglich die billige alte Bauweise mit Balken und Lehmziegeln. Goutte-d'Or bedeutet Goldtropfen; denn hier wurde vor fünfhundert Jahren angeblich der beste Weißwein Frankreichs gezogen. Und jedes Jahr feiern einige hundert Unermüdliche immer noch das Weinfest.

Seit über hundert Jahren ist La Goutte-d'Or das Einwandererviertel von Paris. Die ersten, die sich hier ansiedelten, waren Elsässer, die nach dem Krieg von 1870/71

38 Sacré-Cœur
Die rote Mühle *Moulin Rouge* habe nie etwas anderes gemahlen als die Geldbörse der Touristen,heißt es, und die Basilika Le Sacré-Cœur wirkt auf den kritischen Betrachter so authentisch wie das Dornröschenschloß im dreißig Kilometer östlich gelegenen Euro Disney Resort, das seit gut zehn Jahren eine zusätzliche Paris-Attraktion ist. Aber Paris ist groß und verkraftet auch den einen oder anderen Anachronismus. In der Stadt, in der gut 600 Jahre zuvor der romanische Baustil vom gotischen abgelöst worden war, entstand nun auf dem höchsten Punkt der Stadt diese byzantinisch-romanische Prachtbasilika im strahlenden, ja blendenden Weiß. 1876 war mit dem Bau begonnen worden – einem Gelöbnis der französischen Katholiken entsprechend, die mit der Errichtung einer monumentalen Kirche für die Schmach der Niederlage im Krieg gegen Preußen und im Gedenken an die Schrecken der Kommune Buße tun und neue Hoffnung verkünden wollten. Über vierzig Jahre dauerten die Arbeiten an. Spenden von zehn Millionen Gläubigen waren nötig, um den gigantischen Bau zu finanzieren. Im Glockenturm befindet sich eine Glocke von 19 Tonnen, sie ist eine der größten der Welt, und es bedurfte nicht weniger als

28 Gäule, um sie auf die Butte, den 129 Meter hohen Berg, zu schaffen. Das Mosaik im Chor gilt als das weltweit größte.

Bei zahllosen Menschen ist das Gotteshaus vor allem als Treffpunkt beliebt, man hockt auf den Stufen der Parkanlage und genießt einen einzigartigen Blick über die Stadt. Und noch besser sieht, wer sich die Mühe macht und die Treppen bis hoch in die Kuppel erklimmt. Wer allerdings die Butte de Montmartre tatsächlich aus Interesse an sakraler Baukunst erklimmt, der wird auch hier fündig. Unmittelbar neben Sacré-Cœur findet sich die Kirche St.-Pierre-de-Montmartre, die älteste erhaltene Kirche der Stadt, in der, wie sonst nur noch in der Église St.-Germain-des-Prés, letzte Überbleibsel der (echten) romanischen Bauweise zu bewundern sind. 1147 wurde sie auf den ehemaligen Fundamenten eines gallo-römischen Tempels errichtet als Teil eines mächtigen Benediktinernonnenklosters. Wie die andere ehemalige Abtei im Süden, St.-Germain-des-Prés, und eine weitere im Norden, St.-Martin-des-Champs, bildete St.-Pierre-de-Montmartre eine befestigte, wehrhafte Gemeinde vor den Toren der Stadt. Weite Teile des heutigen Viertels Montmartre nahm sie ein. Heute erinnert nur noch der Name der Place des Abesses, »Platz der Äbtissinnen«, an die ehemaligen Herrinnen der Butte de Montmartre.

nicht deutsch werden wollten. Später folgten Polen, Italiener und ab 1920 Algerier.

Aus dem Elsaß kam auch La Goulue hierher, Henri de Toulouse-Lautrecs berühmtes Modell. La Goulue, »die Unersättliche«, war der Spitzname der Tanzdielendame Louise Weber. »*Elle n'était pas belle, elle était pire.* – Sie war nicht schön, sie war schlimmer«, wurde eine geflügelte Beschreibung von La Goulue. Im Moulin-Rouge tanzte sie den French Cancan, als dessen Erfinderin manch einer sie darstellte, und so tanzend hat Toulouse-Lautrec sie auf ein heute noch allerorten hängendes Plakat gemalt: die Röcke mit den Armen geschürzt und ein Bein hoch zu den Sternen geworfen. Als sie im Alter von sechzig Jahren den letzten Rest ihrer Schönheit verbraucht hatte, starb sie 1929 »*misérablement*«, wie eine Zeitung schrieb, und wurde in einem billigen Grab in Pantin, am Ostrand von Paris, beerdigt. Dort wäre sie der Vergessenheit anheimgefallen, wäre nicht der inzwischen auch längst verblichene Toulouse-Lautrec weltberühmt geworden. So erhielt sie, das Modell – nicht die Tänzerin –, genau hundert Jahre, nachdem er sie gemalt hatte, dreiundsechzig Jahre nach ihrem Tod, ihren Ehrenplatz auf dem Friedhof des »Dorfes Montmartre«. Die Vertreter der République libre de Montmartre, der freien Republik Montmartre, waren ebenso angetreten, um La Goulue die letzte Ehre zu erweisen, wie auch der Bürgermeister des 18. Arrondissements sowie Alain Juppé, der ein Jahr später Außenminister wurde und noch später Chiracs glückloser erster Ministerpräsident. Als Abgesandte des kurz darauf für immer schließenden *Moulin-Rouge* ist La Toya Jackson, die Schwester von Popstar Michael Jackson, an das Grab der Tänzerin Louise Weber aus dem Elsaß getreten, und so, klagte *Le Monde*, hat die schwarze Amerikanerin die Nachfolge der wilden Französin angetreten, »so wie die MacDonald's und Burger Kings auf die Pariser Bistros gefolgt sind«.

Auf ähnliche Weise haben die Algerier die meisten der früheren Einwanderer verdrängt, und später haben sich zu ihnen die Schwarzafrikaner ge-

AMBASSADEURS
aristide
BRUANT
dans
son cabaret
HLautrec

Treppe zur Butte de Montmartre

sellt. Bis weit nach Afrika ist La Goutte-d'Or inzwischen bekannt – nicht nur, weil dieses kleine Viertel im 18. Arrondissement für einen Berber, einen Senegalesen, einen Nigerianer oder einen Mann aus Mali das Sprungbrett in die andere Welt ist, sondern wegen seines Marktes unter der hier hochgelegten Métrostation Barbès-Rochechouart. Man trifft sich dort, als sei es ein afrikanischer Basar. Da werden all jene exotischen Produkte angeboten, die man für die heimatliche Küche braucht, wenn man etwa aus dem Senegal, aus Mali oder Burkina Faso stammt. Aus ganz Frankreich kommt angefahren, wessen Gaumen sich nach jenen Kräutern sehnt, die in Mutters Kasserolle dampften.

Noch sind etwa die Hälfte der Bewohner der Goutte-d'Or Franzosen, die übrigen mischen sich aus zwanzig Nationalitäten. Wenn sie auch harmonisch zusammenleben, so klagen doch immer mehr Zuwanderer über den zunehmenden Rassismus. Gleichzeitig finden sich allenthalben Plakate der Organisation »SOS Racisme«: »*Touche pas à mon pote!* – Rühr meinen Kumpel nicht an!« lautet das Motto. »SOS Racisme« wurde von Jugendlichen gegründet und zählt inzwischen über fünfhunderttausend Mitglieder, die besonders an Schulen aktiv sind. Im Goutte-d'Or findet sich im übrigen auch die Église St. Bernard, jene Kirche, die 1996 demonstrierenden Immigranten ohne Aufenthaltspapiere, den »*sans papiers*«, Asyl gewährte und die auch heute noch immer wieder den Ausgangspunkt von Kundgebungen gegen die praktizierte Ausländerpolitik bildet.

Auch die Goutte-d'Or ist inzwischen zum Opfer derer geworden, die sich vorgenommen haben, die Fassaden zu reinigen.

Auch die Goutte-d'Or ist inzwischen zum Opfer derer geworden, die sich vorgenommen haben, die Fassaden zu reinigen. Das Viertel wird renoviert. Ursprünglich wollte die Stadtverwaltung das Quartier einfach abreißen und Hochhäuser errichten, in den achtziger Jahren entschied man dann aber, die Bausubstanz zu erhalten und den alten Stil weitgehend zu erhalten. Bis heute wurden rund anderthalbtausend Wohnungen abgerissen und knapp tausend neu gebaut. Nur vierzig Prozent der Bewohner konnten wieder einziehen, ein Problem, das zur Gründung von Bürgerinitiativen nach deutschem Vorbild geführt hat. Denn niemand

Montmartre und das verruchte Paris

Die Kirche Sacré-Cœur, die Kunstmaler der Place du Tertre, der Nachtklub *Moulin Rouge* am Boulevard de Clichy – nirgendwo gibt sich die Stadt so volkstümlich wie hier auf ihrer höchsten Erhebung. Die Religion präsentiert sich im Zuckerbäckerstil, die Kunst, oder was sich als solche ausgibt, ist erschwinglich und für jedermann, und der Boulevard de Clichy mit seinen Sexshops und Nachtklubs ist das in kommerzielle Bahnen gelenkte Überbleibsel dessen, was vor hundert Jahren vielleicht mal das »verruchte« Paris war.

Aber auch abseits der allzu ausgetretenen Touristenpfade steht die Butte, der Hügel, Montmartre für ein Paris, das Herz und Gemüt anspricht, anders als das Paris der herrschaftlichen Prachtentfaltung rechts und links am Seine-Ufer, anders als das gelehrte Paris des Quartier Latin oder das der Existentialisten von St.-Germain-des-Prés.

Ein internationaler Kinokassenschlager wie *Die wunderbare Welt der Amélie* verdankt seinen entwaffnenden Charme nicht zuletzt dieser Kulisse, der Kulisse einer Rue des Trois-Frères etwa oder jener der sich lang dahinschlängelnden Rue Lepic.

Für die realen Bewohner der Butte Montmartre stellt sich die Welt indes nicht ganz so wunderbar dar. Sie haben ihre eigenen Sorgen. Die Busse etwa, die zu ihnen auf den Hügel kommen. Die Erschütterungen der tonnenschweren Gefährte würden eines Tages zur Katastrophe führen, klagen einige, und die Feuerwehr komme eh schon nicht durch. Die Sorge um die Häuser ist berechtigt, der Hügel Montmartre wurde im letzten Jahrhundert als Steinbruch ausgehöhlt. Aber die Händler, die von den fünfzehn Millionen Touristen im Jahr ein vorzügliches Auskommen haben, sehen das anders. Nachts hauen sie einem Busgegner schon einmal einen über die Rübe. Die Fremden könnten doch mit der Zahnradbahn zum Sacré-Cœur hochfahren! Die Bahn fährt langsam und nachts schon gar nicht. Außerdem dürfe man Touristen diese Mühsal nicht zumuten.

Früher ist man doch bei Wallfahrten auf Knien die Treppen hochgerutscht, da überanstrengt der kleine Hügel doch nicht die wohlgenährten Zeitgenossen. Und dann ärgern sich die Anwohner über die Schnellzeichner auf der Place du Tertre. Sie sind ja noch nicht einmal mehr Franzosen, sondern Russen, Polen oder Serben. Selbst unter ihnen ist die Stimmung gereizt, denn die Beute lohnt sich – besonders im Sommer. Auf Tageseinnahmen von dreihundert Euro kann man schon kommen, da verteidigt man sich mit Gewalt und kümmert sich wenig darum, daß am Ende der unterirdischen Gipsstollen die Steine herabfallen. Der Kamin steigt immer höher und bedroht oben stehende Häuser. Risse aus den letzten Jahren klaffen immer weiter auseinander, die Stadt spritzt Beton in den Boden, ob das reicht ...?

Montmartre um 1895

Am liebsten wäre es manchem, wenn die Butte Montmartre wieder zu der alten Gemütlichkeit zurückfände, als sie noch eine freie Gemeinde war. Im dritten Jahrhundert wurde hier der heilige Dionysius enthauptet, daher der Name *mons martyrium* – Montmartre.

Auf der Place du Tertre brach 1871 der Aufstand der Kommune aus, weil die widerspenstigen Bürger sich weigerten, ihre Kanonen abzuliefern. Die Leute auf der Butte hielten sich schon immer für besser als jene, die unten in Paris wohnten.

Jahrhundertelang lebten die Montmartrois zurückgezogen, Nachbarn heirateten untereinander, nur kleine Fußpfade führten zu den anliegenden Gemeinden. Auch heute noch erschweren die vielen steilen Treppen, ein beliebtes Bildmotiv von Fotografen und Filmregisseuren, den Zugang zu ihnen. Manche Familien leben seit Generationen in den von Fremden kaum entdeckten, schönen Villenstraßen am Westhang. Die Touristenströme kamen erst, als zur Buße für den Sieg Preußens über Frankreich und Napoléon III die Kirche Sacré-Cœur errichtet worden war.

Im Restaurant von Mutter Cathérine an der Place du Tertre wurde das Wort *bistro* für französische Kneipen erfunden. »*Bystro, bystro* – schnell, schnell!« riefen 1814 russische Soldaten, die geholfen hatten, Napoléon Bonaparte zu besiegen. Anfang des 20. Jahrhunderts veranstaltete die Gemeinde von Montmartre im Gedenken an »bistro! bistro!« noch jährlich ein Rennen in die Kneipe von Mutter Cathérine, an die Theke und zum Fenster wieder raus.

Die Kanonen des Montmartre vom März 1871

An den Fassaden der um die Jahrhundertwende erbauten Häuser erkennt man als architektonische Besonderheit riesige, nach Norden gerichtete Fenster, Andenken an jene Zeit, als in fast jedem Haus ein Maler sein Studio einrichtete. Montmartre bedeutet nicht nur Kitschbilder für Reisende, sondern auch den Umbruch zur modernen Malerei. Zum Klischee wurde Utrillo, auf der Butte geboren und am Suff gestorben. Van Gogh wohnte dort im Herbst 1886 und hielt die Windmühlen, von denen heute noch zwei stehen, mit seinen, den endgültigen Stil noch suchenden Pinselstrichen fest, bevor er nach Arles in Südfrankreich zog.

Den endgültigen Ruhm von Montmartre als Herz der modernen Malerei begründete jedoch ein zur Klavierfabrik umgebautes Waschhaus. In die ausgedienten Fabrikationsräume des später als Bateau Lavoir berühmt gewordenen Gebäudes an der Place Emile Goudeau (die Nr. 13 der Rue Ravignan) zogen Anfang des 20. Jahrhunderts einige arme Künstler namens Picasso, Juan Gris, van Dongen und Modigliani. Dort entstand der Kubismus.

Damals mußte Pablo P. manchen Trick anwenden, um seinen Hunger zu stillen. Beim Lebensmittelhändler um die Ecke bestellte er reichlich Nahrungsmittel und bat den Sohn des Kaufmanns, sie ins Haus zu liefern. Dort wartete auf den Jungen eine Überraschung. Im Studio stand Fernande, Picassos damalige Freundin, dem Maler leicht bekleidet Modell. Es klopfte. Sie legte auch das letzte Tuch ab, öffnete die Tür, der Junge erstarrte, sie entriß ihm den Korb, und bevor er wieder erwachte und die Rechnung präsentieren konnte, war die Tür schon zugeknallt. Fernande ist eine der drei Gestalten, die auf den *Demoiselles d'Avignon* abgebildet sind, eins von Picassos berühmtesten Gemälden, mit dem er den Schritt zum Kubismus vollzog.

Die Maler verließen den Montmartre, tauchten im Quartier Latin auf dem linken Seine-Ufer auf und wanderten wieder weiter, nach Montparnasse, später zur Bastille, dann noch weiter in den Osten von Paris.

geht gerne fort von hier; die Nähe zu Leuten aus dem gleichen Land in ähnlicher Lage in der Goutte-d'Or gibt Halt innerhalb der fremden Gesellschaft, und da nimmt man es schon einmal hin, für ein Zimmer ohne Wasser fünfhundert Euro zu zahlen, auch wenn man dafür keine Quittung erhält. Da kauft man vielleicht schon einmal von einem Unbekannten die Wohnung, in der man haust, und stellt hinterher fest, daß sie ihm gar nicht gehörte. Denn nicht jeder kann sich wehren, weil seine Papiere vielleicht nicht in Ordnung sind, weil er mit dem französischen Rechtssystem nicht zu Rande kommt oder weil bei ihm eine zehnköpfige Familie illegal untergebracht ist. Einen großen Teil der Wohnungen hat die Stadt inzwischen aufgekauft, um ihr Erneuerungsprogramm durchführen zu können.

Das Goutte-d'Or-Viertel wird saniert

Was es heißt, die Wärme der Goutte-d'Or zu verlieren, das haben viele erlitten, meist, weil der Arbeitsplatz zu weit weg lag oder weil eine größere Wohnung in der Banlieue, in einer modernen Vorortsiedlung, mit Versprechen reizte, die sich als Verlockungen des Teufels erwiesen. Da haben die Politiker, Architekten, Planer Fehler auf Fehler gehäuft, und die Polizei mußte schließlich ausbaden, was die Verwaltungen nicht korrigieren konnten. Da wehren sich einmal die Einheimischen gegen die Zuwanderer, da brodelt es zum andern in Ghettos, die der Jugend keinen Ausweg, keinen Weg in die Zukunft bieten.

»Mercieca hat recht, kein Ausländerghetto in Vitry«, riefen die Demonstranten, um Monsieur Mercieca, dem rekordverdächtig langjährigen kommunistischen Bürgermeister von Vitry (1977–1996), einem kleinen Arbeiterstädtchen vor den Toren von Paris, den Rücken zu stärken. Recht habe er, weil er mit einigen Parteimitgliedern im Dezember 1980 ein Ausländerheim gestürmt und verwüstet hatte. Rassismus nennen diese Aktion die einen; »Kampf den Sklavenhändlern!« fordern die anderen.

»Schluß mit der Einwanderung von Gastarbeitern«, forderte nicht nur Jean-Marie LePen, der Führer der Rechtsradikalen, sondern auch der kommunistische Parteichef Georges Marchais, der die Demonstration in Vitry anführte. »Bei zwei Millionen Arbeitslosen«, so Marchais damals, »können

Nordafrikaner im Goutte-d'Or

wir keine Gastarbeiter brauchen. Und zweitens: Die vorhandenen Gastarbeiter müssen gleichmäßig auf alle Gemeinden verteilt werden, um keine Ghettos zu bilden.«

Zwei Drittel der Vororte[39] von Paris weigerten sich jedoch, ausländischen Arbeitern Wohnhäuser zur Verfügung zu stellen. Jahrelang wurden sie mit Schiffen herbeigeholt, die Arbeiter aus den ehemaligen Kolonien, aus Algerien, Marokko und Schwarzafrika, und waren herzlich willkommen. Sie hatten die niedrigen Arbeiten zu verrichten, für die sich Einheimische zu fein waren. Billig wurden sie entlohnt, teuer aber mußten sie ihr Leben fristen, denn die Vermieter kannten keine Hemmungen. Es heißt zahlen, oder man fliegt raus.

Immer häufiger mußten Polizei und Gerichte bemüht werden, um Wohnungsstreitigkeiten mit Gastarbeitern zu regeln. In Bobigny bei Paris zogen in den Neunzigern siebenhundert Arbeiter aus Mali durch die Straßen, weil zweihundert von ihnen vor Gericht erscheinen sollten: Seit Monaten weigerten sie sich, ihrem Heimleiter die Miete abzuliefern, und das aus einem besonderen Grund: »Bei uns Afrikanern sorgt man für die Familie«, sagte mir einer der Betroffenen. »Ich bin der große Bruder, nun sind alle meine kleinen Brüder illegal nach Frankreich gekommen, und da habe ich sie natürlich bei mir untergebracht. Jetzt sollen die auch noch zusätzlich Miete zahlen.«

Bis zu siebzehn Betten stehen in ihren Zimmern, die früher Büroräume einer jetzt abbruchreifen Fabrik waren. Manches Bett teilen sich drei Afrikaner; alle acht Stunden wechseln sie. Und von jedem einzelnen verlangt der Hauswart Miete. Sagt ein Bewohner: »Manche bleiben hier zehn Jahre, andere nur fünf, manche sogar zwanzig Jahre.«

Woanders wohnen können sie nicht, da käme die Miete noch teurer. Denn hier im Goutte-d'or zahlen sie

39 Vororte

Paris hat zur Zeit etwa 11 Millionen Einwohner – Frankreich insgesamt 58 Millionen. Damit lebt fast jeder fünfte Franzose in der Hauptstadt. Aber nur 2 Millionen Menschen wohnen innerhalb der eigentlichen Stadtgrenze der *Ville de Paris*. Alle übrigen leben in der Banlieue, in den Trabantenstädten und verstädterten Gemeinden rings um die Stadt – der *Agglomération Parisienne*, dem Pariser Ballungsraum. Über dreihundert solcher Städte gibt es. Denn der Pariser Stadtkern ist nicht einfach nur teuer, es ist für die meisten Menschen einfach unbezahlbar. Eine erschwingliche Wohnung zu suchen gerät schnell zur Farce – Glossen, Kurzgeschichten, ganze Spielfilme handeln davon.

»Bannmeile« ist die historisch korrekte Übersetzung von *banlieue*, und nach wie vor ist der Ballungsraum der Vororte für die meisten Stadt-Pariser tatsächlich Terra incognita, ein Sperrgebiet, das man besser nicht betritt. Graffitti an den Wänden, Müll auf den Straßen, Ausländer, Bettler, Kriminelle, HipHop-Musik hörende, herumgammelnde Jugendliche: Alle vermeintlichen und wirklichen negativen Begleiterscheinungen des westlichen Hochkapitalismus – der Stadt-Pariser ortet sie hier in der Banlieue und wendet betreten den Blick ab.

Das Verhältnis von Paris und Banlieue führt zu manch kurioser Schizophrenie. Die Pariser Universität »Paris 8« liegt im nördlichen Vorort Saint-Denis, jenseits der Boulevards Périphériques und des Schnellstraßenrings um die Stadt. Studenten, die morgens hier herausfahren – nicht

dreißig Euro monatlich für ihr Bett, was für jeden einzelnen ein erschwinglicher Preis, aber dennoch Wucher ist: Achthundert Euro streicht der Vermieter für ein vergammeltes Zimmer ein. Auf dem Gang befindet sich eine Gemeinschaftsdusche, »die Küche« steht in einer Ecke des Raumes. Geld wird für Reparaturen nicht ausgegeben.

Gebetet wird gen Mekka

In der Umgebung von Paris haben drei Viertel der Gemeinden den Bau von Siedlungen mit Sozialwohnungen abgelehnt, so daß dort, wo sie genehmigt wurden, große »urbane Zeitbomben« entstanden; Viertel, die den eleganten Namen »*Zone d'urbanisation prioritaire (ZUP)* – vorrangige Stadtbauzonen« erhielten, aber nichts anderes sind als Ghettos für sozial Schwache, in der überwiegenden Zahl Gastarbeiter. Hier wachsen Jugendliche heran, die in den Schulen wenig lernen und deshalb keine Arbeit finden. Die Folge ist, daß sie sich zu Banden zusammenschließen, für die es nichts Schöneres gibt, als ein Rodeo zu veranstalten. Und das geht so: Man stiehlt ein Auto, fährt damit wild durch das Viertel, und zum Schluß wird es angezündet.

Die Jugendbanden werden im ganzen Land zum Problem. In Paris selbst tauchen sie zumeist dann auf, wenn sie im Windschatten großer Demonstrationen Geschäfte plündern können; denn in der Menge sind sie schnell wieder untergetaucht und bleiben anonym. Zwar haben die in Frankreich geborenen Maghrebiner und Afrikaner den Vorteil, daß sie mit der Volljährigkeit auch die französische Staatsbürgerschaft erhalten, doch Männer haben Schwierigkeiten, sich kulturell zu integrieren. Das gelingt Frauen schneller; sie haben allerdings auch allen Grund,

Die Gasse »Villa Poissonnière«

alle können schließlich eine der Elite-Unis im Quartier Latin besuchen –, fahren mit der S-Bahn RER. »Paris 8« liegt eigentlich in Tarifzone 3. Für die Uni bezahlt man aber lediglich den Betrag der Tarifzone 2. Wollte ein Student innerhalb von Saint-Denis mit Bus oder Straßenbahn weiterfahren, müßte er sich ein neues Ticket besorgen. Aber das ist ja nicht vorgesehen. Die RER-Station hält genau vor dem Universitätsgebäude, darin verschwindet der junge Mensch unverzüglich. Von dem sozialen Elend, das zwischen Uni und Stadt liegt, bekommt er nichts zu sehen.

Bereits in den sechziger Jahren hatte der damalige Präsident George Pompidou versucht, dem unaufhaltsamen Anwachsen im Pariser Ballungsraum Einhalt zu gebieten oder es doch wenigstens in kluge Bahnen zu lenken. Es entstanden ehrgeizige architektonische Großprojekte: die Villes Nouvelles. Fünf Retortenstädte wurden aus dem Boden gestampft, darunter Marne-la-Vallée – die Region hat heute eine Fläche von 15 000 Hektar; Paris selbst hat nur gut 10 000. Namhafte Architekten wurden damit betraut, futuristische Anlagen von zum Teil gigantischen Ausmaßen zu schaffen. Die »Arènes de Picasso« in Marne-la-Vallée von Manolo Nuñez-Yanowski erwecken den Eindruck, man sei im Pariser Geschäftsviertel La Defense. Über 700 000 Menschen wohnen heute in den Villes Nouvelles, und es werden täglich mehr. Ob man das Projekt der neuen Städte als Erfolg oder Mißerfolg zu werten habe, darüber gehen die Meinungen bis heute sehr auseinander.

sich aus den kulturellen und religiösen Traditionen der Väter und Brüder zu entfernen, denn die verlangen von der Frau die völlige Unterordnung.

Zwar wurde schon 1974 die Zuwanderung nach Frankreich erschwert, doch durch Familienzusammenführung und weitgehend illegale Einwanderung ist die Zahl der Gastarbeiter von zwei auf über fünf Millionen angewachsen. Und mit der Bildung der Ghettos wurde den Neuangekommenen die Integration immer schwerer gemacht, so daß sie weiterhin ihr eigenes kulturelles und religiöses Leben pflegten. Das aber führte innerhalb von zehn Jahren dazu, daß der Islam mit drei Millionen Gläubigen zur zweitgrößten Glaubensgemeinschaft in Frankreich wurde.

1976 hatte ein Arbeiter bei der Autofabrik Renault in Billancourt eine Unterschriftensammlung veranstaltet und die Geschäftsleitung aufgefordert, den gläubigen Moslems einen Gebetsraum zur Verfügung zu stellen. Die Firma entsprach diesem Anliegen, und so entstand eine *»mosquée d'atelier«*, eine »Werkstatt-Moschee«, nach der anderen. Um 1980 gab es in Frankreich schon zehn richtige Moscheen, zehn Jahre später waren es eintausend. Und mit der Einführung der privaten Rundfunkstationen konnte dann sogar der Muezzin fünfmal am Tag seine Gläubigen über den Äther zum Gebet aufrufen.

Doch zwischen den einzelnen Moscheen und ihren geistigen Führern ist ein Kampf um den Glauben entbrannt, der von verschiedenen islamischen Staaten unterstützt wird. Wird etwa in der Moschee von Paris, die unter algerischem Einfluß steht, Toleranz gepredigt, so gilt in der Moschee Omar in Belleville nur der Integrismus, der alle westlichen Werte zurückweist. Aus der Türkei, aus Saudi-Arabien, aus Marokko und dem Iran werden Moscheen finanziert, um Einfluß auf die islamische Bevölkerung von Frankreich zu nehmen.

In der Goutte-d'Or leben Jesus, Mohammed und viele andere Heilige, Propheten und Götter friedlich beieinander.

Auch in der Goutte-d'Or wird gen Mekka gebetet. In einer nach Osten gerichteten Straße findet sich in einem Keller zum Beispiel die Moschee El Fatah. Sie wird von zwei Brüdern betreut. Da die Räume zu klein sind, breiten die Gläubigen, die freitags innen keinen Platz finden, selbst im Winter Teppiche und Tücher auf der Straße aus, knien Reihe für Reihe hintereinander nieder und verneigen sich im laut gemurmelten Gebet. Für Autos wird die Straße dann vorübergehend mit vier Mülltonnen gesperrt. In der Goutte-d'Or leben Jesus, Mohammed und viele andere Heilige, Propheten und Götter friedlich beieinander.

»Paris … das ist auch Afrika«: Filmplakat für »Black Mic-Mac«

Marabout und Marokkanische Fantasia

Dieses Kulturgemisch reizt heute wie vor hundert Jahren die Künstler. Émile Zola ließ hier den Roman *L'Assommoir – Der Totschläger* spielen. Und einer der bekanntesten zeitgenössischen Autoren Frankreichs, Michel Tournier, gab seinem Roman, in dem ein Berberjunge den Weg aus der Stille der Sahara in den Lärm des Industriestaats sucht und findet, sogar den Namen *La Goutte-d'Or – Der Goldtropfen* zum Titel.

Der Literatur folgte das Kino, und einer der erfolgreichsten französischen Filme, *Black Mic-Mac*, wurde in der Goutte-d'Or gedreht. In dieser Komödie stört ein Restaurantküchen kontrollierender Inspektor mit peinlichen Sauberkeitsvorstellungen das arabisch-afrikanische Getriebe. Mit Hilfe des Zaubers eines afrikanischen Marabouts will man sich seiner entledigen. »Gibt's Marabouts wirklich?« erkundigt sich der ahnungslose Inspektor im Film bei zwei schwarzen Schönheiten. Ja, die gibt's. Der Marabout glaubt, durch Besprechen einiger Haupthaare des Polizisten diesen verfluchen zu können; der Zauber gelingt tatsächlich, und der unangenehme Inspektor endet als Clochard und wird endlich liebenswert menschlich.

Szenen des Films *Black Mic-Mac* spielen in einem kleinen afrikanischen Café namens Aida. Es wird von einer Senegalesin betrieben, die sich auf heimische Gerichte spezialisiert hat. Wer hier Essen bestellt, muß neugierig sein und es mögen. Dort habe ich mich einmal mit einem jungen Mann getroffen, Lamine Diabakhate, der sich der Einfachheit halber in Frankreich Alex nennt. Er sollte den Fremden zu einem Marabout führen, zog jedoch erst einmal aus seiner Tasche ein mit einem langen Bindfaden umwickeltes Stück Papier hervor und sagt: »Das hier hat mir erlaubt, Sie kennenzulernen. Es ist von meinem Marabou.«

Das Papier hat der Marabout mit arabischen Schriftzeichen versehen, die Alex erklärt: »Auf dem Papier stehen Formeln, die mir erlauben, voranzugehen und vor niemandem Angst zu haben. Der Marabout hat geschrieben, daß meine Geschäfte erfolgreich seien.«

Er blickt von dem Gekritzel hoch, schaut mich an und meint: »Wenn Sie einfach so zu dem Marabout gegangen wären, hätte er etwas anderes verzeichnet. Vielleicht genau das Gegenteil von dem, was er mir gesagt hat. Denn es hängt jeweils von dem Problem ab, mit dem man zu ihm kommt. Ich habe vielleicht Probleme mit Frauen; Sie haben sie bei der Arbeit, und dafür muß der Marabout eine andere Lösung finden.«

Alex hat einen Termin mit einem Marabout verabredet, und wir treten auf die Straße. Unterwegs treffen wir auf Zeichen, die nur Eingeweihte erklären können. Auf dem Gehweg hat jemand Milch ausgegossen, und die Spuren führen bis um die nächste Ecke. »Dickmilch«, so Alex, »die hat jemand ausgekippt, weil der Marabout es empfohlen hat, denn das hilft offensichtlich, die bösen Geister zu vertreiben, die jemandem Probleme verursachen.« Auf der Straße mischen sich Passanten, die urfranzösisch aussehen, mit arabisch oder afrikanisch geprägten Gesichtern.

Die Gasse mit Namen Villa Poissonnière wurde von der Filmindustrie so häufig genutzt, daß die Einwohner sich gegen jede Kamera wehren.

Ganz versteckt liegt noch manche vom Wandel der Bevölkerung unberührte Idylle, wo wohlsituierte Franzosen heimisch sind. Die Gasse mit Namen Villa Poissonnière etwa wurde von der Filmindustrie so häufig genutzt, daß die Einwohner sich gegen jede Kamera wehren, und da die Gasse eine Privatstraße ist, werden jetzt Drehgenehmigungen nur noch gegen hohes Entgelt zugestanden. Der gepflasterte Weg führt nach oben, die mit Bäumen und Blumen bepflanzten Vorgärten werden von schmiedeeisernen Gittern abgegrenzt, doppelstöckige Villen liegen fast Mauer an Mauer und schirmen sich wie eine Wagen-

Delacroix, »Marokkanische Fantasia«

burg gegen die Außenwelt ab. Doch nur zehn Meter neben dem Eingang zu dieser verträumten Gasse hängen bunte Stoffe aus, wie sie Afrikaner tragen, und in den Hinterstuben quietschen Nähmaschinen, an denen Schwarzarbeiterinnen Naht für Naht ihren niedrigen Lohn verdienen.

Die engen Straßen und ihre schmucklosen Fassaden verbergen, daß ein Hinterhof sich an den andern reiht, und im dritten führt eine steile Stiege bis in den sechsten Stock hinauf, wo der Marabout haust. Seine Frau ist in bunte Stoffe gewandet, an ihre Beine klammern sich die beiden jüngsten Kinder, als sie die Tür öffnet. Ein Dutzend weiterer Frauen, Kinder und Kindeskinder des Zauberers leben in seinem Heimatdorf im Senegal. Er ernährt sie alle mit seinen reichlich fließenden Honoraren. Im größeren der beiden Zimmer der Wohnung erwartet uns Mamadou Lamine Diaby, großes Medium und Seher, auf dem Boden. Wir werden gebeten, die Schuhe auszuziehen, bevor wir unsere Füße auf seinen Teppich stellen.

Alex übersetzt die Frage an Mamadou Lamine Diaby, was denn ein Marabout so alles könne und worin seine Heilkraft liege. Nur schwer zu verstehen ist, was der Marabout als Antwort aus seinem fast zahnlosen Mund, zwischen den Lippen gemurmelt, hervorzischt. Jeder seiner Zunft sei auf gewisse Dinge spezialisiert. Er könne vor schlechten Einflüssen und bösem Fluch schützen, im Handel und bei Prüfungen helfen. Aber auch in Familienangelegenheiten seien seine Künste von Nutzen. Er könne Probleme sogar über weite Entfernungen in Ordnung bringen, weshalb manche Kunden aus Afrika, ja sogar aus Amerika anriefen. Zum Werkzeug des Marabouts gehört neben dem Koran ein dünnes, glattes Holzbrett, das oben abgerundet ist. Darauf schreibt er Sprüche mit Tusche, wäscht sie anschließend mit Wasser ab und gibt diese Tinktur dem um Hilfe Bittenden zu trinken.

Marabouts erhalten für ihre Konsultationen viel Geld und sind reiche Leute. Manch einer von ihnen besitzt ganze Wohnblöcke in Paris und wird im Heimatland selbst von Politikern, ja von Staatspräsidenten, zu Rate gezogen. Auf besonderen Wunsch kann Mamadou Lamine Diaby bei der Angebeteten eines Kunden sexuelle Gelüste erwecken, ein Versprechen, womit er auch manch einen Franzosen in sein Hinterzimmer lockt.

Seitdem immer mehr Marabouts aus Afrika in der Goutte-d'Or Hokuspokus anbieten, müssen sie sich, um im Wettbewerb zu überleben, auch westlicher Mittel wie des Werbezaubers bedienen, um Kunden anzuziehen. Junge Männer, die ohnehin keiner geregelten Arbeit nachgehen, werden an den Ausgang der Métrostation Barbès-Rochechouart geschickt, wo sie kleine Handzettel mit den Lobpreisungen des Gewerbes und der Adresse des Marabouts verteilen.

Es wirkt eigenartig, wenn im kühlen Herbst eine marokkanische Fantasia durch die Goutte-d'Or reitet,

Männer in orientalischen Gewändern hoch zu Roß, begleitet vom Trommeln und Gepfeife arabischer Klänge. Doch wenigstens einmal im Jahr wollen die Bewohner ihre heimatlichen Feste auch in den Straßen ihres Pariser Dorfes feiern; denn im Laufe der Zeit haben sie sich daran gewöhnt, daß die Goutte-d'Or Heimat auf fremdem Boden ist.

Seitdem immer mehr Marabouts aus Afrika in der Goutte-d'Or Hokuspokus anbieten, müssen sie sich auch westlicher Mittel wie des Werbezaubers bedienen.

Die jugendlichen Afrikaner oder Araber, die hier in eine französische Schule gingen, sind von zwei Kulturen geprägt, aber daß die jungen doch eher Franzosen sind, zeigen sie mit dem einstudierten Tanz, den sie beim Fest der Goutte-d'Or öffentlich vorführen. Nicht afrikanische Tradition, sondern moderner, westlicher Ausdruck bestimmt die Choreographie. Nicht ursprüngliches Volkstum, sondern die Gewalt der industrialisierten Welt stellen die Tänzer dar.

Gewalt, geboren aus Rassismus und Geldgier, ist leider auch Anlaß für gräßliche Meldungen aus den Einwanderervierteln im Norden von Paris. In den vergangenen Jahren wurden nachts immer wieder Häuser angezündet – mutwillige Brandstiftung. Es waren Häuser, in denen Afrikaner wohnten, von denen manch eine Familie im Rauch erstickte. Über zwanzig Menschen starben, als Häuser abbrannten, für die nach dem Feuer die Abbruchgenehmigung erteilt wurde.

Hittorf, Offenbach, Heine & Co.

Ein Besuch auf dem Friedhof Montmartre

Der Nordfriedhof wurde ein Jahr nach seinem südlichen Gegenstück, dem Friedhof vom Montparnasse, angelegt, im Jahre 1825. In der Berühmtheitsskala rangiert der mehr als doppelt so große Cimetière Père Lachaise im Osten der Stadt ganz oben. Für manch einen gilt aber der Montmartre-Friedhof, gerade weil er nicht so weitläufig ist, als der reizvollere. Pompöse Mausoleen, romantische Statuen, ausgefallene Grabsteine vereinen sich zu einem zuweilen skurrilen Freilicht-Skultpurenmuseum.

Hier liegt zum Beispiel Hector Berlioz in einer wuchtigen Gruft. Außerdem die berühmte »Kameliendame«, deren Geschichte Giuseppe Verdi in *La Traviata* Musik werden ließ – Alphonsine Plessis war ihr bürgerlicher Name, und ihr Grab schmücken selbstverständlich Nelken (aus – rotem – Porzellan). Nur dreiundzwanzig Jahre ist sie alt geworden. Henry Murger liegt hier, der Autor der *»Szenen aus dem Leben der Bohème«*, die Puccini in Opernform berühmt machte; Adolphe Sax, der Erfinder des Saxophons; Stendhal alias Henri Beyle alias *Arrigo Beyle, Milanese – visse, scrisse, amò* – »er kam, schrieb und liebte«. Emile Zola wurde 1902 hier begraben, 1908 aber ins Panthéon überführt. Der Friedhofsbesucher muß mit seiner Ehefrau vorliebnehmen.

Drei berühmte Deutsche liegen hier. Der aus Köln stammende Archäologe und Architekt Jacob Ignaz Hittorff (1792–1867), der nicht nur letzte Hand an die Place de la Concorde angelegt hat, sondern unter anderem auch für die Fassade des nahegelegenen Gare du Nord verantwortlich zeichnete. Bereits mit elf Jahren kam er nach Paris, studierte hier und wurde schließlich Hofarchitekt Napoleons III.

Ebenfalls aus Köln stammte Jacques Offenbach (1819–1880), und er war kaum älter als Hittorff seinerzeit, nämlich vierzehn Jahre, als er nach Paris kam. Auch er studierte hier, allerdings Cello, auch er machte früh eine steile Karriere. Schon bald erhielt er eine Stelle im Orchester der Opéra Comique, und mit Dreißig wurde er Kapellmeister am Théâtre Français.

Jacques Offenbach

1855 machte er sein eigenes Theater auf, eine Kleinbühne an den Champs-Élysées. Im Juli 1855 wurde es unter dem Namen »Bouffes Parisiens« mit den *musiquettes* – der Name *operette* war noch nicht erfunden – *Les deux Aveugles* und *La Nuit blanche* eröffnet. Das Etablissement erwies sich sofort als zu klein.

Bereits wenige Monate später zog man in die Rue Monsigny Nr. 4, wo sich das *Bouffes Parisiens*, unweit der Opéra Garnier, noch heute befindet. Hier führte Offenbach die meisten seiner nun »Operette« genannten musikalischen Spektakel zum ersten Mal auf. Zur Uraufführung von *Orpheus in der Unterwelt*, der Operette mit der berühmten Cancan-Nummer, kam 1858 auch Kaiser Napoléon III und spendete Beifall.

Mit dem verlorenen Krieg gegen Preußen, 1871, schwand dann das Interesse an leichter Unterhaltung, an Komik und Satire. Offenbach versuchte sich noch einmal als Theatermacher, scheiterte, ging nach Amerika, wo ihm auch kein Erfolg beschieden war. Sein Vermächtnis, die *opéra fantastique*, *Les Contes d'Hoffmann*, wurde im Februar 1881 in der Opéra Comique uraufgeführt, wenige Monate nach Offenbachs Tod.

Es ist aber vor allem das Grab Heinrich Heines (1797–1856), das auf dem Cimetière Montmartre die Leute anlockt. Heine, der in Frankreich Henri heißt und dessen Nachname »Ään« ausgesprochen wird – Heine kam 1831 nach Paris. In Deutschland und über die Landesgrenzen hinaus hatte er Ruhm erlangt mit seiner Gedichtsammlung *Buch der Lieder*, die 1827 bei Hoffmann und Campe in Hamburg erschienen war. Jetzt ging er als Korrespondent der Augsburger *Allgemeinen Zeitung* ins französische Nachbarland. Er traf sich mit Balzac, Chopin, George Sand, Victor Hugo, Gérard de Nerval und vielen anderen Großen seiner Zeit. Als der damalige Deutsche Bundestag 1835 die Schriften des »Jungen Deutschland« verbot, zu dem auch Heine zählte, sah der für sich kein Zurück mehr. Bis zu seinem Tod war Heine hin- und hergerissen zwischen Frankreich und Deutschland. Dachte er an Deutschland in der Nacht, so war er bekanntermaßen um den Schlaf gebracht. Es waren aber nicht die Zustände in Deutschland, die ihn so sehr aufwühlten, nein, es war die Frau Mama, die er seit zwölf Jahren nicht mehr gesehen hatte:

Nach Deutschland lechzt ich nicht so sehr,
Wenn nicht die Mutter dorten wär;
Das Vaterland wird nie verderben,
Jedoch die alte Frau kann sterben.

1848 erkrankte Heine an Rückenmarksschwund, an »Knochendarre«, so wurde jedenfalls vermutet, neuere Theorien sprechen von Multipler Sklerose. Acht Jahre lebte Heine unter Schmerzen, konnte sich bald kaum noch rühren, gefesselt an die »Matratzengruft« in seiner Wohnung in der Rue d'Amsterdam, nicht ohne am Krankenbett seine Freunde zu empfangen und mit dem langsamen Sterben Spott zu treiben.

In einem Testament ordnete der Dichter bereits 1851 an, wie nach seinem Tod mit ihm verfahren werden solle:

»Ich verordne, daß mein Leichenbegängnis so einfach sei und so wenig kostspielig wie das des geringsten Mannes im Volke. Sterbe ich in Paris, so will ich auf dem Kirchhofe des Montmartre begraben werden, auf keinem andern, denn unter der Bevölkerung des Faubourg Montmartre habe ich mein liebstes Leben gelebt. Obgleich ich der lutherisch-protestantischen Konfession angehöre, so wünsche ich doch in jenem Teile des Kirchhofs beerdigt zu werden, welcher den Bekennern des römisch-katholischen Glaubens angewiesen ist, damit die irdischen Reste meiner Frau, die dieser Religion mit großem Eifer zugetan ist, einst neben den meinigen ruhen können.«

Er hätte es mit Sicherheit nicht geglaubt, wenn man ihm prophezeit hätte, daß sein Grab einmal zu einem Wallfahrtsort werden würde, daß hier noch hundertfünfzig Jahre nach seinem Tod täglich frische Blumen niedergelegt werden würden, daß ganze Busladungen mit Menschen aufkreuzen würden, bewaffnet mit seinen Büchern, aus denen sie ihren Begleitern mit Betonung vortragen – alles ihm zu Ehren.

»Ich weiß wirklich nicht, ob ich es verdiene, daß man mir einst mit einem Lorbeerkranze den Sarg verziere. Die Poesie, wie sehr ich sie auch liebte, war mir immer nur ein heiliges Spielzeug, oder geweihtes Mittel für himmlische Zwecke. Ich habe nie großen Wert gelegt auf Dichter-Ruhm und ob man meine Lieder preiset oder tadelt, es kümmert mich wenig. Aber ein Schwert sollt ihr mir auf den Sarg legen; denn ich war ein braver Soldat im Befreiungskriege der Menschheit.«

Heinrich Heine

Es ist kein Lorbeerkranz und auch kein Schwert, sondern eine – ziemlich christusmäßig geratene – Büste, die sein Grab ziert. Sie ist erst später hinzugekommen.

In Auftrag gegeben wurde sie 1887 von einem Heine-Denkmal-Komitee der Stadt Düsseldorf, der Geburtstadt des Dichters, einem Komitee, das finanziell unterstützt wurde von der österreichischen Kaiserin Elisabeth, »Sisi«. Der dänische Bildhauer Louis Hasselriis schuf die Büste, doch Düsseldorf machte im letzten Moment einen Rückzieher. Die Kaiserin nahm die

Büste daher an sich und stellte sie in ihrer Achilleion-Villa auf Korfu auf. Nach ihrem Tod zog Kaiser Wilhelm dort ein, und der mochte mit dem Spötter und Satiriker nicht unter einem Dache sein. Er ließ die Büste entfernen und schenkte sie Hamburg. Hamburg war nicht begeistert, angeblich, weil das Objekt »gebraucht« sei. Der Verlag Hoffmann und Campe stellte das Denkmal dennoch auf, durfte dies aber nur inoffiziell tun im Hof des Verlags. 1933 verbietet der Hamburger Senat auch dies. Die Büste wird einmal mehr entfernt und gelangt so schließlich und endlich nach Paris.

Gedächtnisfeier

Von Heinrich Heine

Keine Messe wird man singen,
Keinen Kadosch wird man sagen,
Nichts gesagt und nichts gesungen
Wird an meinen Sterbetagen.

Doch vielleicht an solchem Tage,
Wenn das Wetter schön und milde,
Geht spazieren auf Montmartre
Mit Paulinen Frau Mathilde.

Mit dem Kranz von Immortellen
Kommt sie mir das Grab zu schmücken,
Und sie seufzet: Pauvre homme!
Feuchte Wehmut in den Blicken.

Leider wohn ich viel zu hoch,
Und ich habe meiner Süßen
Keinen Stuhl hier anzubieten;
Ach! sie schwankt mit müden Füßen.

Süßes, dickes Kind, du darfst
Nicht zu Fuß nach Hause gehen;
An dem Barrieregitter
Siehst du die Fiaker stehen.

Die Steine der Bastille

10. Kapitel

Warum Geschmack von der Macht abhängig ist und von der Veränderung eines Viertels

Von der Bastille[40] stehen zwar noch viele Steine, nur nicht mehr dort, wo sie einst gemeinsam, übereinandergemauert, zur bedrohlichen Festung emporwuchsen. Heute stützen die klobigen Kalksteinquader aus früheren Zeiten die Wände von Gebäuden, die kurz nach der Revolution, nachdem die Bastille geschleift worden war, errichtet wurden. Und jeder Bewohner eines Hauses, in dessen Mauern sich solch grobbehauene Brocken ausmachen lassen, ist stolz darauf. Quartier de la Bastille wird das Viertel genannt, in dem die Auvergnaten den Ton angeben und wo seit jeher die Schreiner, die Möbeltischler, die feinen Ebenisten ihre Werkstätten betreiben.

Wenn man nun der These zustimmt, die Französische Revolution sei der Umsturz gewesen, mit dem die Bourgeoisie, das Bürgertum, den Adel vom Thron und die Geistlichkeit von ihrem hohen Stand stürzte, dann kann man mit Fug und Recht bemerken, die Bourgeoisie habe die Bastille nun zum zweitenmal gestürmt, freilich ganz

40 Bastille
Ursprünglich war sie zu Verteidigungszwecken erbaut worden: Die »kleine Bastion« sollte die Stadtmauer verstärken, die 1370 hier verlief, zur Zeit Karls V. Erst Ludwig XIII., richtiger: sein ehrgeiziger Minister Kardinal Richelieu, machte sie zum Staatsgefängnis. Die Tatsache, daß es allein eines Befehls seiner Majestät bedurfte, um jemanden zu »embastillieren«, ohne ein Gericht zu bemühen, ließ die ehemalige Festung zum verhaßten Symbol der Willkürherrschaft werden. Voltaire saß hier ein, Mirabeau und der Marquis de Sade, zu einer Zeit allerdings, da die Bastille längst keine praktische Bedeutung als Gefängnis besaß. Befreit jedenfalls wurden beim so folgenreichen Sturm auf das alte Gemäuer lediglich sieben Gefangene.

Entscheidender war das Gebäude selbst. Es wurde innerhalb eines Jahres komplett abgetragen. Ein Modell der Bastille befindet sich heute im schönen Musée Carnavalet, dem Museum für Stadtgeschichte, einem Hôtel aus dem 16. Jahrhundert, als dessen Architekt der Schöpfer der Renaissance-Fassade des Louvre, Pierre Lescot, gilt.

Staatsgefängnis!

Von Louis Sébastien Mercier

»Staatsgefängnis! ... Mit diesem einen Wort weiß man Bescheid! Saint-Foix sagt, dies Schloß sei, wenn auch unbefestigt, die fürchterlichste Festung von Europa.

Weiß man, was sich in der Bastille zugetragen hat, was sie einschließt, wer in ihr gefangenlag? Wie wird man je die Geschichte des XIII., des XIV. und des XV. Ludwigs schreiben können, solange man die Geschichte der Bastille nicht kennt? Gerade hinter ihren Mauern trugen sich die interessantesten, die merkwürdigsten Begebenheiten jener Zeit zu, spielte sich Einzigartiges ab. Der spannendste Abschnitt unserer Geschichte dürfte uns somit wohl für immer verborgen bleiben, nichts davon wird je aus diesem Abgrund dringen; er ist nicht minder verschwiegen als die Grüfte der Toten.

Sturm auf die Bastille

Heinrich IV. nutzte die Bastille als sicheren Aufbewahrungsort für seinen Kronschatz. Ludwig XV. schloß in ihr die Enzyklopädie ein. Dort modert sie noch heute.

Im Jahre 1588 machte sich der Herzog von Guise zum Herrn über Paris und damit auch zum Herrn über die Bastille und das Arsenal. Zu ihrem Gouverneur ernannte er Bussy-Leclerc, den Prokurator des Parlamentes. Als dieses sich weigerte, die Franzosen ihres Treueschwures und der Gehorsamspflicht zu entbinden, schickte derselbe Bussy-Leclerc, der das Parlament eben noch ins Amt eingeführt hatte, Präsidenten und Räte, so wie sie waren, im vollen Ornat und auf den Häuptern noch das eckige Barett, in die Bastille, wo er sie bei Wasser und Brot fasten ließ.

Oh, ihr undurchdringlichen Mauern, hinter denen das Gestöhn und die Seufzer ungezählter Opfer dreier Könige ungehört verhallten, wäre euch doch Sprache gegeben! Wie anders klänge eure entsetzliche Wahrheit als das, was die Geschichte mit schüchterner, devoter Zunge zu berichten weiß!

Neben der Bastille liegt das Arsenal mit seinen Pulvermagazinen, und es fällt schwer zu sagen, welcher dieser Nachbarn der bedrohlichere wäre. Weitere Staatsgefangene liegen im Turm von Vincennes, wo sie, wie es scheint, bis zum Ende ihrer trüben Tage schmachten werden. Nie wird man die große Zahl der unter den drei verflossenen Herrschaftsperioden ausgestellten geheimen Haftbefehle erfahren!«

in dem Sinn, daß die Geschichte sich immer nur als Farce wiederholt: 1789 stürmt sie der Bourgeois, der – dem Adel nacheifernd – Wert auf strenge Manieren legt, zweihundert Jahre später ist es der »*bourgeois parvenu*«, der Emporkömmling, mit schnellverdientem Geld, aber ohne Manieren, der sich – so schrieb Guy de Maupassant für die damalige Zeit – nur von den Abfällen des Adels ernährt.

Damals, als es darum ging, dem König die Macht zu nehmen, wurde die Bastille zum erstenmal verwüstet: an jenem 14. Juli, heute der Republik höchster, weil nationaler Feiertag; es war eine Revolution der Bourgeoisie, obwohl diejenigen, die sich den Kugeln der Verteidiger entgegenwarfen, die durch das Tor drangen und den letzten Gefangenen befreiten, nicht die Bürger waren, sondern die Sansculottes, so der Spottname für die Revolutionäre, die keine Kniehosen *(culottes)*, sondern lange Hosen *(pantalons)* trugen – eben die Schreiner aus der Gegend, wie jener junge Möbeltischler Xavier Hindermeyer, der noch am 13. Juli den Kommandanten der Bastille besucht und ihm geraten hatte, die Verliese zu öffnen. Der aber wollte nicht auf Volkes Stimme hören, und so stürmten Hindermeyer, seine vier Gesellen und viele andere die alte Festung aus dem 14. Jahrhundert, in der politische Gefangene wie Voltaire und der Marquis de Sade einst eingesperrt worden waren. Wegen dieses Sturms auf die Bastille zeigte nur Xavier hinterher Gewissensbisse, von denen die heutigen Stürmer frei sind, denn sie wissen nicht, was sie tun.

Gesellschaftliche Umstürze regelt heute der freie Markt, dessen beste Waffe nicht die bleierne runde Kugel, sondern die silberne flache Münze ist.

Gesellschaftliche Umstürze regelt heute der freie Markt, dessen beste Waffe nicht die bleierne runde Kugel, sondern die silberne flache Münze ist, mit der der Parvenü die angestammte Bevölkerung aus den Häusern des Quartiers, das aus den Steinen der Bastille gebaut worden ist, drängt. So stürmt man heute eine Festung mit anderer Gewalt – nicht mehr mit Pulver, sondern mit Penunzen. Das einzige sichtbare Zeichen, das heute noch von der alten Bastille zeugt, sind dunkle Pflastersteine, die in den Platz der Bastille eingelassen wurden, um die ehemaligen Umrisse der einst bedrohlichen Zwingburg zu markieren.

41 **Die neue Oper**

Als die alte Oper, die Opéra Garnier, noch die neue war, sollte sie ein fast hundert Jahre währendes Provisorium beenden. Seit einem Brand 1781 im Palais Royal, in dem sich die Opéra National de Paris damals befand, war das Haus heimatlos geworden. Richard Wagner, den Napoléon III gebeten hatte, seinen *Tannhäuser* in Paris aufzuführen, tat dies 1861 in einem heute nicht mehr bestehenden Haus in der Rue le Pélétier, und noch Georges Bizets *Carmen* wurde 1875 in der Opéra Comique uraufgeführt.

1860 ließ man das Projekt »neue Oper« ausschreiben, und den Zuschlag erhielt der bis dato völlig unbekannte Charles Garnier. Die Grundsteinlegung verzögerte sich. Man war auf ein Wasservorkommen gestoßen und mußte erst eine riesige Zisterne bauen, bevor mit dem eigentlichen Gebäude begonnen werden konnte. Doch weitere Probleme tauchten auf. 1870 wurden die Arbeiten wegen des Kriegs mit Preußen eingestellt. Während der Pariser Kommune wurde das unfertige Gebäude kurzzeitig als Warenlager genutzt, zum »Pulverturm« umfunktioniert und zum Militärgefängnis. Erst Ende 1874 konnte der Bau vollendet werden. Im Januar 1875 wurde die Opéra Garnier eröffnet.

Sie war ein Haus der Superlative, die größte Oper der Welt. Auf einer Grundfläche von elftausend Quadratme-

Der Genius der Freiheit

Wenn in Paris große Demonstrationen zum Thema »Freiheit« stattfinden, dann beginnen sie in den meisten Fällen an der Place de la Bastille, in deren Mitte Napoléon einst einen vierundzwanzig Meter hohen Elefanten aus Gips stellen ließ, der von Ratten zerfressen wurde und in dem Victor Hugo in *Les Misérables* seinen Gavroche hausen läßt. Irgendwann ist dieses Statussymbol der Macht zerfallen und wurde, auf Beschluß des Abgeordnetenhauses vom 9. März 1833, von einer fünfzig Meter hohen Säule ersetzt, um an die Gefallenen der Juli-Revolution zu erinnern, die unter dem Sockel beigesetzt sind und zu denen später auch noch die Toten der Revolution von 1848 gelegt wurden. Oben auf der Säule schwebt – einem vergoldeten Engel gleich – »le Génie de la Liberté«, der Geist der Freiheit, zum Westen hin schaut ein Löwe vom Sockel der Säule. Der Schaft der bronzenen Säule ist in fünf Trommeln aufgeteilt, in deren äußere Hülle mit goldenen Lettern die Namen der Opfer eingraviert sind.

Es ist also ein Platz, der mit dem Kampf um politische Freiheit eng verbunden ist, mit Volksfesten und Massen-

Die neue Oper an der Place de la Bastille

Die Ehrentreppe der Garnier-Oper

tern errichtet, umfängt sie den Besucher mit einer unbeschreiblichen Prachtentfaltung: die pompöse Ehrentreppe, der über 6000 Kilo schwere Kronleuchter, das überschäumende Dekor, die an byzantinische Tempel gemahnenden Mosaiken.

Das Gebäude verfügt über nicht weniger als siebzehn Geschosse und Zwischengeschosse, über ein unübersehbares Labyrinth aus Gängen, Treppen, Stiegen und Durchgängen, über mindestens 2500 Türen, allein achtzig Umkleideräume mit Vorzimmern und eigenen Kleiderkabinen, ganz zu schweigen von den Privatgemächern, die für den Kaiser geschaffen wurden. All das sieht der gewöhnliche Besucher natürlich nicht – und weil man all das nicht sieht, regte die Opéra Garnier seit jeher ungemein die Phantasie an.

Der Reporter und Autor von Kriminalromanen Gaston Leroux war wie wohl kein zweiter von diesem einzigartigen Gebäude fasziniert, und als Journalist verschaffte er sich Zutritt zu den entlegensten Gängen und Kammern, zu Recherchezwecken. 1910 erschien das Ergebnis dieser Recherchen: *Le Fantôme de l'Opéra*, das »Phantom der Oper«. Darin berichtet ein Erzähler von einem dreißig Jahre zurückliegenden Fall: von einem geheimnisvollen Opernliebhaber nämlich, der seit Jahr und Tag seine eigene Loge besitzt, den man immer wieder hört, aber nie zu sehen bekommt, der das labyrinthische Innere des Opernhauses wie kein zweiter zu kennen und in den Tiefen des fünfstöckigen Kellers sogar zu wohnen scheint. Viel unterhaltsamer Opernalltag wird in Leroux' Roman geboten. Es ist aber vor allem die Garnier-Oper selbst, die zum Leben erweckt wird. Der Autor nennt im Vorwort Quellen und Augenzeugen, um den Eindruck des Authentischen noch zu verstärken.

Immerhin: Den unter der Oper befindlichen See, den mußte er nicht eigens erfinden. Auch die Initialzündung

Der Kronleuchter der Garnier-Oper

aufläufen, mit Werten, die in der kollektiven Psychologie der Franzosen verankert sind. So verwundert es nicht, daß der 1981 gewählte sozialistische Staatspräsident François Mitterrand im Frühjahr 1982 beschloß, dort die neue Oper[41] von Paris, und das heißt: von Frankreich, bauen zu lassen, weil das alte, zwar sehr schöne Haus von Garnier schon lange zu klein und technisch unzulänglich war. Eine *»opéra populaire«*, eine Volksoper, sollte das neue Gebäude werden, im Gegensatz zu dem prunkvollen Tempel der schönen Töne mitten in der Stadt. Um nun die Auflagen einer »Volksoper«, die ja billige Plätze voraussetzt, zu erfüllen, wurde eine Ausschreibung mit drakonischen Bedingungen vorgenommen, so als wolle man »wie ein Nashorn in eine Sitzbadewanne« eine große

Oper in das enge Dreieck zwischen Rue de Charenton und Rue de Lyon quetschen, wie es der renommierte *Guide bleu* spöttisch ausdrückt. Und weil er sich am strengsten an die Vorgaben hielt, wurde der Bau dem Architekten Carlos Ott zugeschlagen.

Haben vor hundert Jahren noch die Dichter und Denker, die Maler und Bildhauer, die Poeten und Philosophen darüber gestritten, ob der Eiffelturm nun ein kulturelles Ungeheuer oder ein zu bewunderndes Zeichen der modernen Zeit sei, so hat sich die Gesellschaft auch in Frankreich dahin gewandelt, daß kulturelle Auseinandersetzungen nicht ausschließlich nach Maßstäben, wie sie die Musen einst setzten, bewertet werden, sondern nach denen der Politik. Wer links war, fand den Entwurf der Oper schön, wer rechts war, fand ihn häßlich. Und war einer links und fand er die Oper häßlich, dann sagte er es nicht öffentlich, sondern nur hinter vorgehaltener Hand, um den Rechten kein Argument zu liefern.

Die Gare de la Bastille, an deren Stelle die Volksoper gebaut werden sollte, wurde also abgerissen, der Aushub für das milliardenteure Projekt hatte schon längst begonnen, da gewannen die Konservativen im Frühjahr 1986 die Parlamentswahlen, und schon hieß es, die Arbeiten müßten nun eingestellt werden. Doch wieder einmal zeigte sich, daß leider auch in Frankreich die Politik den Streit um Geschmack nicht des kulturellen Inhalts wegen führt, sondern nur aus Sucht nach Macht; da wird getreu nach dem Motto verfahren, wer den modernen Bau von Ott nicht schön findet, der wählt die Partei, die den Bau verhindern will. Also erklärt man den Bau für häßlich, unnütz und so fort … Aber als die Konservativen einmal an der Macht waren, wurden die Arbeiten natürlich nicht eingestellt, sondern es wurde – der Optik wegen – nur die Werkstatt für die Kulissen gestrichen. Das Datum für die Einweihung war allerdings schon vor dem ersten Spatenstich festgelegt worden, nicht vom

zu seinem Werk verdankt sich einer realen Begebenheit. Als sich 1896 ein Gewicht des riesigen Kronleuchters löste, erschlug es einen treuen Abonnenten. In Leroux' Roman allerdings löst sich gleich der ganze Kronleuchter vom Plafond.

In der nüchternen Wirklichkeit ergaben sich im 20. Jahrhundert ganz andere Probleme für das Opernhaus. Es war vielleicht von seiner Fläche und vom Volumen her das größte der Welt, tatsächlich paßten aber nur 2000 zahlende Gäste hinein. Und so sollte mit der neuen, der »Volksoper«, gewissermaßen zunächst einmal Platz geschaffen werden für die Massen: 2700 Menschen passen hier allein in den großen Saal, außerdem gibt es noch mehrere kleinere Säle. Das Werk des in Uruguay geborenen Kanadiers Carlos Ott ist ein deutlicher Gegenentwurf zu Garnier: statt Bombast eine gänzlich schmucklose Fassade, statt Pracht und Dekor im Innern viel Glas und Licht und die terrassenförmigen oberen Ränge, die allen Besuchern eine gute Sicht ermöglichen.

Napoléon Bonaparte hatte seinerzeit überlegt, den Triumphbogen an der Place de la Bastille zu errichten, und am liebsten hätte er auch gleich noch eine gerade Avenue gezogen, direkt zum Louvre.

Zur durchgehenden Achse Sternhügel – Bastille ist es nicht gekommen. Gleichwohl: In Gedanken blieb die Verbindungslinie virulent. Zur Zweihundertjahrfeier der Französischen Revolution 1989 verlieh François Mitterrand dem Platz im Osten nicht nur endlich die Bedeutung, die ihm bereits Napoléon Bonaparte zumessen wollte. Nein, Mitterrand ließ, ebenfalls zur Zweihundertjahrfeier, auch noch zwei weitere futuristische Projekte auf diese Linie setzen: die Glaspyramide des chinesisch-amerikanischen Architekten Ieoh Ming Pei im Garten des Louvre und – über den Sternhügel hinaus – die Grande Arche, den neuen Triumphbogen im Stadtteil La Défense nach Plänen des Dänen Johan Otto von Spreckelsen. Wenn schon, denn schon.

Architekten, nicht vom Bauunternehmer, nein, vom Bauherrn natürlich; denn François Mitterrand wollte die Volksoper an dem Tag einweihen, an dem sich der Sturm auf die Bastille zum zweihundertstenmal jährte: am 14. Juli 1989. Und dieses Datum wurde eingehalten: Wegen der Festlichkeiten am Tag des 14. Juli selbst lud der Staatspräsident schon für den Abend des 13. Juli ein, an dem traditionsgemäß die Volksbälle in Paris stattfinden. Ein kleines Handicap der Galavorstellung war nur, daß die Bühnentechnik noch nicht funktionierte, doch für das geplante Programm – ein Potpourri, gesungen von den berühmtesten Kehlen der Welt – reichte es.

Wer den modernen Bau nicht schön findet, der wählt die Partei, die den Bau verhindern will.

Der Geist der Bastille

Nun kann es nicht ausbleiben, daß ein Viertel, in dessen Mitte eine neue Oper gebaut wird, vermehrt Aufmerksamkeit auf sich zieht. Doch voller Verwunderung stellte manch einer, der das Quartier de la Bastille mit seinen niedrigen Häusern und engen Gassen bisher als Handwerkerviertel abgetan hatte, fest, daß hier schon seit Jahren ein Wandel im Gang war, wie man ihn in anderen Weltstädten zuvor erleben konnte. Dort, wo große umbaute Flächen frei wurden, siedelten sich in New Yorks Soho die Künstler an, weil die ehemaligen Textilfabriken sich als weitläufige Studios und Lofts anboten. Den Künstlern folgten die modernen Galerien, denen die Kundschaft, die ja auch etwas essen will, weshalb Restaurants aufmachten …

Zuerst hatte die alteingesessene Bevölkerung von Handwerkern, alles Leute aus der Auvergne, Zuwachs von arabischen und schwarzafrikanischen Arbeitern bekommen, seit Ende der siebziger Jahre erschienen nun die Künstler auf der Suche nach billiger Bleibe, während immer mehr Auvergnaten die Häuser verließen, ohne sie allerdings als Eigentum abzugeben, was zum Untergang des Viertels beitragen sollte. Während in einigen Hinterhöfen in dieser Zeit noch Gänse frei herumliefen oder Kaninchen in Drahtverhauen gehalten wurden, baute auch manch ein junger Architekt sein Büro in einem

Hinterhof aus. Wer immer Ende der siebziger, Anfang der achtziger Jahre hierherkam, noch bestimmten die im französischen Volksmund als Holzköpfe verschrienen Auvergnaten das Leben auf der Straße. Nicht die feinen Genüsse, sondern deftige Würste und Schinken ziehen die Menschen aus der Auvergne vor, weshalb so manch verstaubt wirkender Lebensmittelladen Kundschaft aus der ganzen Stadt anzieht. Um 1900 kamen besonders viele Menschen aus der Auvergne nach Paris; und weil die als geizig galten, gehörte ihnen bald ein Großteil des Viertels: Sie stiegen am Bahnhof Austerlitz aus und blieben in dieser Gegend, so wie die Bretonen sich am Bahnhof Montparnasse niedergelassen haben. Sie blieben, wo sie ankamen. Allerdings sind viele, die Geld gemacht haben, längst in andere Viertel gezogen. Zuerst einmal waren sie Kohlen- und Holzhändler, es gibt noch welche in der Rue de Lappe, aber nicht mehr viele. Der Grund? Die Auvergne ist ein armes Land, wo die Leute nichts gelernt haben, und da ist der Handel das einfachste.

Mitte der achtziger Jahre verging kaum ein Monat, in dem nicht eine neue Galerie in der Rue de Lappe und den umliegenden Straßen eröffnete. Wann immer in den Hinterhöfen ein Handwerker sein Geschäft schloß, ein Möbelschreiner aufgab, weil er der Konkurrenz von Fabriken nicht mehr standhielt, stand schon ein Maler bereit, um dort ein Atelier einzurichten. Die Mieten waren niedrig, und der Sog war groß, da die Künstler die Gegend um das moderne Museum Centre Pompidou räumten, das zunehmend von Touristen überlaufen war.

Die Leute aus der Gegend akzeptierten die Künstler, doch nicht die Galerien, die kamen. Anders als früher in Saint-Germain[42] oder später im Beaubourg-Viertel konzentrierten sich die neuen Kunsthändler nicht darauf, Maler aus dem Bastille-Viertel vorzustellen; nein, die

42 **Saint-Germain**
Drei Stadtviertel sind es, die das Bild vom Paris der Künstler und Intellektuellen geprägt haben: an der Schwelle zum 20. Jahrhundert der Hügel Montmartre im Norden, in den zwanziger und dreißiger Jahren der andere Hügel im Süden der Stadt, Montparnasse. In den vierziger und fünfziger Jahren wanderte die Szene schließlich hierher, ins Viertel zwischen Boulevard St.-Michel, Jardin du Luxembourg und Rue des Saints Pères. Der Montmartre ist fest in Hand der Touristen, der Montparnasse wird seit Jahren radikal modernisiert, und beide Viertel zahlen keinen geringen Tribut an die Erotikbranche.

St.-Germain-des-Prés hingegen hat sein Gesicht und sein einzigartiges Flair bewahrt, ja, für viele ist Paris nirgendwo so sehr Paris wie hier.

Der Existentialismus ist passé, und auch die legendäre Jazz-Szene hat sich längst über die ganze Stadt verteilt, aber nach wie vor ist St.-Germain-des-Prés das Viertel der Verlage und Buchläden, der Antiquariate und Kunsthändler, der Kinos mit OmU-Filmen und vor allem – der Cafés: *Deux Magots*, das *Flore*, die *Brasserie Lipp*, hier trifft man sich nach wie vor, um bis spät in die Nacht zu reden und zu debattieren.

Der Tourist, der heute an der Métrostation Odéon den Boulevard St.-Germain-des-Prés betritt, sieht sich sofort mit einem der quirligsten Plätze der Stadt konfrontiert, der Straßengabelung Carrefour de l'Odéon. So quirlig, daß er vielleicht in die nächstbeste Seitenstraße flüchtet, wo er, in der Rue de l'Ancienne-Comédie, auf das Café *Procope* stößt, den Urahn aller Pariser Cafés: 1684 hatte hier der Sizilianer Procopio einen Salon eröffnet, in dem er den Franzosen zum erstenmal den Muselmanen-Trank präsentierte, mit durchschlagendem Erfolg, wie man weiß.

Oder er genießt die Ruhe in der Église Saint-Germain-des-Prés. Das ursprüngliche Gotteshaus entstand im Zuge der ersten Kirchengründungen der fränkischen Herrscher des 6. Jahrhunderts. Childebert I., König von Paris, hatte 543 aus Spanien das Gewand des heiligen Vinzenz mitgebracht und stiftete für diese Reliquie auf den Wiesen (»des prés«) vor Paris ein Kloster samt Basilika. Childebert ließ sich hier bestatten und bestimmte die Église de St.-Vincent, wie sie hieß, als letzte Ruhestätte für das Geschlecht der Merowinger.

576 wurde der Bischof von Paris, Germanus, in der Basilika bestattet, und zwar im Portal, was zu Problemen

wurden ja von der Kunstkritik nicht wahrgenommen, weil sie keinen einheitlichen und neuen Stil malten und damit nicht mit einer Modemarke zu versehen waren.

Gleich hinter der Rue de Lappe, in der Rue de Charonne, steht die ehemalige Kaserne der Musketiere des Königs, große Gebäude mit mehreren hintereinanderliegenden Höfen. Alle Etagen waren von Schreinermeistern besetzt, die ihre Möbel mit großen Aufzügen in den Hof hinunterfuhren. Doch eine Etage nach der anderen wurde von Malern übernommen, zumal in der ganzen Welt Leinwände wie Gold gehandelt wurden und es für manchen Käufer schon reichte, wenn ein Bild von großem Format und »wild« gemalt war. Doch je mehr Künstler kamen, fünfzig, hundert neue jedes Jahr, desto mehr veränderte sich das Viertel. Zunächst, weil viele der Maler jung, unbekannt und unbedeutend waren. So gründeten sie einen Verein, den sie auf den traditionsreichen Namen »Génie de la Bastille« tauften, und einmal im Jahr – im Herbst – öffnen sie seitdem ein Wochenende lang ihre Studios dem gemeinen Volk, stellen ihre Arbeiten aus und hoffen, entdeckt zu werden, doch die erfolgreichen Maler machten bald nicht mehr mit.

Tagsüber herrschte zunächst noch das alte, von den Auvergnaten, den Handwerkern geprägte Leben. Nachts aber eilte eine andere Welt herbei, denn in der Rue de Lappe steht seit über einem halben Jahrhundert einer der traditionsreichsten Pariser Tanzpaläste, das berühmte *Balajo* (ursprünglich *Bal à Jo*). Das Café wurde fünf Jahrzehnte lang nachmittags von Hausmädchen und Kellnern aufgesucht; man tanzte zur Musik des Akkordeons Musette-Walzer und Tango – die scheuen Mädchen herausgeputzt, die jungen Männer, die Haare mit Pomade gebändigt, im Sonntagswams … Die vom Lande Hergezogenen sahen sich hier nach einem Lebenspartner um.

führte, als er 754 seliggesprochen wurde: Die Gläubigen, die zum heiligen Germanus pilgerten, versperrten denjenigen den Weg, die wegen der Königsgräber oder des heiligen Vinzenz halber gekommen waren. Germanus wurde also nach zwei Jahren verlegt und in einer Krypta hinter dem Hauptaltar erneut zu Grabe getragen.

Im 9. Jahrhundert wurde das Kloster, das inzwischen den Namen des Germanus trug, dreimal von den Wikingern überfallen und zerstört. Das Benediktinerkloster war nicht nur berühmt als Hort der Gelehrsamkeit, sondern auch für seinen Reichtum bekannt. Man baute wieder auf und reparierte, im 11. Jahrhundert aber war man das Flickwerk leid.

Der Abt Morard ließ die Kirche abtragen und neu, das heißt im romanischen Stil, wiedererrichten. Zusätzlich entstand ein Kirchturm samt Uhr. 1163 wurde die Kirche geweiht.

Die Ausmaße der Abtei waren enorm. Weite Teile des heutigen 5. und 6. Arrondissements nahm die Anlage mit ihrer Festungsmauer und ihren Wachtürmen ein. Noch immer befand sich das Kloster außerhalb der Stadt-

Die Abtei Saint-Germain des Prés (1550)

mauern, man mußte sich selbst verteidigen und versorgen können. Erst die Französische Revolution machte diese »ville de St.-Germain« dem Erdboden gleich.

Geblieben ist die Kirche. Aus dem 11. und dem 12. Jahrhundert stammen noch der wehrhafte Glockenturm, das Portal und der Chor – singuläre Zeugnisse der Romanik in Paris. Und wer genau hinsieht, kann in den Sockeln des Triforiums den einen oder anderen Marmorquader entdecken, der noch von Childebert und seiner Basilika aus dem 6. Jahrhundert stammt.

Mitte der achtziger Jahre faszinierte noch das Gemisch in der Bevölkerung, zwischen den verschiedenen Rassen, zwischen dem Erdverbundenen und dem Künstlichen, das sich in dem Nachtlokal widerspiegelte. Und nur wenige Türen weiter machte die *Chapelle des Lombards* auf, die einst ein berühmtes Jazzlokal in dem Viertel war, das vom Centre Pompidou verändert wurde und in der Rue de Lappe dann als schärfste Disco von Paris galt. Wer in war, der wußte, daß dort der steilste Rhythmus von afrikanischen Gruppen gespielt wurde. Und dann begann der Niedergang. Im *Balajo* verdrängten die, die in den Pariser Diskotheken rausflogen, die braven Tangotänzer, in der *Chapelle des Lombards* wurden die afrikanischen Kapellen eingespart – Platten reichten für die neuen Kunden.

Da waren den Künstlern die Galerien gefolgt, denen jene in der ganzen Welt gleichen Restaurants, die den traditionellen Kneipen mit dem Verkauf von *»de la bouffe«* – mit Fraß – einen unlauteren Wettbewerb liefern. Den Galerien, den Freßlokalen folgten die modischen Friseure, die billigen Modegeschäfte; denn alle meinten, mit der neuen Oper sei man hier, im Künstlerviertel, »in«. Und klammheimlich hatten die Immobilienspekulanten ihre Tentakel ausgestreckt. Zuerst wurden Lofts gehandelt, dann Luxusappartements und Büros neu gebaut und unsinnig teuer zum Verkauf angeboten. Die Preise überschlugen sich, so daß ein Quadratmeter im Handwerkerviertel de la Bastille schließlich genausoviel kostete wie im 7. Arrondissement, wo Hochadel und alte Bourgeoisie leben und Wohnungen unerschwinglich sind.

Das eben ist die Crux der Kunst: Weil Kunst Mode ist, zieht sie Reiche an, die modisch wirken möchten. Zwar war es den Bürgern des Viertels vor einigen Jahren gelungen, die Fassaden ihres Dörfchens vom zuständigen Amt als »unveränderlich« schützen zu lassen, doch das stört niemanden, der Geld hat. Manch ein städtischer Beamter hält da einfach die Hand auf.

Von Musette zu Disco und zurück zu Belcanto

Tagsüber schien die alte Fassade in der Rue de Lappe noch lange zu halten, doch dann wurden im Winter 1992/93 die ersten kleinen alten Häuser abgerissen, heute bieten große Plakate teure Appartements an, die man hier allerorten mieten kann. Und wenn's dann Abend wird in den engen Sträßchen, dann sind Restaurants und Tanzschuppen ganz auf die Gehälter der jungen, flotten Großverdiener aus den Vororten eingestellt. Der laute, betäubende Trommelrhythmus hat den Musette-Walzer in der letzten heilen Ecke von Paris übertönt und damit Frieden und Gemütlichkeit vertrieben.

Der laute, betäubende Trommelrhythmus hat den Musette-Walzer in der letzten heilen Ecke von Paris übertönt.

Ja, und am Abend kommen auch die Freunde jener kunstvollen Geräusche, die entstehen, wenn Luft aus der Lunge durch die Kehle gepreßt wird und wegen einer besonderen Mundhaltung als Wohlklang ertönt. Doppelt so groß wie die Met in New York ist die sogenannte Volksoper geworden, doch das Publikum, das zur Premiere von *Othello* schreitet, wirkt nicht wie jedermann. Nun gut, die Karten sind eben doch so teuer wie gewohnt: bei einer bedeutenden Premiere bis zu dreihundert Euro das Stück! Und ein Wunderwerk der Technik ist sie auch nicht, die neue Oper. Die Akustik lasse zu wünschen übrig, klagen einige, das Orchester sei kaum zu hören; aber wichtig sind ja die Stimmen, und man kann Othello und Desdemona zuschauen, während das Schicksal waltet. Tragisch endet's allemal. – Nach dem Liebesmord auf dem Doppelbett gibt es dann Champagner.

Und wenn sich ihr Blick versehentlich nach draußen verirrt, dann sehen die Besucher in Smoking und Abendkleid auf der Säule der Place de la Bastille den vergoldeten »Génie de la Liberté« – den Geist der Freiheit.

Le Musette, Casque d'or und die Apatschen

Es ist noch nicht lange her, da war das Bastille-Viertel ein reines Arbeiterviertel. Bastille und weiter nördlich Ménilmontant und Belleville, sie sind Teil des »roten« Ostens von Paris. Hier herrschte ein anderer Lebensrhythmus als im touristischen Paris. Und doch waren es gerade die Auvergnaten, die traditionellerweise das Bastille-Viertel bewohnten, die Entscheidendes zum Erscheinungsbild der Stadt beitrugen, einem Bild, das ohne sie so unvollständig wäre wie ein Paris ohne Eiffelturm oder die Champs-Elysées.

Bereits seit dem 18. Jahrhundert fuhren die armen Bewohner aus der Auvergne nach Paris. In Booten, über den Fluß Allier und den Briare-Kanal, kamen sie bis ans Seine-Ufer, um hier Kohlen zu verkaufen. Anschließend zerlegten sie die Boote, verkauften auch noch das Holz und kehrten zu Fuß wieder in ihre Berge zurück. So manch einer blieb aber auch gleich in der Stadt.

Damals lebten etwa tausend von ihnen in der Hauptstadt. *Bougnats*, »Kohlenhändler«, lautet noch heute ihr Spitzname. Und die Menschen aus dem Zentralmassiv waren sich für keine Arbeit zu schade. Sie wußten zu improvisieren: als Wasserträger, Kesselflicker, Parkettabschleifer. Holz war ohnehin schon ihr Metier gewesen, jetzt kam der Handel mit Altmetall hinzu. Aus den Wasserträgern wurden später Limonadeverkäufer. Zum Trinken kam das Essen. Man kochte für private Haushalte auf Bestellung – »Catering« würde man heute sagen. Anfang des 19. Jahrhunderts entstanden kleine Speisegaststätten, wo man all das bekommen konnte, was die Auvergnaten bislang den Leuten ins Haus getragen hatten. Sie waren der Salon für die Armen, der den Namen »Bistro« erhalten sollte.

Paris verdankt seinen Auvergnaten aber nicht nur die Institution Bistro, sondern auch das Markenzeichen Musette-Walzer.

Zwischen 1860 und 1900 erreichte die Migrationswelle der Auvergnaten ihren Höhepunkt. Die Leute brachten aus dem Zentralmassiv nicht nur den Ruch des Kohlenhändlers mit und jenen lustigen Dialekt mit den vielen Sch-Lauten – sondern auch ihre Tanzmusik.

Der Tanz der Auvergne ist die Bourrée, ein ländlicher Zweivierteltakt. Gespielt wurde die Musik auf dem Dudelsack – die »Averner« waren schließlich Kelten (die, wie der gebildete *Asterix*-Leser weiß, bei Alesia ihre letzte Schlacht gegen die Römer schlugen). *Cabrette* heißt der Dudelsack im Dialekt, weil er aus einem Ziegenbalg hergestellt wurde. Eine andere Bezeichnung für ihn ist *musette*.

Jeden Samstag veranstalteten die Auvergnaten in ihren Bistros »Bals de Musette«, Musette-Bälle, die sich rasch allgemeiner Beliebtheit erfreuten. Überall in der Stadt schossen Tanzsäle aus dem Boden, die sich »Bal de Musette« nannten – zum Ärger vieler Auvergnaten. 1895 gründeten sie die Gesellschaft »La Cabrette« und stellten beim Präfekten der Stadt den Antrag, den Mißbrauch der Bezeichnung »Bal de Musette« zu unterbinden. Denn die mondänen Pariser hatten nur den Namen übernommen, gespielt wurden in den neuen Tanzsälen mitnichten Bourrées. Der Antrag blieb ohne Wirkung.

Und noch eine neumodische Erscheinung bereitete den traditionsbewußten Mitgliedern der »Cabrette« Kopfschmerzen: das Akkordeon. Italienische Arbeiter, die nach Paris emigrierten und sich nur unweit der Bastille, vor allem beim Rathaus, ansiedelten, hatten sich unter die auvergnatischen Musiker der Bals de Musette gemischt. Sie erweiterten nicht nur das Repertoire um neue Melodien, sondern brachten vor allem auch ihr Instrument mit, eben das Akkordeon. Ein Cabrette-Virtuose der damaligen Zeit wetterte: *»Helft, ihr Menschen, helft uns, das Akkordeon zu verbannen, das sich überall in unserem Land breit macht. Dieses elende Instrument ist bei der Jugend im Schwange, weil man kein Musiker sein muß, um es zu spielen.«*

Doch der Siegeszug des Akkordeons war nicht aufzuhalten. Mit der Entwicklung des modernen chromatischen Akkordeons im Jahr 1900 hatte der Dudelsack endgültig ausgespielt. Das Akkordeon wurde zum Inbegriff einer Musik, die jetzt *le musette* hieß. Die neue Musette-Musik verband sich mit anderen Tänzen, Foxtrott, Paso doble, Tango, oder entwickelte eigene Formen, den Musette-Walzer etwa. Oder den Java, eine Mischung aus Walzer und italienischer Mazurka – »ça va« sagt der Pariser, »java« sagt der Auvergnate.

Man spielte jetzt auch nicht mehr nur in den Bals de Musette, sondern in Straßen, in Varietés, wandte sich dem Chanson zu und später dem Swing. Nach 1945 war Musette *die* populäre Musik von Paris. Das Ende des Musette kam erst in den späten Fünfzigern. Jetzt war Rock 'n' Roll angesagt.

Es ist eine Erscheinung des 20. Jahrhunderts, daß die Jugend sich in Gruppen zusammenschließt und gegen Althergebrachtes rebelliert. Als einheitstiftendes Element diente dabei schon immer Musik. Neu mußte sie sein und möglichst skandalumwittert. In Paris um 1900 war dies *le musette*.

Zeitungen berichteten von Jugendbanden, die am Wochenende die Bals de Musette heimsuchten und hier ihre Auseinandersetzungen austrugen. Und wenn man sich nicht untereinander schlug, pöbelte man eben die anderen Gäste an. Die Traditionalisten der »Cabrette« klagten nicht zu Unrecht: *»Wo die Cabrette durch das Akkordeon ersetzt wird, da fließt Blut.«*

Die Banden nennen sich zumeist nach dem *nom de guerre* ihres Anführers, die Zeitungen hingegen halten eine eigene Bezeichnung für sie bereit: *apaches* – Apatschen. Die jungen Leute – die meisten sind unter Zwanzig, Arbeiterkinder aus den Vierteln Ménilmontant, La Villette, Belleville oder von der Butte Montmartre – schockieren nicht nur durch den ständigen Einsatz ihrer Fäuste, sondern auch durch ihr freizügiges Liebesleben. Die weiblichen Bandenmitglieder gelten als neue Amazonen, die auch schon mal zum Messer greifen, um sich der Verhaftung zu entziehen. Überhaupt ist die Polizei lange Jahre hilflos, und erst der Weltkrieg setzte den Pariser Apatschen ein Ende.

Aus diesen wilden Tagen der Belle Epoque ist vor allem die Geschichte von »Casque d'or« berühmt geworden: »Goldkappe«, so wurde Amélie Hélie aus Orleans wegen ihres leuchtenden Blondschopfs genannt.

Mit dreizehn verliebt sie sich in den fünfzehnjährigen Arbeiter »Le Matelot« und quartiert sich mit ihm im Hotel Trois Empereurs ein, wo die beiden Teenager sich ganz der Liebe hingeben. Die Eltern verständigen die Polizei, Amélie wird verhaftet, landet in der Besserungsanstalt, aus der sie ausbricht. Amélie lernt Hélène aus dem Quartier La Courtile im Stadtteil Belleville kennen, zieht zu ihr in die Wohnung. Die beiden jungen Frauen werden unzertrennliche Freunde, vergnügen sich, lieben sich.

Hélène arbeitet als Prostituierte und nimmt Amélie unter ihre Fittiche und mit an ihre Straßenecke. Sie macht sie auch mit Bouchon bekannt. Der ist Anführer der Jugendbande »Orteaux« und Zuhälter. Amélie, die sich Hals über Kopf in den schönen Mann im grauen Anzug mit den gelben Schuhen verliebt, wechselt das Lager und geht fortan für Bouchon auf den Strich. Doch Bouchon zeigt sich schon bald von seiner unangenehmen Seite, er wird brutal. Da lernt Amélie Joseph Pleigneur, genannt Manda, kennen und beginnt mit ihm ein Verhältnis. Als Bouchon dahinterkommt, kommt es zum Kampf. Ein Mitglied der »Orteaux« wird niedergestochen, Bouchon zieht den Schwanz ein und überläßt Manda das Feld.

Doch das Glück währt nicht lang. Manda treibt sich in Geschäften herum, läßt Casque d'or tagelang allein, die langweilt sich und schlüpft wieder zu diversen Männern (und auch Frauen) ins Bett. Manda, der davon erfährt, tobt – und geht seinerseits fremd.

Amélie verläßt Manda. Insgeheim hofft sie, Manda würde hinter ihr hergelaufen kommen, aber der denkt gar nicht daran. Amélie ist wütend. Sie plant einen Coup: Sie zieht bei Dominique Leca ein, dem Anführer der Jugendbande »Popinc«, und in der Tat verletzt dies die Ehre des neuen Anführers der »Orteaux« empfindlich.

1902 kommt es in Paris zum Bandenkrieg. Am 2. Januar überfallen Manda und sein Kumpel Polly das Hotel, in dem Amélie und Leca schlafen. Es geht lediglich Mobiliar zu Bruch. Am 5. Januar wird Leca dann bei einem Zusammenstoß der beiden Banden von zwei Kugeln getroffen. Erst drei Tage später läßt er sich in einem Krankenhaus behandeln. Die Polizei verhaftet ihn, Leca wird verhört, nennt aber keine Namen. In der Rue de Bagnolet, beim Friedhof Père Lachaise – Leca ist nur für ein paar Stunden auf Freigang –, kommt es erneut zu einem Kampf. Leca zieht sich drei Messerstiche zu, wieder muß er ins Krankenhaus eingewiesen werden, wieder verrät er nichts.

Es ist die Mutter des jungen Mannes, die der Polizei schließlich den Namen von Manda nennt.

Manda flieht, zunächst zu einem befreundeten Zuhälter ins Quartier Latin, dann nach London, nach einer Woche nach Alfortville bei Paris. Dort wird er verhaftet. Fünfzig Polizisten sind auf ihn angesetzt.

Der Fall wird Gesprächsthema Nummer eins in Paris. Amélie muß Interviews geben, die Zeitungen berichten ausführlich, das Wort von den »Apatschen« macht die Runde, es entstehen Theaterstücke und Chansons.

1951 wurde ihre Geschichte erfolgreich für die Leinwand adaptiert, von Jacques Becker, der auch das Drehbuch schrieb, mit der schönen Simone Signoret in der Rolle der Casque d'or.

Simone Signoret

Die wahre Amélie sagte sich nach all den Wirren von der Prostitution los, sie arbeitete eine Weile mit einem Dompteur zusammen, hatte weiterhin zahlreiche Liebhaber, heiratete schließlich und zog vier Kinder und mehrere Neffen ihres Mannes groß. Sie starb 1933 im Alter von knapp vierundfünfzig Jahren.

Das Haus des Königs

11. Kapitel

Warum die Nachfahren der Musketiere schön anzuschauen sind und von einem Weltrekord auf dem Motorrad

In Deutschland hat die Regierung nach dem Zweiten Weltkrieg, als sie sich wieder eine Wehr einrichten durfte, die Uniformen der Soldaten, der Offiziere und Generäle, ja selbst die der Ehrenkompanie, bewußt schmucklos und schlicht gehalten, damit sich niemand mehr von dem Wahn hinreißen ließe, seine Bestätigung in einer prunkvollen Kleidung zu suchen. Niemand hat aber auch den Mut gehabt, fein zu unterscheiden zwischen denen, die nur gehorchten – den Kaisern, den Führern, wem auch immer –, und jenen anderen, die – in welchem Land auch immer – für eine Idee kämpften. Ganz gleich, unter welcher Flagge: Blau-Weiß-Rot erwählte sich die republikanische Garde der Franzosen zu ihren Farben, Schwarz-Rot-Gold die deutsche »Schwarze Schar«, Lützows Freikorps, das in der Völkerschlacht bei Leipzig am 17. Juni 1813 fast völlig aufgerieben wurde und zu dem Joseph von Eichendorff, Friedrich Ludwig

(Turnvater) Jahn und Theodor Körner *(»Lützows wilde, verwegene Jagd«)*, der bei Gadebusch am 26. August 1813 gefallen ist, gehörten. Sie kämpften für die Freiheit in einem Tuch, dessen Farben – Schwarz-Rot-Gold – zum deutschen Symbol wurden: Sie standen für nichts Geringeres als die deutsche Einheit. Und dieses Schwarz-Rot-Gold von Lützows Wams trugen dann die Demokraten des 19. Jahrhunderts vor sich her, weshalb auch nach dem Zweiten Weltkrieg die Deutschen hüben wie drüben daran festhielten. Doch bis heute fürchten sich die Deutschen beiderseits der Elbe so vor Symbolen, daß sie selbst positive Zeugnisse aus ihrer eigenen Geschichte nicht kennen, geschweige denn wagen, sich zu ihnen zu bekennen. Da fühlen die Franzosen ganz anders: Ihnen gelingt es, Symbole wie die Garde républicaine selbst dann zu erhalten, wenn in deren Geschichte Brüche entstanden sind, die so groß sind wie Widersprüche.

Die Rue de Rivoli nördlich der Tuilerien – die Triumphstraße Napoléon Bonapartes

Eine Stadt wird tranchiert

Baron Haussmann und seine Straßen

Die wahre Französische Revolution sei nicht jene im Jahr 1789 und auch nicht die von 1848 gewesen, die wahre Revolution, so sagen manche, fand 1851 statt, als Louis Napoléon, der Neffe Bonapartes, sich mit einem Staatsstreich an die Macht brachte. Tatsächlich wird er innerhalb von nur siebzehn Jahren, von 1852 bis 1869, Paris so radikal verändern, wie dies Jahrhunderte vor ihm nicht vermocht haben.

1852 wird er als Napoléon III. zum Kaiser gekrönt. 1853 ernennt er den ehrgeizigen, 1809 in Paris geborenen George Eugène Haussmann zum Präfekten der Stadt und betraut ihn mit der Durchführung seiner höchstselbst entworfenen Pläne zur umfassenden Modernisierung der Stadt.

Sechzig Prozent der bestehenden Häuser sind von der Sanierung betroffen. Hunderttausend Gebäude entstehen neu. Protesten in der Bevölkerung wird selbstverständlich kein Gehör geschenkt. Im Gegenteil: Von Anfang an sollte das historische Paris mit seinen engen Gassen, in denen Aufrührer nur allzuleicht Barrikaden errichten konnten, durch breite Boulevards aufgelöst werden, Boulevards, die jederzeit Platz boten für ganze Kavallerieschwadrone. Vom »Aufschlitzen« *(»éventrement«)* des alten Paris sprach Haussmann freimütig in seinen *Memoiren*, in denen er überhaupt eine recht feldherrlich martialische Sprache an den Tag legte.

Die Zielstrebigkeit und die Konsequenz, mit der die Modernisierungspläne umgesetzt wurden, verdient in der Tat, revolutionär, nämlich »umwälzend«, genannt zu werden. Neu indessen waren sie nicht.

Bereits der erste Napoléon war damit befaßt, Paris in die Moderne zu führen und zur »Hauptstadt der Hauptstädte« zu machen. Er ließ erste Straßenzüge pflastern, führte die Gasbeleuchtung in den Straßen ein (1814 gab es viereinhalbtausend Gaslaternen), außerdem stammt die Idee der Hausnumerierung von ihm, wie auch die Idee, gerade Ziffern auf der einen, ungerade Ziffern auf der anderen laufen zu lassen. Unter Napoléon Bonaparte wurden vier Kilometer der Seine mit Quais befestigt und neue Brücken über den Fluß geschlagen, darunter die erste Brücke aus Gußeisen (der Pont des Arts, der inzwischen aber durch eine Stahlkonstruktion ersetzt wurde). Der Canal de l'Ourcq wird gegraben, die Kanalisation entsteht.

Mit diesen und vielen anderen städtebaulichen Maßnahmen gab Napoléon die Richtung vor, die dann vom Bürgerkönig Louis-Philippe und mit so unvergleichlichem Erfolg dann von seinem Neffen Louis-Napoléon weiterverfolgt wurde.

Sichtbarste Zeichen für dieses moderne Paris waren und sind die Boulevards. Auch hier war Bonaparte wegweisend. Er wollte breite, gerade Straßen, schlicht-klassizistisch und einheitlich gestaltet. Die Architekten Percier und Fontana beauftragte er mit dem Bau einer Triumphstraße, die die Stadt von Ost nach West durchziehen sollte. Dazu ist es nicht gekommen. Mit der Rue de Rivoli lieferte er aber immerhin ein gültiges Muster für die späteren Boulevards. Von der Place Vendôme verläuft sie in östlicher Richtung an der Nordseite der Tuilerien und des Louvre entlang. Sie ist es, die Napoléon III. offiziell zum Vorbild nimmt für die von ihm geforderte »façade obligatoire«, die Einheitsfassade von Paris: alle Fensteröffnungen auf einer Höhe, flache Balkone, womöglich Arkaden für Geschäfte, die aber auf Ladenschilder und ähnliches zu verzichten haben.

Für Victor Hugo besaß die Rue de Rivoli Symbolcharakter:

»Das alte Paris ist nicht mehr denn eine ewige Straße,
Elegant gestreckt und gerade wie ein I,
und sie sagt: Rivoli, Rivoli, Rivoli.«

Und doch, so sehr der erste Napoléon auch an der Modernisierung der Stadt arbeitete – noch im Jahre 1830 war Paris im Grunde mittelalterlich strukturiert: Auf der Île de la Cité befand sich die Altstadt, die umliegenden Stadtviertel zogen sich bis an die historischen Boulevards hin und bestanden aus einem Gewirr von Straßen, die zum Teil nur wenige Meter breit waren. Nach wie vor gab es keine funktionierende Kanalisa-

Die Altstadt auf der Île de la Cité vor Beginn der Abbrucharbeiten

tion. Abwässer und Regen liefen in einer Rinne in der Mitte der Straße ab. Trottoirs gab es wenige. Vornehme Wohnungen hatten Fäkalgruben, die regelmäßig geräumt werden mußten. Nur einige noble Stadtpaläste verfügten über fließend Wasser. Normalsterbliche waren auf die gut hundert Brunnen der Stadt angewiesen; wer es sich leisten konnte, ließ sich das Wasser von Wasserträgern bringen.

Damit sollte nun Schluß sein. Haussmann opferte bezeichnenderweise die gesamt Altstadt der Île de la Cité und ersetzte sie durch – Verwaltungsgebäude. Die Boulevards strukturieren die gesamte Stadt neu.

Schon einmal war durch die Schaffung großer breiter Straßen die Stadt neu strukturiert worden, im 17. Jahrhundert. 1670 fällt Ludwig XIV. die – ihrerseits revolutionär zu nennende – Entscheidung, die alte Stadtbefestigung Karls V. niederzureißen und an ihrer Stelle neuartige, begrünte Straßen anzulegen, die Boulevards entstehen. Die alte Befestigung zog sich im Norden von der Madeleine zur Place de la République und bis zur Bastille und umschloß im Süden das Quartier Latin, ließ den heutigen Jardin du Luxembourg aus und verlief dann im Zickzack auf der Höhe des heutigen Boulevard Rampail zurück zur Seine. Die Öffnung der Stadt war eine folgenreiche Entscheidung, in kurzer Zeit entstanden neue Stadtteile und neue Vororte. Paris schickte sich an, Welthauptstadt zu werden, und die Boulevards waren der öffentliche Raum, wo der Mann von Welt sich zeigte. Bereits Louis Sébastien Mercier geriet ins Schwärmen:

»Als eine durchgehende großzügige, prachtvolle und bequeme Promenade umgürten sie die Stadt nahezu lückenlos. Dazu sind sie sämtlichen Ständen der Bevölkerung geöffnet, unendlich belebt und mit allem versehen, was das Verweilen auf ihnen angenehm und erholsam macht. Man kann sich zu Fuß, zu Pferd oder im Kabriolett auf den Boulevards ergehen, und man darf sie durchaus

zum Schönsten unter all dem Schönen rechnen, was Paris zu bieten hat. Am wenigsten Betrieb herrscht, obschon er der sauberste ist, auf dem südlichen Boulevard: Man kann ihn gar nicht genug preisen. Gesäumt von vier Baumreihen, mißt sein solider (gekiester, teilweise auch gepflasterter) Fahrdamm vierundzwanzig Fuß in der Breite und erstreckt sich in weitem Halbrund über sechs Meilen und dreiundachtzig Klafter. Derart prächtigen und nützlichen Straßenbauten begegnet man einzig in unermeßlich großen und reichen Hauptstädten.«

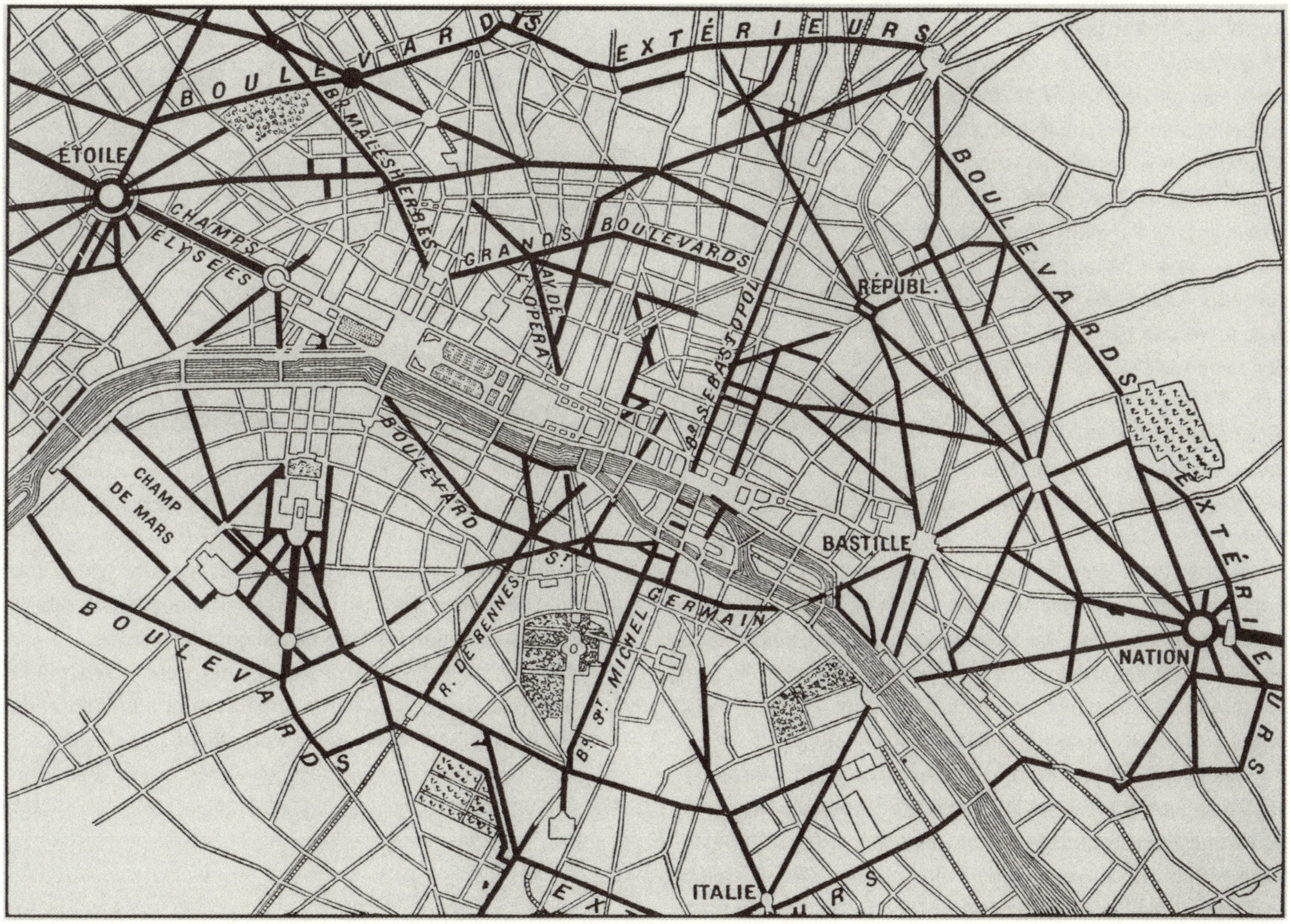

Das »Schnittmuster« des Baron Haussmann: Breite Breschen werden in eine noch vorwiegend mittelalterlich strukturierte Stadt geschlagen

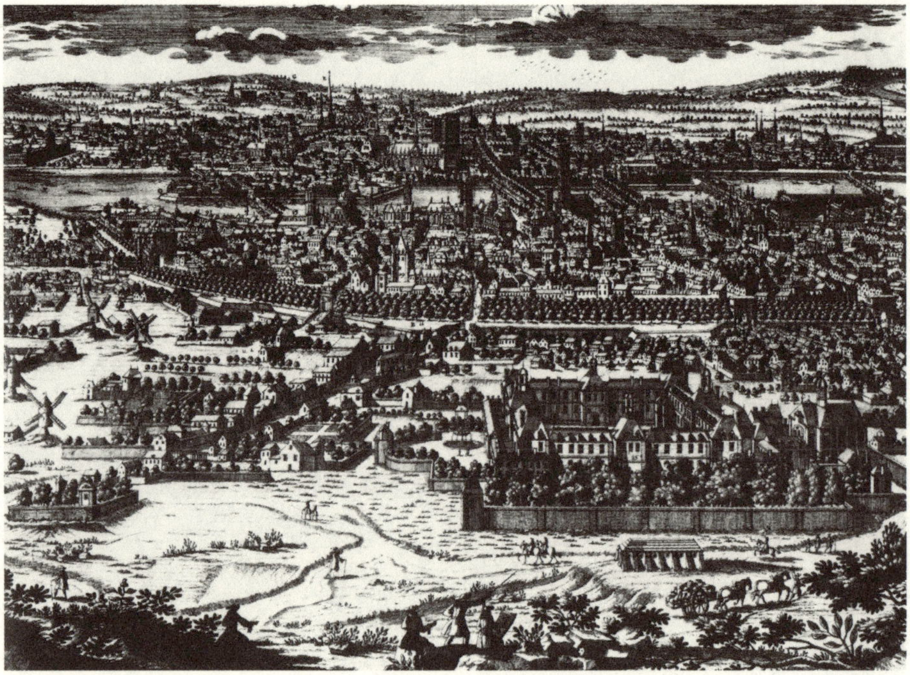

Der schöne südliche Boulevard: »Man kann ihn gar nicht genug preisen«

Die Haussmannschen Straßenzüge schnitten nun tiefer ein in die Substanz der Stadt. Die Ost-West-Achse wird durch die Verlängerung der Rue de Rivoli bis zur Bastille gezogen, die Nord-Süd-Achse mit den Boulevards St. Michel – de Sébastopol ausgebaut und auf diesem Wege gleich noch das »Aufruhrnest« rund um die Kirche St.-Merri aufgelöst. So verschwinden alte Stadtteile, neue formieren sich.

Die Grands Boulevards – vom Boulevard de la Madeleine über den Boulevard Montmartre bis zum Boulevard de Bonne Nouvelle – werden das neue Zentrum der neuen Weltstadt. Hier finden sich die wichtigen Theater, die berühmten Restaurants und Cafés und die exklusiven Modegeschäfte. Hier entsteht folgerichtig die neue Opéra Garnier.

Mit der Place de l'Opéra schuf Haussmann einen Knotenpunkt, an dem sich erklärtermaßen »Macht, Arbeit und Geld« konzentrieren sollten: Die umliegenden Straßen führen quasi direkt zu drei Bahnhöfen (die Rue Auber zum Gare St.-Lazare, die Rue Lafayette zum Gare de l'Est und zum Gare du Nord), außerdem zur Börse sowie zum Palais Royal und zum Louvre.

Das Faubourg St.-Honoré, das nördlich der Champs-Élysées gelegene Viertel, wird bevorzugter Wohnsitz des Geldadels und des Großbürgertums. Der südlich der Seine gelegene Faubourg St.-Germain gerät ins Abseits: Das Viertel, in dem traditionell der Adel residierte (im 17. Jahrhundert hatte das Marais-Viertel diese Funktion erfüllt), es wird zum Relikt einer alten, vorliberalen Zeit. Baron Haussmann hatte den Boulevard St.-Germain hier durchgezogen und gnadenlos zahlreiche Stadtpaläste und Gartenanlagen geopfert.

1867 sind die größten Straßenzüge neu geschaffen, pünktlich zur Weltausstellung, deren Organisation niemand anderem obliegt als – George-Eugène Haussmann.

Im 19. Jahrhundert, als die Boulevards in Paris angelegt wurden und ihr Bau die engen alten Viertel zerschnitt und den neuen, großzügigen mit ihren einheitlichen Fassaden im klassizistischen Stil ein weltstädtisches Ansehen gab, wurden auch im 4. Arrondissement die alten Gärten des Zölestiner-Klosters, das hier seit Jahrhunderten stand, durch die Wegziehung eines nur siebenhundert Meter langen, aber dreißig Meter breiten Boulevards, der vom Quai de Béthune zur Place de la Bastille führt, zerstört. Einheitlich wuchsen neue Fassaden hoch, größer waren die Fenster, mehr Etagen hatten die Wohnhäuser, doch dunkel und dräuend wirkt jene Fassade, die sich von der Rue du Petit-Musc einen ganzen Straßenblock entlangzieht. Da steht, man sieht es sofort, kein Wohngebäude, sondern hier verbirgt sich Macht. Und zwar die des Staates, eine langweilige, weltliche Macht, der eine der prunkvollsten Klosteranlagen[43] von Paris weichen mußte: Wo einst Zölestiner-Mönche zwischen Kirche, Refektorium und Schlafsaal umherwandelten, erhebt sich jetzt die Kaserne der Garde républicaine.

Seitdem machen sich jeden Tag hinter den 1871 errichteten Fassaden einer Kaserne mitten in Paris Herren zum Ausritt bereit. Sie legen alte Uniformen an, deren Kragen so schwer zu schließen sind, daß sie sich meist gegenseitig helfen. Ihren Gäulen haben sie mit Bürsten und einem Messingblatt, das an ein Schachbrett erinnert,

Das älteste Wohnhaus von Paris: Hôtel de Sens

43 **Eine der prunkvollsten Klosteranlagen**
Die Rue du Petit-Musc liegt im berühmten Marais-Viertel, jenem Stadtteil zwischen Rathaus und Place de la Bastille am rechten Seine-Ufer. Hier im vormaligen Morast (»marais«) entstanden seit dem 15. Jahrhundert die berühmten Pariser »Hôtels«, prächtige Stadtpaläste des Adels, des Landadels zumeist. Das Hôtel de Sens, das die Erzbischöfe von Sens zwischen 1475 und 1507 erbauen ließen, in der Rue de Figuier, ist heute das älteste erhaltene Wohnhaus von Paris.

Die Place des Vosges ist das Herz des Marais-Viertels: Dieser Platz ist nicht nur der älteste von Paris, 1612 wurde er fertiggestellt, sondern auch einer der schönsten. Seine symmetrische Anlage und die geschlossene Optik machten ihn zum Vorbild für viele spätere Plätze, allen voran die Place Vendôme. Place Royal hieß der Platz damals noch. Turniere fanden hier statt, hochherrschaftliche Feste aller Art und gern auch Duelle. Von 1832 bis 1848 wohnte Victor Hugo in der Nummer 6 des Platzes, im Hôtel de Rohan-Guéménée, das heute ein Hugo-Museum beherbergt. Und nur ein paar Schritte weiter südlich fand sich das Kloster mit seinen fünfzig korinthischen Säulen. Es besaß ein eigenes Krankenhaus und erhielt eine zweite, wunderschöne Kapelle, als der Herzog Louis d'Orléans nach dem unglücklichen Abend des »Bal des Ardents« Reue zeigte und die Chapelle d'Orléans stiftete.

Der Bal des Ardents ist eine von jenen unzähligen Geschichten hinter den Fassaden von Paris, die sich im Lauf der jahrhundertealten Biographie dieser Stadt abspielten und in Vergessenheit gerieten, weil Wichtigeres zu behalten war. Am 28. Januar 1393, es war ein Dienstag, lud Königin Isabeau, geboren als Elisabeth von Bayern, zum Hochzeitsball für eine ihrer deutschen Ehrendamen, Catherine de Hainserville, ein, und der Brauch gebot es, weil

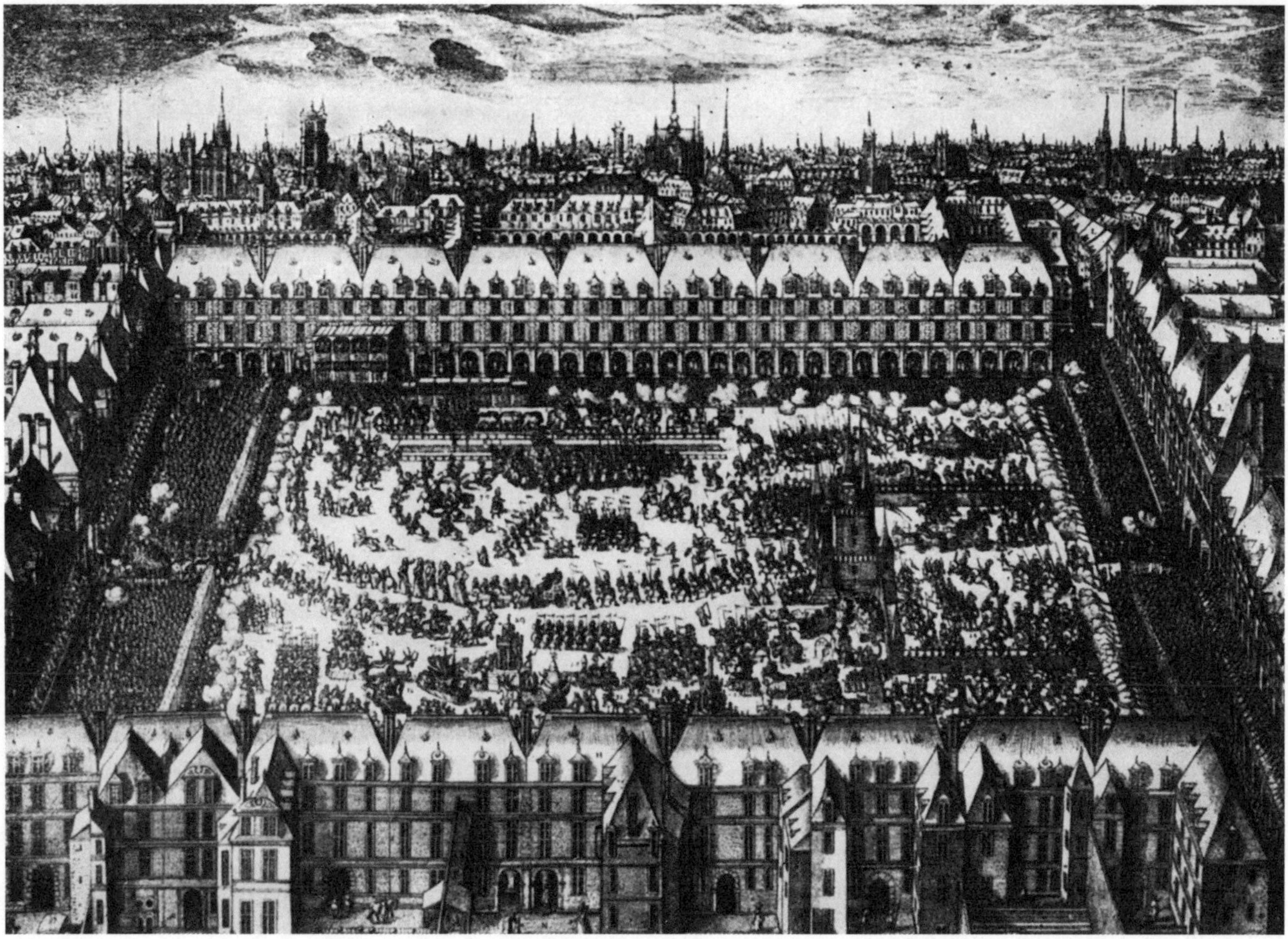

Zentrum des gesellschaftlichen Lebens im 17. Jahrhundert: die Place des Vosges, damalige Place Royale, um 1610

ein Feld frei, ein Feld bedeckt, Vierecke in die Flanken gestriegelt. Diese Dienstpferde gehören zu den schönsten Frankreichs, denn die Reiter der Garde républicaine sind – bei Staatsbesuchen – die Ehrengarde von Königen und Präsidenten. Am Nationalfeiertag begleiten sie das französische Staatsoberhaupt dann die Champs-Élysées hinunter, um die Parade abzunehmen – wie sie dies seit 1880 tun. Die Garden tragen Uniformen aus dem Jahr 1874, weshalb sie wie Statisten in einem historischen Film wirken: prächtig anzuschauen, aber bedeutungslos. Eindrucksvoll kontrastieren die roten Jacken samt weißen Epauletten zu den weißen Hosen und schwarzen Lackstiefeln. Die Hände stecken in weißen Handschuhen aus Leder; wenn er nicht mit der Faust vor das Gesicht gehalten wird, prangt an der Hüfte der Säbel; und auf dem Kopf blinkt der gewienerte Messinghelm mit langem rotem oder schwarzem Schweif.

Vielleicht ist es doch ungerecht, sie bedeutungslos zu nennen. In der Garde lebt Vergangenheit weiter, bleibt Geschichte im Bewußtsein, hier gibt es eben – trotz historischer Widersprüche – keinen Bruch. Als letzte berittene Einheit Frankreichs ist die Garde républicaine stolz darauf, Nachfahre der königlichen Musketiere und kaiserlichen Wachen zu sein. Und darin liegt schon der erste Widerspruch, ist doch die Republik eine Folge der Revolution, deren Anführer den König köpfen ließen, um seine Souveränität dem Volk zu übertragen. Doch die Tradition der Garde wird nicht nur in Uniform, Gehabe und Musik bewahrt, sondern selbst im Handwerk. Wie anno dazumal

In der Garde lebt Vergangenheit weiter, bleibt Geschichte im Bewußtsein, hier gibt es eben – trotz historischer Widersprüche – keinen Bruch.

die Braut bereits zweimal verwitwet war, daß die Gäste sich bis zur Unkenntlichkeit verkleideten. König Charles VI kam auf die, wie sich erweisen sollte, unglückliche Idee, sich und fünf seiner Edelleute als zusammengekettete wilde Waldbewohner zu vermummen, wozu die sechs sich Gewänder auf den Leib nähen ließen, die mit Pech überzogen und mit Hanf und Federn beklebt waren. Um festzustellen, welcher der Wilden Charles VI sei, eilte des Königs Bruder, der Herzog Louis d'Orléans, mit einer brennenden Fackel herbei und steckte aus Versehen einen der sechs aneinandergeketteten Wilden an. Federn, Flaum und Pech der Verkleidung loderten blitzschnell auf, und das Feuer sprang sofort von einem zum andern über. Vier von ihnen, darunter der Comte de Joigny und Aymard de Poitiers, verbrannten bei lebendigem Leibe; der König wurde durch die Geistesgegenwart seiner jungen Tante, der Duchesse de Berry, gerettet, die den Brennenden in ihren großen Mantel einwickelte und so das Feuer erstickte; nur der fünfte von Charles' Edelleuten, Sire de Nantouillet, rettete sich selbst, indem er in ein Wasserbecken sprang, nachdem es ihm gelungen war, sich aus den Ketten zu befreien.

Zur Sühne wurde das Palais, in dem der Ball stattgefunden hatte, abgerissen, und Louis d'Orléans ließ beim Zölestiner-Kloster eine zweite Kapelle errichten, die so schön war, daß Piganiol de La France siebzig Seiten benötigte, um ihre Vollkommenheit und ihren Kunstreichtum gerecht zu beschreiben. Vor der Revolution gab es in Frankreich außer der Abtei von Saint-Denis keine Kirche, in der eine größere Zahl berühmter Persönlichkeiten begraben lag.

Mit den Wirren der Revolution drohten auch dem Kloster, besonders aber der Chapelle d'Orléans, was vielen Kirchen und geistlichen Einrichtungen widerfuhr: Plünderung und Zerstörung; 1790 fielen die Sansculottes über diese heilige Stätte her, 1849 wurden die Reste abgerissen. Was an Kunstschätzen und Gräbern zu retten war, fand im Louvre, in Saint-Denis und Versailles einen Platz.

geht es heute noch in der Kasernenschmiede zu. Aus dem rohen Kanteisen wird jedes Hufeisen einzeln geformt und noch glühend dem Huf angepaßt; »à la française« nennt man diese Technik. Alle sechs Wochen werden die fünfhundertzwanzig Pferde der Kavallerie neu beschlagen, und selbst für – einen eventuellen – Feldzug hat der Schmied in dieser postatomaren Zeit vorgesorgt: Für jedes Pferd der Garde républicaine liegen vorgefertigte Beschläge doppelter Dicke bereit. Man weiß ja nie, wie lange sich solch ein Ausflug hinziehen würde.

Pauken und Trompeten

Mehr als sechzigmal änderte die Garde ihren Namen im Lauf der Jahrhunderte, doch deren Aufgaben blieben stets gleich: Schutz der Regierenden, Empfang und Sicherheit hoher Gäste und vor allem, der Nation Glanz zu verleihen. Schon die merowingischen Könige des siebten Jahrhunderts glaubten, eine persönliche Ehrenwache schmücke sie, und riefen die »Garde d'honneurs« ins Leben. Im 12. Jahrhundert beschlossen die Kapetinger, diese Garde auch für den Schutz der königlichen Gemächer und Schlösser einzusetzen, weshalb sie die Einheit in Infanterie und Kavallerie aufteilten. Ein Jahrhundert später verfügte König Philipp III. der Kühne, daß ein Angehöriger der Garde nach dreijährigem Dienst geadelt und auf Lebenszeit von Steuerpflichten befreit würde, vor allem aber, daß er jederzeit in Stiefeln vor seinen König treten dürfe.

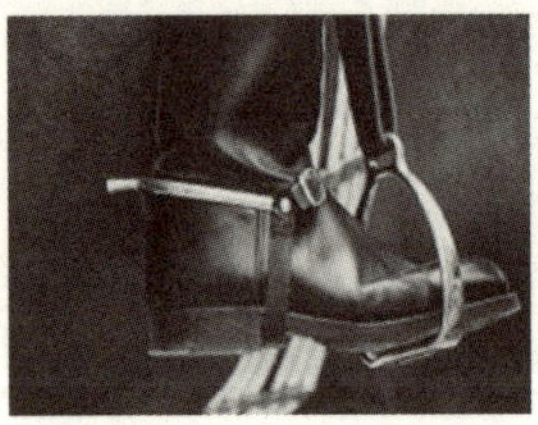

Die hauseigene Sattlerei, heute am Platz der Republik gelegen, stellt alle Lederwaren für die Garde her – oder repariert sie. Was zu retten ist, wird mit Hingabe von Handwerksmeistern – altgedienten Gardemitgliedern – erneuert; so sitzen viele Reiter noch auf Sätteln, die schon vor hundert Jahren angefertigt wurden. Aus jener Zeit stammt auch die mit Kohlen beheizte Sattelpresse, die letzte in Frankreich, mit der immer noch gearbeitet wird. Das vorgeschnittene, nasse Oberleder wird unter tonnenschwerem Druck in Form gebracht, und der neue Sattel kann gewiß wieder ein paar Dutzend Präsidenten überdauern. Kein Privatunternehmen, auch nicht Edelproduzenten wie Hermès, könnte sich den vom Staat getragenen Luxus solcher Handarbeit leisten. Selbst über eine hauseigene Waffenschmiede befiehlt die Garde républicaine, doch stellt sie kein Kriegswerkzeug mehr her, da wird nur repariert: Über tausend Stück werden pro Jahr eingereicht, von der Klinge bis zum Maschinengewehr.

Kein Privatunternehmen könnte sich den vom Staat getragenen Luxus solcher Handarbeit leisten.

Die Paradehelme bestehen aus vierundneunzig Einzelteilen; sie zusammenzuschrauben und die Roßhaarmähne einzuflechten dauert pro Helm mindestens eine Woche. Mit Stolz und Würde trägt ein Gardemitglied seine verchromte Messingschale, wenn er sich der Pariser Öffentlichkeit zeigt: rote Mähnen für die Musik, schwarzes Haar für die Krieger.

Der abgekarrte Pferdemist geht übrigens sinnvollerweise nicht verloren: Er wird an die Champignonkeller der Stadt Paris geliefert. Und so trägt die Garde républicaine indirekt zum Gaumengenuß bei, denn manch eines dieser kleinen Gewächse ziert die Teller eines Edelrestaurants.

Nicht sichtbar von außen, liegt im weiten Innenhof der Kaserne eine Reitbahn, wo morgendlich ein kleines Lauftraining zur gewohnten Arbeitseinstimmung zwischen Bastille und Seine gehört. Die Manege mit einem edel gewölbten Holzdach dient normalerweise zum Exerzieren. Die Garde reitet ausschließlich rotbraune Füchse, nur die Paukenschläger sitzen auf Grauschimmeln als Hinweis an den Feind: Achtung, hier reitet Musik, bitte nicht schießen! Denn musikalische Begleitung hat immer schon das Kriegshandwerk verschönt. Das erste Fanfarenkorps der Garde wurde unter Napoléon gegründet, wenige Jahre später kamen sogar Symphonie-Orchester und Chor hinzu, weshalb die Manege auch zum Konzertsaal umgebaut werden kann. Ein Holzboden wird eingezogen, Sesselreihen werden aufgestellt, und selbst wenn die Luft immer noch vom Pferdeduft geschwängert sein dürfte, spielt das Orchestre de la Garde républicaine schon einmal Werke von Wagner, Ravel und Verdi – so friedlich ist man geworden.

Das ganz alltägliche Spektakel

Wenn der Präsident der Assemblée nationale den langen Gang vom Hôtel de Lassay, seinem Amtssitz, hinüber in das angrenzende Palais Bourbon, in dem der Plenarsaal der Nationalversammlung liegt, ganz offiziell nimmt, um die Sitzung zu eröffnen, dann stehen alle paar Meter Gardes républicains in ihren Prunkuniformen, den Säbel gezückt, aber mit auf den Boden weisender Spitze, und repräsentieren so die Würde der Nation. Wenn es Ausländern auch albern scheint, wie wichtig sich hier der Chef einer Volksversammlung nimmt – es gibt ja kein Publikum! –, so wirkt die cinemascopereife Szene auf die meisten Franzosen ganz natürlich und gottgegeben. Um ins Palais Bourbon zu kommen, um Staatsgäste durch die Stadt zu geleiten, um an der Spitze der Parade den Präsidenten zu begleiten, reiten sie in Formation durch den dicksten Verkehr der Stadt, und von Zeit zu Zeit lassen die Fanfaren, die Pauke, die Trommel eine musikalische Begleitung ertönen.

Nicht immer reiten so viele aus wie am 14. Juli, wenn dreihundert Reiter morgens die Kaserne am Boulevard Henri IV verlassen und über die inneren Boulevards zum Arc de Triomphe traben, wo der Präsident sich zu ihnen gesellt – der Herr natürlich nicht hoch zu Roß. Er fährt mit der

Der junge Ludwig XIV. kehrt nach Paris zurück

Limousine vor, klettert in einen offenen Pritschenwagen, um dann den Weg inmitten der Kavallerie fortzusetzen. Von weitem sieht das Bild aus, als habe es ein Meister großer Hollywood-Spektakel inszeniert, denn nur Oberkörper und Kopf des Präsidenten schauen aus dem im leichten Trab wogenden Meer von beschweiften Helmen und rotberockten Reitern auf edlen Pferden hervor.

Schon die Wachen des Sonnenkönigs Louis Quatorze mußten ihren Souverän überallhin begleiten, sei es auf Jagdausflüge, sei es auf Reisen. Und auch heute noch gehört es zu den Pflichten der Reiter der Garde, die staatlichen Forste – etwa an der Loire bei Schloß Chambord – zu sichern. Da Paris Ludwig XIV. zu eng war, beorderte er seine Garde auf das Schloß nach Versailles[44] – als Palastpolizei. Der Umzug brachte der Garde wieder einen neuen Namen ein: »La Maison du Roy«, das Haus des Königs. Und ihnen kam die fragwürdige Ehre zu, die ersten Verkehrsprotokolle in Paris zu verteilen. Das Falschparken eines Ochsenkarrens kostete dreißig französische Pfund, zwanzig gingen davon an die Kasse der Garde, zehn wurden wohltätigen Zwecken zugeführt – wie die Sitten sich geändert haben!

Mit La Maison du Roy verbindet die Garde républicaine traditionelle Paradeformationen aus dem 17. Jahrhundert, die sie nicht vergessen hat. Alljährlich findet im Sommer hinter der Fassade des Boulevard Henri IV der Tag der offenen Tür statt, dann strömen bis zu siebzigtausend Pariser in die Kaserne, um in ihrer, der französischen, Geschichte zu baden. Die Garde spielt ihre eigene Geschichte in alten Uniformen nach, führt nicht nur La Maison du Roy vor, sondern schießt auch aus Vorderladern, so daß die Pferde unruhig werden. Und alle, die kommen, jung und alt sind begeistert. Die französischen Revolutionäre waren anfangs ganz anderer Meinung und

44 **Versailles**
Als Ludwig XIV. 1670 die alte Pariser Stadtbefestigung einreißen ließ, machte er zwar den Weg frei für ein neues, weltoffenes Paris, ihm selbst behagte es aber ganz und gar nicht in dieser Stadt. 1682 zog er mit seinem Hofstaat und der gesamten Staatsverwaltung ins zwanzig Kilometer südwestlich gelegene Versailles, ins dortige Château, das für gut hundert Jahre, bis zur Französischen Revolution, Sitz der französischen Könige wird. Zuvor war dies der Louvre gewesen, der im Mittelalter als Schutz- und Trutzburg errichtet worden war. Im 14. Jahrhundert verließ zum ersten Mal ein König den alten Palast der Kapetinger auf der Île (von dem heute nur noch die düstere Conciergerie Zeugnis ablegt) und wählte den Louvre am nördlichen Seine-Ufer zum Herrschersitz.

Im Jahr 1546 ließ Franz I. Teile des alten Louvre abreißen und begann mit dem Neubau im Stil der Renaissance. Die Arbeiten währten noch unter dem jungen Ludwig an, als dieser überraschend den Entschluß faßte, Paris als Herrschaftssitz aufzugeben und sprichwörtlich das Weite zu suchen. Die Arbeiten am Louvre wurden eingestellt, das Gebäude drohte zu verfallen. Im Jahr 1750 war man drauf und dran, ihn abzureißen. Erst Napoléon Bonaparte machte den Bau zum Museum. Er brauchte Platz für seine Beutekunst.

Was aber hatte Ludwig dazu bewogen, Paris zu verlassen und nach Versailles zu ziehen? Gewiß suchte er neue Formen der Prachtentfaltung. Tiefer saß allerdings die Angst vor Aufständen und Umsturzversuchen in Paris.

Die Erlebnisse des Zehnjährigen waren für Ludwig prägend gewesen. Bereits unter seinem Vater, Ludwig XIII., war in Frankreich eine einflußreiche Schicht geadelter Bürgerlicher entstanden, die große Teile der Verwaltung des Reiches in ihren Händen hatte. 1648 machte der alte Schwertadel massiv Opposition dagegen, allen voran die Prinzen Orléans, Conti und Condé pochten auf die Rechte des Geburtsadels. Es kam zu Barrikadenkämpfen, das Königshaus, die amtierende Königinmutter Anna von Österreich und der minderjährige Ludwig sowie der leitende Minister Kardinal Mazarin, jener ungeliebte Nachfolger des Kardinals Richelieu, mußten aus Paris vor den Aufständischen, der sogenannten Fronde, fliehen.

Erst 1652 konnte Ludwig wieder nach Paris zurückkehren. Der französische Absolutismus stand in dieser Zeit an

»Zu Pfingsten fährt der Pariser ...«

Von Louis Sébastien Mercier

»Zu Pfingsten fährt der Pariser mit der Galiote bis Sevres, von wo aus er zu Fuß nach Versailles wandert, um dort die Prinzen, die Prinzessinnen, die Prozession der Würdenträger, den Park und nicht zuletzt die königliche Menagerie zu bestaunen. Er hat an diesem Tage freien Zutritt zu den großen Gemächern, wogegen ihm die viel prächtigeren und interessanteren kleinen verschlossen bleiben.

Zur Mittagszeit drängt sich das Volk im Wandelgang, um den König, die Königin, Monsieur und Madame, Seine Hoheit, den Herzog von Artois, und Ihre Hoheit, die Gräfin von Artois, zur Kirche gehen zu sehen. Dann sagt der eine Gaffer zum andern: ›Hast du den König gesehen?‹ ›Ja, er hat gelächelt.‹ ›Richtig, das hat er.‹ ›Er scheint vergnügt zu sein!‹ ›Verdammt, er hat auch allen Grund dazu!‹

Herr Moore hat sehr treffend geschildert, wie es dann kurz darauf während der Messe zugeht, wie im Augenblick, da man die Hostie hochhält, aller Augen auf den König starren und kein Mensch mehr zum Altar hinschaut.

Später, beim großen Bankett, stellt der Pariser sodann fest, daß der König mit gutem Appetit zu speisen geruht, die Königin aber nur ein Glas Wasser zu sich genommen hat. Das liefert dem Bürger für gute vierzehn Tage Stoff zu Tischgesprächen, in deren Verlauf sich die Mädge aus lauter Angst, es könnte ihnen eine Neuigkeit entgehen, fast die Hälse verrenken.

Die Gemälde, die Statuen, die Antiquitäten dagegen würdigt der Bourgeois kaum eines Blickes; um so mehr bewundert er die vielen Spiegel, die Vergoldungen, den Baldachin des Thrones und die Zahl der Gänge, die man an der königlichen Tafel serviert. Auch haben es ihm die goldbedeckten Staatskarossen, die Hundertschaft der Schweizergarde, die Leibwachen und die Tambouren mächtig angetan.

Jener Wilde, den man zum Hofe Karls IX. lud, fand dort am verwunderlichsten, daß die Hundertschaft der Schweizer, lauter sechs Fuß lange, schnauzbärtige, mit Hellebarden bewaffnete Mordskerle, einem kleinen, bleichgesichtigen, dünnbeinigen Männlein aufs Wort gehorchten. Der Pariser hat das Staunen über derlei Dinge längst verlernt.«

lösten die Garde des Königs auf. Aber auch die neuen Herrscher um Danton und Robespierre wollten sich geschützt wissen und schufen eine Einheit, die sie zunächst Garde nationale tauften. Dann wechselte mit jedem historischen Abschnitt der Revolution auch der Name der Wache: Garde des Konvents, Garde des Direktoriums, und schließlich fand Napoleon den Namen Garde impériale, kaiserliche Wache, angemessener.

Aus dessen Zeit stammen auch die Uniformen der Infanteristen, die den Präsidenten am 14. Juli an der Place de la Concorde empfangen, wenn er die Champs-Élysées – quasi – hinabgeritten ist. Der Präsident tritt auf die Pflastersteine vor die Einheit, zwei Meter hinter ihm verharrt der Premierminister und einen weiteren Schritt zurück der Verteidigungsminister. Dann spielt das Musikkorps der Garde die Marseillaise, der Präsident verbeugt sich – vor Hymne und Garde – und erklimmt seinen Platz auf der Tribüne, von dem aus er die Parade abnimmt.

Seitdem der Élysée-Palast 1871 Residenz der französischen Präsidenten wurde, bewachen Infanteristen der Garde Haus und Parkanlagen rund um die Uhr, die Tradition der Könige setzt sich fort, allerdings tragen die Wachen heute außerhalb des Palastes moderne, dunkelblaue Uniformen und sind mit Revolvern, Gewehren und Maschinenpistolen bewaffnet. Der regelmäßige Kontrollgang durch die Salons des Élysée hingegen gehört zu den Aufgaben, die in Galauniform durchgeführt werden, doch darf dieser Dienst laut Vorschrift auch ohne Kopfbedeckung erledigt werden. Ernster wird es im Keller der Residenz, wo die Garde auch den Atombunker Jupiter bewacht, von dem aus der Präsident im Notfall den Atomkrieg auslösen könnte. Bei besonderen Staatsbesuchen klettern Gardisten in schwarzen Tarnanzügen mit Präzisionsgewehren und modernsten Fernrohren auf die Dächer der umliegenden Häuser. In perfekter Sicherheit sind sie ebenso gedrillt wie im Strammstehen auf der Freitreppe des Palastes bei einem Empfang zum Diner. Übri-

einem Scheidepunkt, und Ludwig war gewillt, das aus der Hand geglittene Ruder mit Macht herumzureißen. Kein gemäßigter Fürst würde er sein, sondern ein absoluter, von Gott eingesetzter Herrscher. 1661, nach dem Tod Mazarins, verkündete der Zweiundzwanzigjährige, daß es keinen neuen leitenden Minister geben werde, er übernahm selbst dieses Amt: *»L'état, c'est moi.«*

Paris war und blieb für ihn ein ungeliebtes Pflaster. Er blieb hier immer nur so lange wie nötig. Ludwig zog nach Versailles und nahm etwa zweitausend Menschen mit, den gesamten Geburtsadel. Wenn der nun auch keine Macht mehr besaß, mit Wein, Weib und Gesang von früh bis spät versorgt, würde er, so Ludwigs Überlegung, schon stillhalten. Und der Sonnenkönig behielt recht. Er regierte unangefochten bis zu seinem Tod im Jahr 1715.

Die Umsiedlung des Hofstaates nach Versailles hatte auch für die Topographie von Paris Folgen. Bislang war der Adel nach Osten orientiert gewesen, zum Bois de Vincennes, dort hatte bereits Ludwig VII. einen Landsitz für die Jagd errichtet und Philipp August eine kleinere Burg. Das Marais-Viertel war der Stadtteil der vornehmen Welt in Paris. Das änderte sich jetzt, und es entstanden die vornehmen Paläste, Plätze und Alleen im Faubourg St.-Germain und Faubourg St.-Honoré im Westen der Stadt.

Mit der Revolution 1789 wird das Ende von Versailles als Herrschersitz eingeläutet. Ludwig XVI. wird nach Paris geholt und gezwungen, im Tuilerienschloß zu wohnen. Das verwaiste Versailler Schloß wird Opfer mehrerer Plünderungen. 1837 läßt König Louis-Philippe es wiederherrichten und macht es zum Museum für französische Geschichte.

gens, man kann die Garde auch zur Veredelung eines privaten Festes, eines Balles in der Oper etwa, anmieten – gegen goldene Münze, versteht sich.

Nun gut, nicht nur edle Pferde, alte Uniformen und rasselnde Säbel machen die Garde aus, sondern auch modernste Ausrüstung, neben Waffen entsprechende Fahrzeuge, und im Umgang mit Motorrädern ist ihre Spezialeinheit unschlagbar: Die Grenzbereichsfahrer, die den Präsidenten eskortieren, sie müssen bei hundertachtzig Stundenkilometern freihändig fahren und mit der Maschinenpistole schießen und treffen können. Allerdings bestehen nur vier von hundert Bewerbern die Aufnahmeprüfung in diesen erlesenen Kreis. Und weil sie so gut mit dem Zweirad umgehen können, haben sie 1952 eine Motorradstaffel gegründet – als Nachfolgeorganisation der früheren Fahrradeinheit. Üben, das gehört zur Dienstzeit, auch akrobatische Kunststücke, die sie bei Gelegenheit vorführen: So haben sie einen Weltrekord aufgestellt – nämlich eine Pyramide von vierunddreißig Mann auf einem Motorrad zu bilden. Und damit alle Einheiten an der Parade des 14. Juli teilnehmen können, kommen auch die Motorradfahrer zur Geltung: Wenn der Souverän, wie üblich stets als erster, die Place de la Concorde verläßt, stehen sechzig Motorräder bereit, um ihn sicher in seinen Élysée-Palast zu geleiten. Die Infanterie der Garde sendet ihm dann ein letztes Musikstückchen hinterher.

Die Grenzbereichsfahrer,
die den Präsidenten eskortieren,
müssen bei hundertachtzig Stundenkilometern
freihändig fahren
und mit der Maschinenpistole
schießen und treffen können.

Die Motorradstaffel der Garde republicaine

Höhepunkt klassischer Baukunst in Frankreich: der Dôme des Invalides von Jules Hardouin-Mansart

Die Welt ein Museum

12. Kapitel

Warum das größte Museum der Welt nie fertig wird und von der Kunstfabrik

Als François Mitterrand Ende Juni 1989 vom Élysée-Palast kommend auf den Invalidendom[45] zufuhr, muß ihn ein fürchterlicher Zorn gepackt haben. Alles muß ich selber machen, oder so ähnlich, wird er gesagt haben, und er, der französische Staatspräsident, ordnete an, daß stante pede, innerhalb von vierzehn Tagen, die vier großen Statuen auf den Säulen an beiden Seiten des Pont Alexandre III vergoldet würden.

Nein, der Kulturminister Jack Lang hatte nicht gesehen, daß der Grünspan die Pferdeknechte und ihre aufbäumenden wilden Hengste überzog. Blickte man aber zwischen Grand und Petit Palais hindurch in Richtung Esplanade des Invalides, dann leuchtete der neuvergoldete Dom über dem Grab Napoléons zwischen diesen schmutzigen, verwitterten Säulen hervor. Welcher Fauxpas! Natürlich wurde er sofort beseitigt, ohne Ausschreibung oder gar Vertrag. Die Staatskasse zahlte, was von der Firma gefordert wurde, schließlich galt es, das zusam-

45 **Invalidendom**
Umgeben von fast sämtlichen Ministerien und zahlreichen Botschaften, der Nationalversammlung, der ans Marsfeld grenzenden École Militaire und den Einrichtungen der Unesco erhebt sich der größte zusammenhängende Gebäudekomplex des Paris des 17. Jahrhunderts und eine der meistbesuchten Touristenattraktionen der Stadt: das Hôtel des Invalides. Über hunderttausend Quadratmeter mißt die Anlage, verlängert durch seine bis an die Seine reichende Esplanade im Norden. Ludwig XIV. verfolgte hier ein ehrgeiziges Projekt, schuf er doch praktisch ein hochherrschaftliches Wohnheim für die kriegsversehrten Angehörigen seiner Armee.

Ludwig XIV. wußte, was er seiner Armee schuldig war. Schließlich wollte er Frankreichs Vorherrschaft in Europa sichern. Keine Kosten wurden gescheut, um das stehende Heer zur modernsten und stärksten Armee der Welt zu machen. Ausrüstungen und Uniformen, Dienstgrade, die ganze Struktur des Heerwesens wurde von Grund auf reformiert. Und auch an eine Altersversorgung der Soldaten wurde jetzt zum ersten Mal gedacht. Bisher war den Veteranen und den Kriegsversehrten nur der Bettelstab geblieben.

7000 Soldaten konnten im Hôtel des Invalides wohnen. Noch bis in unsere Tage leben einige Pensionäre, verdiente Kämpfer der Résistance, in den Räumen des Hôtel, und noch immer bildet der Invalidendom den offiziellen Rahmen für Veranstaltungen, wenn es darum geht, der Veteranen des Zweiten Weltkriegs zu gedenken.

Es ist aber nicht die Geschichte des Weltkriegs, die die Massen anzieht, und auch nicht das Armeemuseum, das sich im Ehrenhof des Hôtel befindet und das als das weltweit größte seiner Art gilt, und nicht einmal die sich anschließende Kirche St.-Louis-des-Invalides, deren Mittelschiff Fahnen und Standarten schmücken, die Napoléon Bonaparte von seinen Kriegszügen mitbrachte. Nein, Publikumsmagnet ist der sich im Süden anschließende Dom des Invalides.

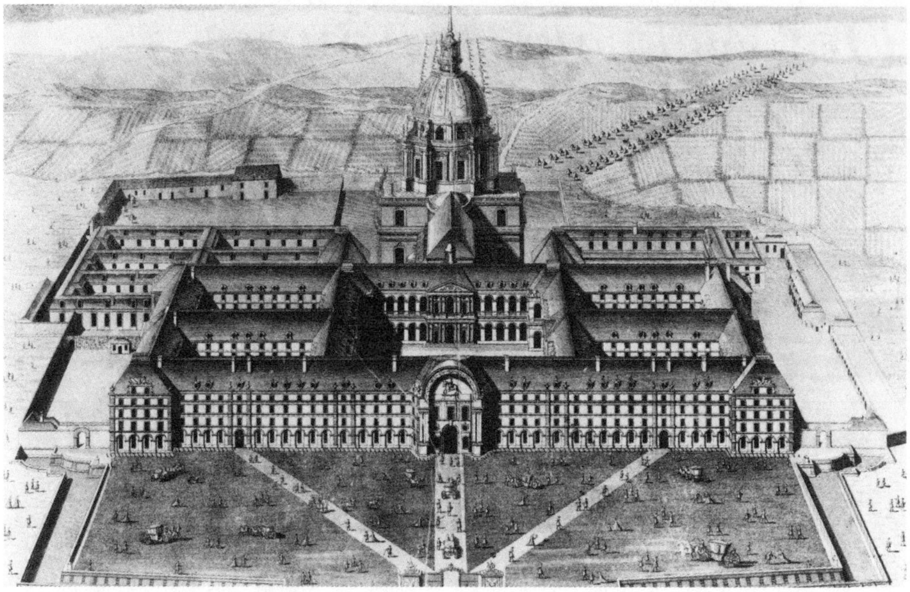

Größter zusammenhängender Gebäudekomplex der Stadt: das Hôtel des Invalides

Jules Hardouin-Mansart, der große Architekt Ludwigs XIV., hat hier von 1679 bis 1706 sein Chef-d'œuvre geschaffen. Der Kuppelbau gilt als der schönste des Landes, ein Höhepunkt der französischen Klassik.

Und wen auch dies noch unbeeindruckt läßt, der kommt in den Invalidendom selbstverständlich wegen Napoléon Bonaparte, dessen sterbliche Überreste seit 1840 in einem Sarkophag aus Porphyr unter der hundertunddrei Meter hohen Kuppel ruhen.

Der Sarkophag Napoléons I.

menhängende Bild von der sauberen Fassade der Hauptstadt zu wahren.

Niemand wundert es in Frankreich, daß ein Präsident sich um solche Kleinigkeiten schert; denn daß Frankreichs Könige sich stets als große Bauherren gefielen und die Präsidenten dem heute nacheifern, das weiß inzwischen wirklich jeder. Die Glaspyramide des Architekten I. M. Pei im Hof des Louvre hat dafür als Beispiel immer wieder herhalten müssen; denn François Mitterrand hatte sie ebenso in Auftrag gegeben wie die Opéra Bastille und L'Arche de la Défense. Und als die Glaspyramide 1989 eingeweiht wurde und dem Louvre-Museum einen neuen Eingang bot, da irrte, wer glaubte, nun sei es mit der Bauwut zu Ende. Hatten jetzt die Besucher einen besseren Zugang zu dem Museum und mit der Pyramide auch noch eine zusätzliche Fassade zum Bestaunen, so änderte das nichts daran, daß die Kunstschätze drinnen häufig viel zu eng gehängt werden mußten oder gar in den Archiven versteckt blieben, weil es an Platz fehlte. Mehrere tausend Kunstobjekte im Besitz des Louvre lagerten in den Kellern und Speichern und wurden dem Publikum nur in Sonderausstellungen vorgeführt. Dabei war der Louvre schon das zweitgrößte Museum der Welt nach der Eremitage in Sankt Petersburg.

Hatte sich nicht auch Mitterrands Vorgänger Valéry Giscard d'Estaing ein Denkmal mit dem Musée d'Orsay, dem Museum des 19. Jahrhunderts, gesetzt? Und auch dessen Vorgänger, hatte der nicht seinen Namen mit dem Centre Georges Pompidou, dem Instrumentarium für moderne Kultur, auf ewig verbunden? In den letzten Jahrzehnten des 20. Jahrhunderts entdeckten die Präsidenten Frankreichs die Zukunft von Paris in der begehbaren Fassade, in Mauern, die außen wie innen zu besichtigen sind; von außen ein Teil des Gesichts der Stadt, von innen ein Teil der kulturellen Seele Frankreichs. Beides zu verquicken entsprang dem damals verständlichen Gedanken, daß kommende Zeiten von Reisenden bestimmt sein werden, die aus wachsendem Wohlstand und zunehmender Freizeit immer großzügiger Geld in die schönen Städte dieser Erde tragen werden.

Der neue, der große Louvre

Also machte Staatspräsident François Mitterrand noch ein paar Milliarden locker, um den Louvre zum größten Museum der Welt umzubauen, und so schuf er die gewaltigste Kulturbaustelle der Welt. Die vom Schmutz schwarzen Fassaden des ehemaligen Schlosses der französischen Könige wurden mit Planen verhängt, und hinter Tüchern und Verschalung arbeiteten Spezialisten an der Renovierung der alten Gemäuer, denn die Fassaden verfielen, die Bleidächer verkamen. In jahrelanger Ar-

Der Louvre und seine Glaspyramide

»Der Louvre scheint dazu verurteilt, niemals zur Vollendung zu gelangen«

Arbeiten an der östlichen Front im 17. Jahrhundert

»Der Louvre scheint dazu verurteilt, niemals zur Vollendung zu gelangen.«

So schrieb Louis Sébastien Mercier 1787, wobei er allerdings noch den Louvre als Palast und Sitz der französischen Könige meinte: *»Er war so schön, der Bauplan des Louvre! Doch in die Quere kam ihm der Palast von Versailles!«*

In der Tat, seit der Hofstaat im Jahr 1682 Paris verlassen hatte, war der Louvre immer mehr verfallen. Im Jahr 1776 wurden Teile des traditionsreichen Hauses für die Öffentlichkeit freigegeben, die jetzt zum ersten Mal die Kunstschätze bestaunen konnte, die von französischen Herrschern seit dem Renaissance-König Franz I. gesammelt worden waren.

Mit besagtem Franz fing gewissermaßen alles an: Er besaß bereits zwölf Gemälde italienischer Meister und darunter auch das heute vielleicht berühmteste: Leonardos *Gioconda Bella* – die *Mona Lisa*. Ludwig XIV. sammelte weiter und kam bereits auf rund 2000 Gemälde, Tizians *Grablegung* gehörte dazu. Und auch seine Schätze zählen noch heute zum Kernbestand des Museums. Ludwig XVI. steuerte dann die Kunst der Niederländer bei. Nach der Revolution kamen die Schätze aus

Versaille hinzu und unter Napoléon diejenigen, die der Konsul und spätere Kaiser aus aller Welt von seinen Kriegszügen mitbrachte. 1793 wurde der Louvre offiziell zum Museum erklärt. Nach dem Sturz Napoléons mußten die Beutestücke zwar fast ausnahmslos in die Herkunftsländer zurückexpediert werden, aber der Louvre als Museum war etabliert.

Die sogenannten Enzyklopädisten um Diderot und d'Alembert hatten es im 18. Jahrhundert in Paris in Angriff genommen, das gesamte Wissen der Welt in einem einzigen Lexikon zusammenzutragen. Das neue Museum wollte nun in einem einzigen Gebäude zusammentragen, was es in der bildenden Kunst überhaupt nur zu bestaunen gab. Für kunstsinnige Menschen aus aller Welt wurde der Louvre bald unentbehrlich und Ziel weltlicher Wallfahrten. Mehr als jeder Herrscherpalast, mehr als jedes Prunkschloß es vermocht hätte, war es dieses Museum, das die Macht Frankreichs in der Welt demonstrierte. Als Napoléon Bonaparte die Erzherzogin Marie Louise heiratete, lud er die Festgäste gleich hierher ein, ins »Musée Napoléon«, wie es zu der Zeit hieß: Der Salon Carré wurde zur Kapelle und die Grande Galerie zum festlich geschmückten Saal.

Der Bestand des Louvre zählt heute ungefähr dreißigtausend Exponate, und der enzyklopädische Anspruch gilt nach wie vor. Keine Epoche, keine Kultur, keine Kunstrichtung, die nicht in irgendeiner Form vertreten wäre: Selbstverständlich die gesamte europäische Kunstgeschichte im engeren Sinne, darüber hinaus die Werke der Bildhauerkunst und des Kunsthandwerks; die Grafiksammlung des Louvre ist die größte der Welt. Breiten Raum nehmen die Altertümer ein, allem voran die Zeugnisse Ägyptens aus der Zeit der Pharaonen. Reich vertreten sind auch die Altertümer aus der islamischen Welt, aus dem Iran, aus Mesopotamien und Assyrien, dann die Zeugnisse der klassischen Antike, der Griechen, Etrusker, Römer. Noch im Jahr 2000 wurde die Sammlung um hundertzwanzig Meisterwerke aus Afrika, Ozeanien sowie aus Nord- und Südamerika erweitert.

Doch der Umfang der einzigartigen Sammlung bereitete nicht nur Freude. In den siebziger Jahren geriet das Museum in die Krise, die Besucherzahlen waren rückläufig. Aus Platzmangel konnte nur ein Zehntel der Bestände gezeigt werden. Noch immer war das Finanzministerium im Louvre untergebracht. 1981 setzte François Mitterrand dem Mißstand ein Ende, verlegte das Ministerium und machte so den Weg frei für die fällige Modernisierung des Museums. Zum zweihundertjährigen Bestehen wurden die wichtigsten Neubauten fertiggestellt. Gleichzeitig begann man mit der Neukonzeption der Sammlung: Schließlich hatte man jetzt statt dreißigtausend Quadratmetern sechzigtausend zur Verfügung.

Bis 1997 sollte die Restaurierung der Säle abgeschlossen sein. Doch das größte Museum der Welt zu erschaffen braucht seine Zeit. 2002 war als nächster Termin zur Vollendung des wichtigsten Pariser Bauprojekts des ausgehenden zwanzigsten Jahrhunderts angesetzt worden, und auch dieser Termin war nicht einzuhalten. Vielleicht wird sich Merciers Stoßseufzer noch bewahrheiten und der Louvre ist wirklich dazu verurteilt, niemals zur Vollendung zu gelangen.

Der Louvre – ein *work in progress*? Warum nicht! Freuen wir uns einfach auf die nächsten Einweihungen. 2004 wurde feierlich einer der schönsten Säle neu eröffnet, die zur Zeit Napoléons III entstandene »Salle du Manège«, die unter anderem für ihre Säulen aus Porphyr berühmt ist. Die Museumsleitung begleitete diese Eröffnung mit einer Ausstellung, die sich speziell diesem Stein widmete: »Porphyr – Purpurstein der Ptolemäer bis zu Bonaparte«. Für Aufsehen sorgte auch die Eröffnung jenes Saals, der dem ältesten Gesetzestext der Welt, dem in assyrischer Keilschrift verfaßten »Kodex Hammurabi«, gewidmet ist. Für noch größeres Aufsehen wird zweifellos die Eröffnung jenes Saals sorgen, der einzig und allein dem Bild gewidmet sein soll, mit dem, wenn man so will, zu Zeiten Franz' I. alles begann: Leonardos *Mona Lisa*.

beit wurde der Louvre wiederhergerichtet, damit er 1993 zu seinem 200. Geburtstag als Museum aussah, als wäre er neu. Eine vierhundert Meter lange Gleisanlage wurde gebaut, um schwere Brocken zu den Steinmetzen zu transportieren, die zerfressene Skulpturen restaurierten oder ganz neu schlugen. Fünfzig kleine Steinmetzbetriebe waren auf der Baustelle tätig, mit mehr als fünfhundert Bildhauern aus ganz Europa, die etwa tausend Kubikmeter Stein bearbeiteten. Nicht nur Umweltschmutz, sondern auch einfach falsch ausgerichtete Regenrinnen hatten die Schäden an den Statuen verursacht; nach dem Prinzip »Steter Tropfen höhlt den Stein« war manch ein Kopf im Lauf der Jahrhunderte halb weggewaschen worden. Manche Figuren waren nicht mehr zu retten, sie wurden nach alten Aufnahmen neu gestaltet, einige von ihnen gar vier bis fünf Meter hoch; doch wenn möglich, wurden nur Einzelteile, die Füße, die Hände, der Kopf, durch neuen Stein ersetzt und in der alten Form nachgebildet. Die quadratischen Steine kamen aus den Brüchen von Chantilly und hatten den Vorteil, weich und hell zu sein, so daß sie leicht zu bearbeiten waren – aber auch der Witterung nur wenig standhalten würden. Manche der Bildhauer waren alte, im Umgang mit dem Stein erfahrene Männer, andere kamen geradewegs von der Kunstakademie.

Der Nordflügel des Louvre

Auch große Teile der Bleidächer des Louvre mußten abgenommen und erneuert werden, weil sie den Regen nicht mehr abhielten. Zu den Restaurierungsarbeiten wurden kleine französische Handwerksbetriebe herangezogen und mit Aufträgen versehen, so daß sie für mehrere Jahre ohne Sorgen leben konnten. Von unten aus gesehen, von dort, wo sich das Volk gewöhnlich herumtreibt, wirken die Dächer grau und eintönig, doch steht der Betrachter einmal oben, dann erkennt er zwei Meter große Löwenköpfe mit grimmigem Maul, Figuren von unheimlichem Aussehen und enormer

Größe. Nicht nur das Finanzministerium mußte aus dem ehemaligen Königsschloß ausziehen, auch die Verwaltung des Louvre wurde ausgelagert, um ausschließlich den Kunstobjekten Platz zu machen; denn für die jährlich fünf Millionen Besucher war der Raum viel zu eng geworden. Auch die beiden Innenhöfe im Nordflügel wurden neu gestaltet und nach den Vorstellungen des Architekten der Pyramide, Pei, mit einer besonders gestalteten Glaskuppel so geschlossen, daß die durch Prismen in den Innenraum gelenkten Lichtstrahlen für eine besondere Verteilung des Lichts sorgen. In diesen Höfen stehen seit der Einweihung die edelsten Erzeugnisse der französischen Bildhauerkunst aus den vergangenen Jahrhunderten.

Es wird mehr ausgestellt, aber nicht *sehr* viel mehr. Die Ausstellungsfläche wurde zwar von dreißig- auf sechzigtausend Quadratmeter vergrößert, aber es wird nur zwanzig Prozent mehr Kunst gezeigt. Den einzelnen Werken sollte mehr Raum gegeben werden, um die Beziehung zwischen Zuschauer und Kunst zu verbessern. Und neben der reinen Kunstbetrachtung werden dem Besucher auch andere Angebote gemacht, damit er sich entspannen kann, denn der Museumsbesuch ist ein wahres Marathon, und da muß man sich lockern können.

Der ganze Nordflügel des Schlosses, in dem jahrzehntelang das französische Finanzministerium untergebracht war und um dessen Auszug es solch großen Streit gegeben hatte, wurde hinter den wie Kulissenwände stehengelassenen Fassaden abgerissen und im Kern völlig neu errichtet. Die prächtige Treppe des von Napoléon III gebauten Flügels an der Rue de Rivoli sollte den Neuerungen jedoch nicht zum Opfer fallen. Nur an verborgenen Stellen der neuen Museumsetagen wurden Rolltreppen und Aufzüge angebracht, die es dem Besucher erleichtern, den Marathonlauf durch die Kunst der Jahrhunderte zu überstehen, der schon im alten »kleinen« Louvre eine Strecke von zwei Kilometern ausmachte. Auch die Gemächer Napoléons III wurden konserviert und in ihrer Plüschpracht dem staunenden Publikum vorgestellt – nicht etwa als Geschmacksverirrung; denn daß sich jemand traut, über den Geschmack des Kaisers kritische Worte zu verlieren, mag bezweifelt werden: nicht weil Kritik an Kaisern oder ähnlichen Größen der

Ihm, dem Präsidenten,
und nicht dem Bürgermeister fiel
das königliche Recht des Gartenbaus zu.

Der Garten des Palais Royal

46 **Palais Royal**
Es befindet sich in unmittelbarer Nachbarschaft zum »größten Museum der Welt«, und das nicht von ungefähr: Kardinal Richelieu wollte seinem König nah sein, und Ludwig XIII. residierte nun einmal im Louvre. Palais-Cardinal hieß das zwischen 1634 und 1639 entstandene geräumige Stadtschloß zunächst. Nach dem Tod Ludwigs XIII. wohnten seine Gattin Anna von Österreich und ihr Sohn, der spätere Sonnenkönig, hier, zwar nur für kurze Zeit, aber doch lang genug, um dem Gebäude seinen fortan gebräuchlichen Namen zu geben. Hier befindet sich heute der Sitz des Staatsrats, des Verfassungsrats und des Kultusministeriums. Hier befindet sich aber auch die renommierte Comédie-Française, das 1680 von Ludwig XIV. ins Leben gerufene Theater, das bis heute im französischen Sprechtheater den Ton angibt.

Wer vom Palais Royal spricht, meint aber nicht nur das ehemalige Privathaus des berühmten Kardinals Richelieu, sondern den ganzen, sich im Norden anschließenden Komplex mit Mietwohnungen, der Ende des 18. Jahrhunderts hinzugefügt wurde und in seinem Innern einen Garten von über zweihundert Quadratmetern umschließt. Unter den Collonaden entstanden Cafés, Spielsäle und – Bordelle. Im Palais Royal traf sich die elegante Welt und auch die nicht ganz so elegante. 1789 beschlossen

französischen Lebensart fremd war, sondern im Gegenteil, weil viele heute wahrscheinlich noch gern in solchen Räumen leben würden.

Le Grand Louvre verdankt seine Existenz dem französischen Staatspräsidenten, aber der machte nicht halt, sondern beschloß, auch den Garten des Louvre, die Tuilerien, neuzugestalten, denn dieser Grund gehört dem Staat, nicht der Stadt, so daß ihm, dem Präsidenten, und nicht dem Bürgermeister das königliche Recht des Gartenbaus zufiel. Nicht Größenwahn oder Bauwut verbarg sich hinter diesen Plänen, sondern die Einsicht, die Fassaden von Paris durch gestaltete, offene Flächen zu verbinden, so daß ihre Betrachtung ein ganzes Bild ergebe: Vom restaurierten Palais Royal[46] wandert der Blick durch den Louvre hindurch, dessen Pyramidenplatz plötzlich zu einem täglichen Volksfest animiert, über die Tuilerien zum Seine-Ufer und dann über die ebenfalls neugestaltete Fußgängerbrücke zu dem Denkmal, das sich Mitterrands Vorgänger setzte, dem Musée d'Orsay.

Von der Ballspielhalle zum Bahnhof

Der ehemalige Schloßgarten des Louvre endet an der Place de la Concorde, wo rechts und links des mit wundervollen Gittern versehenen Eingangs der Tuilerien zwei im klassischen Stil gebaute Hallen stehen; daß die Könige einst viel bauten, hat heute auch sein Gutes: in beiden tempelartigen Gebäuden wird Kunst ausgestellt. In der Orangerie, nahe der Seine, eine Privatsammlung moderner Malerei dieses Jahrhunderts – und jene Seerosenbilder von Monet, die er dem französischen Staatspräsidenten Clemenceau als Dank für den Sieg über die Deutschen im Ersten Weltkrieg malte und schenkte. In dem Jeu de Paume, der Ballspielhalle des Château des Tuileries, auf der gegenüberliegenden Seite an der Rue de Rivoli gelegen, wurde Ende der vierziger Jahre ein Museum für die französischen Maler des Impressionismus eingerichtet. Es war jenes Museum, vor dem im Sommer Schlange stehen Pflicht war, wo man nur im Gedränge die große Anzahl von Werken jener bedeutenden Künstler sehen konnte, die im 19. Jahrhundert die Malerei revolutionierten.

Doch da bot sich, nur zweihundert Meter vom Louvre entfernt, auf der andern Seite der Seine, ein Ausweichquartier an. Am Flußufer vergammelte der knapp achtzig Jahre alte Bahnhof d'Orsay. Weil man früher die Endstationen für Dampfrösser mitten in die Stadt baute, wurde dieses Stein- und Eisen-Monument in die Mitte von Paris gestellt. Anfang der siebziger Jahre wollte man das alte Gebäude abreißen und eines jener modernen Hotels errich-

Opiz, Arkaden im Palais Royal

die Revolutionäre hier lautstark die Stürmung des alten Staatsgefängnisses im Osten der Stadt. Und im 19. Jahrhundert bildete das Palais Royal mit der neuentstandenen Oper eine markante Achse durch das neue Zentrum des vergnügungssüchtigen Paris.

Davon ist heute nichts mehr zu spüren, ganz im Gegenteil. Der Garten des Palais Royal, seine Arkaden mit den kleinen Läden und Cafés, ist zu einer Oase der Stille geworden, die von Menschen aufgesucht wird, die alle Hektik, ja, die Zeit selbst für ein Weilchen vergessen wollen.

»An einem Frühlingstag, als Besorgungen mich in die Umgebung des Louvre geführt hatten, wurde ich vom Lärm der Straßen bis zum Eingang des Palais Royal getrieben, welches auf die Rue de Beaujolais hinausmündet. Dieser Ort ist von etwas Geheimnisvollem umwittert, das sich eher erraten als definieren läßt. Als ich durch das dunkle Gewölbe schritt, zwischen den Säulen hindurch, deren Symmetrie mir durch ein seltsames optisches Phänomen nicht offenbar wurde, hatte ich den Eindruck, in einen verzauberten Wald einzudringen und das alltägliche Leben und Treiben hinter mir zu lassen, denn es gehört zu den Vorzügen von Paris, eine seiner seltenen Gnaden, die nur dem zuteil wird, der in ihm seine Zeit zu verlieren weiß, daß es sich ganz plötzlich unter den unerwartetsten Aspekten zeigt, zugleich freudige Überraschung und eine leichte Unruhe hervorruft, die beim geringsten Anlaß in Angst ausarten könnte.
Wo bin ich? Werde ich wirklich, wenn ich zurückkehre, meine vertraute Welt wiederfinden? Das sind Fragen, die der Flaneur stellt, wenn er, wie ich, zu gewissen Formen der Träumerei neigt, und während einiger Sekunden ergriff mich jene Verwirrtheit, die man empfindet, wenn man glaubt, sich verlaufen zu haben. War es das Licht eines stürmischen Nachmittags, die ganz unvermutete Einsamkeit dieses Ortes oder die Stille nach dem großen Tumult der Straßen und Plätze? Es schien mir, als stünde ich an der Schwelle eines neuen Landes, dessen Name in keinem Buch

zu lesen ist und wo alles das, was wir zur Welt der Materie gehörig glauben, durch einen unerklärlichen Vorgang wie zu einem fühlbaren Aspekt der inneren Welt wird; oder eher noch hatte ich das Gefühl, ganz plötzlich hinter die Kulissen der Wirklichkeit getreten zu sein und ein Geheimnis entdeckt zu haben, aber was nützt ein Geheimnis, dessen Sinn man nicht zu erkennen vermag?«
(Julien Green)

ten, deren langweilige quadratische Fassaden heute alle Städte der Welt verschandeln. Doch damals herrschte in Frankreich Präsident Georges Pompidou, der den Bahnhof unter Denkmalschutz stellen ließ, was eine beliebte Spielart ist, um ein altes Gebäude vor Immobilienspekulanten, um eine Fassade zu retten. Doch 1974 verstarb Pompidou nicht einmal dreiundsechzigjährig, und sein

Der Bahnhof Orsay wird zum Museum umgestaltet

Nachfolger, der junge Valéry Giscard d'Estaing, der sich so gern als Nachfahr von Louis XV ausgab, was er nie war, beschloß, das Bahnhofsgebäude in ein Museum des 19. Jahrhunderts zu verwandeln. Damals war noch alles billiger, weshalb die zehn Jahre lange Arbeit nur anderthalb Milliarden Franc kostete, allerdings war Giscard d'Estaing nicht mehr Präsident, als das Musée d'Orsay eingeweiht werden konnte, doch François Mitterrand war sensibel genug, seinen Vorgänger zur offiziellen Eröffnung mitzunehmen.

Gewaltige gußeiserne Statuen auf dem Vorplatz des Museums zeigen, was Ausdruck des 19. Jahrhunderts war. Wer aber glaubt, nun bequem ins Museum gehen zu können, wird enttäuscht, denn kaum war es eröffnet, standen schon morgens vor Kassenöffnung Hunderte von Besuchern an. Das Plansoll von drei Millionen Besuchern pro Jahr – im Louvre gegenüber nur zwei Millionen mehr – wurde schon im zweiten Jahr erfüllt. Die ehemalige Ankunftshalle des Bahnhofs, einst im Stil des Zweiten Empires entsprechend dem Geschmack von Napoléon III. gebaut, wurde in ihrer ursprünglichen Form wiederhergestellt. Erst zur Weltausstellung 1900 war der Bahnhof in Betrieb genommen worden, doch nur dreißig Jahre lang fuhren Züge aus dem Südwesten Frankreichs, aus Orléans, aus Bordeaux auf seinen Gleisen ein, dann schon war er veraltet und wurde stillgelegt. Wenn das Musée d'Orsay auch als Museum des 19. Jahrhunderts bezeichnet wird, so umfaßt es nur die Zeit zwischen 1848 und dem Anfang des 20. Jahrhunderts, von der französischen Romantik bis zum Ende der Impressionisten, und das liegt daran, daß es einen fürchterlichen Streit zwischen dem Louvre und dem Museum »im Bahnhof« gegeben hatte, welche Bilder der Louvre bereit sei aus seinem Bestand zu verleihen, wohlgemerkt: nicht für immer herzugeben. Nun, der Louvre gewann den Streit und behielt seine wichtigen Bilder aus dem 19. Jahrhundert.

Das Musée d'Orsay gibt stolz bekannt, tausendfünfhundert Skulpturen zu präsentieren, den Großteil in der Ankunftshalle, aber nicht alles davon ist auch schön.

Wenn es allein nach Zahlen ginge, wäre dieses Museum in jedem Fall ein Erfolg: Mit mehr als sechzehntausend Quadratmetern Ausstellungsfläche ist es immerhin halb so groß wie der ursprüngliche »kleine« Louvre, wo allerdings Kunst aus über drei Jahrtausenden steht. Das Musée d'Orsay gibt stolz

Von Manet zu Monet oder Das wiedergefundene Sehen

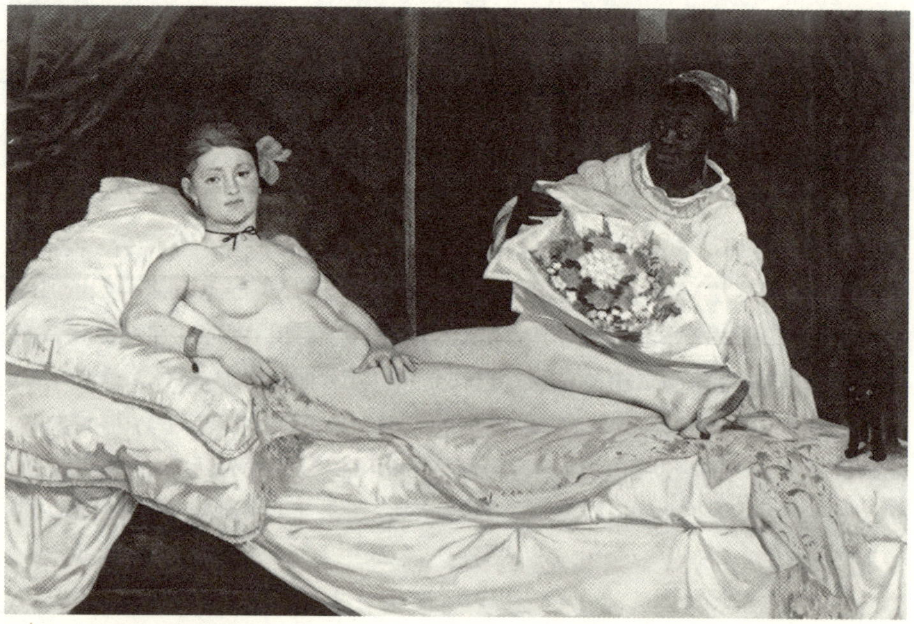

Edouard Manet, »Olympia«

Gotik und Impressionismus sind die zwei herausragenden Beiträge Frankreichs zur Kunstgeschichte des Abendlandes, und beide entstanden in Paris. Die Baumeister der Gotik wandten sich gegen den romanischen Baustil, der noch bis ins 12. Jahrhundert vor allem aus der antiken Formenwelt schöpfte, der römischen zumal, und vorgegebene Elemente aufs stets neue arrangierte.

Zwei Zeugen aus dieser Zeit sind in Paris zumindest in Teilen noch zu sehen: die Église St.-Germain-des-Prés sowie die kleine Kirche St.-Pierre auf dem Montmartre-Hügel in unmittelbarer Nachbarschaft zu Sacré-Cœur. 1137, mit dem Bau der Basilika von Saint-Denis im Norden von Paris, bricht dann die neue Zeit an. Die Kunstgeschichtsschreibung der Renaissance wird ihr verächtlich den Namen »Gotik« geben und glaubte damit eine Unkunst von »Barbaren« zu bezeichnen, von Goten eben. Notre-Dame ist die zweite, berühmtere Kirche im neuen Stil. Tatsächlich wird der gotische Baustil in der Neuzeit erst wieder durch die Romantiker ins rechte Licht gerückt, dies nicht zuletzt durch die Verherrlichung, die die Kathedrale in Victor Hugos *Notre-Dame*-Roman erfuhr.

Ähnlich wandten sich die Impressionisten gegen einen erstarrten Akademismus, der noch bis Ende des 19. Jahrhunderts dem Künstler vorschrieb, aus welchen Elementen sich ein Bild zusammenzusetzen habe und vor allem – aus welchen nicht. Und ähnlich wie in der Architekturgeschichte galt der neue Stil in der Malerei lange Zeit schlichtweg als barbarisch.

Der Wegbereiter dieser neuen Malerei ist Edouard Manet. Mit Müh und Not entgeht der 1832 in der heutigen Rue Bonaparte Geborene dem Schicksal, das ihm als Sohn aus großbürgerlichem Hause unweigerlich blüht, nämlich Beamter zu werden. Aber nachdem er erfolgreich durch alle schulischen Prüfungen rasselt und auch auf der Marineschule keinerlei Ehrgeiz zeigt, erklärt sich der Vater schließlich widerwillig bereit, seinem Sohn den einzigen Wunsch zu erfüllen, den dieser hat: Er will Maler werden.

Der Vater gibt ihn bei Thomas Couture in die Lehre, denn dieser war eine offizielle Koryphäe. Sein Bild *Das sinkende Rom* hatte im »Salon« von 1847 einen durchschlagenden Erfolg gehabt. Wenn der Sohn also schon malen wollte, dann wenigstens richtig.

Doch Edouard hat nicht vor, »richtig« zu malen. Im Aktsaal malt er nicht das Modell, sondern seine malenden Kollegen. Als ihm einmal eins der Berufsmodelle gar zu demonstrativheroisch erscheint, zieht er ihm kurzerhand etwas an, um zu sehen, ob das nicht gleich viel interessanter aussehe.

Es kommt schon bald zum Streit mit seinem Lehrer alter Schule, einer Schule, die vorsah, daß ein Gemälde in Sepiatusche vorzuzeichnen und dann farbig auszumalen sei. Wert wurde dabei vor allem auf den Schatten gelegt, der ordentlich auszuführen war, das hieß, in sanft ineinander übergehenden Abstufungen der jeweiligen Farbe. Das Publikum wollte eben alles gut erkennen können. Außerdem sollten ihnen Bilder etwas sagen, am besten eine ganze Geschichte erzählen.

Edouard Manet, »Frühstück im Freien«

Manet malt in nie zuvor gesehenen Kontrasten, setzt für damalige Augen unvorstellbare Farbflächen gegeneinander, und wenn er denn abstuft, dann innerhalb der ausgedehnten Schattenflächen.

Und außerdem erzählen seine Bilder keine Anekdoten mehr. Seine *Olympia*, die dort nackt und ein wenig steif auf dem Kanapee liegt und vor der schwarzen Dienerin noch bleicher wirkt, als sie ohnehin schon ist, sie erzählt nichts von Unschuld und Reinheit. Sie verherrlicht auch nicht antikisch-ideale Körperproportionen. Vielmehr sieht man dem armen Mädel förmlich an, daß es ein hergelaufenes Modell ist und dem Maler nur als Projektionsfläche diente für seine grelle Farbgebung, die *»wie eine stählerne Säge in die Augen dringt«*. So jedenfalls sah es die zeitgenössische Kritik.

Wo Manets Bilder auch gezeigt werden, stoßen sie auf Ablehnung und auf heftigste Kritik. Sein – für unsere Augen nur heiteres – *Tuilerienkonzert*, *»schindet die Augen, wie die Jahrmarktsmusik die Ohren zerreißt«*, heißt es. Seine *Lola de Valence* sei ein *»wildes Durcheinander von Rot, Blau, Gelb und Schwarz, die Farbkarikaturen und nicht Farben selbst«* seien. Die *Ruhepause* gilt als *»unsaubere und barbarische Schmiererei«*, und das *Frühstück im Freien* war, nach Ansicht von Napoléon III, einfach nur *»unanständig«*.

Manet wird in der Pariser Kunstszene zum Skandalon. Man hält ihn für einen Provokateur, der bewußt sein Spiel mit dem »Salon« treibe. Nichts lag ihm ferner.

Claude Monet, »Teich mit Seerosen«

Wer in Paris als Maler nach offizieller Anerkennung strebte (oder auch nur an die bekannteren Kunsthändler herankommen wollte), der kam um den Salon der »Académie Royale de Peinture et Sculpture« nicht herum. Bereits seit 1725 veranstaltete die Akademie jedes Jahr zunächst im Salon Carré des Louvre – daher die Bezeichnung »Salon« –, ab 1855 dann im Palais de l'Industrie eine Ausstellung mit Werken zunächst ausschließlich ihrer Akademiemitglieder. Seit der Revolution war es auch Nicht-Mitgliedern möglich, Werke im Salon zu zeigen – wenn das Werk denn der unerbittlichen Prüfung der jährlichen Jury standhielt.

Zeitlebens rang Manet um die Anerkennung durch die Akademie. Er milderte die Kontraste in seinen Bildern, wählte seine Sujets mit Bedacht, aber es half nichts. Er konnte nun einmal nur malen, was er sah, und nicht, was andere sehen wollten.

Doch Manet stieß nicht überall auf Ablehnung, er erregte auch das Interesse bei einer Gruppe junger Maler, die sich im Atelier Gleyre und im sogenannten Schweizer Kreis zusammengefunden hatten. Sie erblickten bereitwillig in Manet ihr Vorbild und suchten ihn in seinem Atelier auf. Einer dieser jungen Leute war Claude Monet.

Die Verbindung von Edouard Manet und Claude Monet sollte schulbildend werden und schließlich der »freien Malerei« zum Durchbruch verhelfen.

Dabei war der 1840 geborene Monet in vielerlei Hinsicht das genaue Gegenteil von Manet. Monet stammte aus einfachsten Verhältnissen und lebte lange Jahre in bitterer Armut, Manet hingegen kannte keine finanzielle Not. Monet hatte sein Handwerk am Strand von St.-Adresse gelernt, Manet in den Sälen des Louvre. Tatsächlich übernahm Edouard Manet seine Sujets, seine Personen, ja ganze Kompositionen noch aus der Kunstgeschichte – mit großer Bedenkenlosigkeit, da ihm am eigentlichen Sujet recht wenig lag. Monet andererseits arbeitete daran, sich ganz vom Zwang zur Komposition zu befreien.

Mit seinen berühmten *Seerosen* schafft er eine nicht-komponierte Fläche reinsten Farbspiels.

1890 schreibt er: *»Ich habe mir etwas Unmögliches vorgenommen: Wasser, auf dessen Grund die Gräser hin- und herwogen. Es ist wundervoll zu sehen, aber unglaublich schwer wiederzugeben. Immer gebe ich mich mit solchen Themen ab!«* Achtundvierzig Seerosen-Gemälde entstehen zwischen 1904 und 1908. 1915 widmet er sich dem »unmöglichen« Thema noch einmal.

Es war ein weiter Weg von Manets *Olympia* zu Monets *Seerosen*. Manet hatte den Malern die Farben wiedergegeben, Monet sie das Schauen gelehrt.

Doch die beiden Protagonisten der Bewegung sind den Weg durchaus nur ein kleines Stück gemeinsam gegangen. An den spektakulären Syndikatsbildungen beteiligte sich Manet jedenfalls nicht oder nur ungern: am »Salon der Zurückgewiesenen« von 1863 etwa – Renoir, Bazille, Sisley, Pissarro, Cézanne, Guillaumin gehörten ihm an. Der gewünschte Effekt, sich Anerkennung zu verschaffen, endlich von der Kunst leben zu können, blieb aus. Abgeschreckt von den ausgelösten Skandalen in der Öffentlichkeit, machten die Kunsthändler erst recht einen Bogen um die Gruppe.

1874 bildete sich die »Anonyme Gesellschaft von Künstlern, Malern, Bildhauern und Graphikern«. In den Räumen des Fotografen Nadar am Boulevard des Capucines zeigte man auch Monets *Impression Soleil levant (Impression Sonnenaufgang)*, und wenn sie schon sonst keinen Erfolg zeitigte, verschaffte die Ausstellung der Gruppe doch wenigstens einen Namen. Fortan sprach man also von den »Impressionisten«.

Erst in den neunziger Jahren besserte sich die Lage. Die Impressionisten verkauften! Im Jahr 1878 hatte sich die Anonyme Gesellschaft aufgelöst und eine Auktion veranstaltet, um wieder zu etwas Geld zu kommen. Die Bilder von Manet erzielten immerhin 500 bis 800 Francs, Renoirs wurde für 40 Francs verschleudert. 1912 hingegen erreichten Degas' *Tänzerinnen an der Übungsstange* bereits die Rekordsumme von 435 000 Francs.

Monet wurde sogar noch alt genug, um den Einzug der *Olympia* seines 1883 im Alter von einundfünfzig Jahren verstorbenen Freundes Manet in den Louvre mitzuerleben. Er hatte den Coup sogar in die Wege geleitet. Im Jahr 1890 trieb er knapp 20 000 Francs ein, um das Bild der Witwe des Künstlers abzukaufen und dem Staat als Schenkung zu übereignen. Die Subskribenten-Liste wurde dem zuständigen Kultusminister unter die Nase gerieben, der das Ansinnen angesichts der erlauchten Namen, die hier unterzeichnet hatten, schlecht ablehnen konnte. Maler aller Richtungen – nicht nur die Anhänger des Impressionismus, sondern auch erfolgreiche »Salonmaler« – hatten sich an der Sammelaktion beteiligt, Schriftsteller, Komponisten, Politiker, Kritiker, Mäzene.

Der Kultusminister nahm an, und die skandalöse *Olympia* kam zunächst in die Orangerie des Jardin du Luxembourg. Dies war das offizielle Museum für lebende Künstler, das auf Initiative Louis-Philippes 1818 hier eingerichtet worden war. In den Louvre selbst konnte das Werk frühestens zehn Jahre nach dem Tod des Künstlers überführt werden. So war der damalige Brauch, heute geht das nicht mehr ganz so schnell.

Immerhin zeitigte das Bild nun Wirkung. Die Verwaltung wurde auf die Impressionisten aufmerksam und kaufte – zaghaft – selber Werke an. Nach wie vor hagelte es Proteste, aber die Zeit arbeitete für die Impressionisten. Das heißt, wenigstens für ihre Werke, denn immer mehr Künstler verstarben – was die Aufmerksamkeit in der Presse wiederum erhöhte. Die Weltausstellung von 1900 mußte der Stilrichtung bereits einen – bescheidenen – Raum widmen, wenn auch nur Werke von vor 1890 gezeigt wurden, nicht die neuesten.

Aber noch war der Widerstand gegen den Impressionismus nicht gebrochen. Der Trick mit den Schenkungen wollte nicht mehr recht ziehen. Die Verwaltung verwahrte sich gegen die zunehmenden »Gunstbezeugungen«.

Doch der Schenkung Étienne Moreau-Néaltons konnte auch der Louvre nicht widerstehen. Moreau-Néalton schenk-

Edouard Manet, »Claude Monet in seinem Atelier«

te dem Staat – nicht dem Museum – eine Sammlung von fast zweihundert Gemälden, die sowohl Werke der Romantik wie auch des Impressionismus umfaßte. Moreau-Néalton war ein Bewunderer der »reinen Farbe« und verehrte beide Schulen gleichermaßen. Der Wert der Sammlung wurde auf damalige 1,5 Millionen Francs geschätzt.

Doch – und das war Bedingung der Schenkung – der Staat mußte zuerst geeignete Räume bereitstellen, und der Louvre war randvoll. Also wurden vom Finanzministerium, das damals noch im Nordflügel des Louvre arbeitete, drei Säle abgezwackt, und so drang im Jahr 1907 die impressionistische Schule mit aller Macht in die heiligen Hallen des Louvre ein, wie Claude Monet sich dies immer gewünscht hatte, »*mit Trommeln und Pfeifen*«. Unter den Bildern fand sich auch Manets *Frühstück im Freien*, jetzt hing es – museumspädagogisch wertvoll – neben Delacroix; und Sisley, Pissarro und Monet neben Corot.

Nach dem Ersten Weltkrieg war die Sammlung der Impressionisten im Louvre fast unüberschaubar angewachsen. Die Werke verteilten sich auf den Louvre, das Museum für dekorative Künste und das Museum im Jardin du Luxembourg. Monets *Seerosen* wurden 1927 in der Orangerie der Tuilerien untergebracht. Zur selben Zeit wurden Versuche unternommen, die gesamte Sammlung im Louvre zu vereinen, doch das verwinkelte Gebäude ließ keine zusammenhängende, repräsentative Schau zu.

1945 fiel die Entscheidung, dem Impressionismus endlich ein eigenes Palais zu widmen. Zwei Jahre später konnten die Besucher zum ersten Mal die Werke in ihrem ganzen Reichtum in der ehemaligen Ballspielhalle der Tuilerien versammelt erleben.

Die Zeiten hatten sich zweifelsohne geändert. Dieselben Bilder, die vor gut siebzig Jahren für Skandale gesorgt hatten, entfalteten nach den schrecklichen Jahren eines barbarischen Krieges ihren ganzen Humanismus, vermittelten die hoffnungsfrohe Ahnung einer leichteren, helleren, besseren Welt. Die Eröffnung des Jeu de Paume kam für die Menschen von Paris im Frühjahr 1947 einer Friedensbotschaft gleich.

bekannt, dafür tausendfünfhundert Skulpturen zu präsentieren, den Großteil in der Ankunftshalle, aber nicht alles davon ist auch schön. Mit Wonne widmeten sich die Künstler und deren Kunden vor gut hundert Jahren, zu einer Zeit, als man noch keine nackten Damen auf Faltblättern gedruckt am Kiosk kaufen konnte, der bloßen Darstellung schöner weiblicher Körper, verbrämte die lustvollen Nackten meist damit, daß man von der Geburt der Venus sprach oder von Aphrodite. Da liegen wollüstig Alabasterleiber in eindeutigen Posen unter dem Titel: Frau von einer Schlange gebissen. Oder aber: ein Held mit Lendenschurz ersticht mit einer Lanze kraftvoll ein Krokodil (oder irgendein anderes wildes Tier), das gerade eine Nackte verspeisen wollte. Von Auguste Rodin dagegen, Frankreichs wichtigstem Bildhauer des letzten Jahrhunderts, befinden sich hier nur zwei Werke – darunter Balzac aus Gips – in einer versteckten Ecke. Nun gut, er hat ja sein eigenes Museum, und eines der schönsten Museen dazu, nur zehn Fußminuten entfernt, in der Rue de Varenne.

Mit Wonne widmeten sich die Künstler und deren Kunden vor gut hundert Jahren der bloßen Darstellung schöner weiblicher Körper.

Wie ägyptische Grabtempel wirken die Bauten, die die italienische Innenarchitektin Gae Aulenti dorthin gestellt hat, wo früher die Bahngleise waren. Mit der Glas- und Eisenkonstruktion des auslaufenden 19. Jahrhunderts haben diese wuchtigen Protzbunker wenig zu tun und werden deshalb auch immer wieder kritisiert; denn einer unverständlichen Ästhetik zuliebe wurde die Übersichtlichkeit geopfert, der äußeren Fassade wurde nicht eine Innenansicht gegenübergestellt, sondern innen eine weitere Außenansicht gebaut. Zwar sind die Mauern innen in ihren Tönungen bewußt abgestimmt, doch sie wirken eher als eigenes Kunstwerk denn als Hängwände für Kunst, die Ausdruck der kulturellen Seele Frankreichs im 19. Jahrhundert sein sollte. Jenes Jahrhundert war ein Zeitalter, in dem viele Kunstrichtungen nebeneinander standen: Romantik neben Eklektizismus, Realismus neben Orientalismus, Symbolismus neben Impressionismus. Doch statt dies wohl zu ordnen, verliert der Besucher sich schnell in den einzelnen Grabkammern, weiß bald nicht mehr, wo er schon war, wo er noch hingehen muß, oder er erblickt durch eine Schießscharte das Bild eines Malers, zu dem er den Weg nicht findet. Manche Künstler, wie Honoré Daumier, erhalten einen ganzen Raum, um ihr Werk ins rechte Licht zu rücken, doch gehört Daumier, eher bekannt wegen seiner Karikaturen, sicher nicht zu den wichtigeren Malern seines Jahrhunderts, aber ihm ist mehr Platz gewidmet als Ingres oder Delacroix, die mit ihrem Werk im Louvre geblieben sind. Allerdings sieht Daumier die französische Nationalfigur Marianne wohl am präzisesten: schön, nackt und mit mächtigen Brüsten.

Die »Marianne« von Daumier

Das 19. Jahrhundert ist auch die Zeit des Umbruchs zu einer neuen Architektur, für die in Paris die von Garnier gebaute Oper steht. Kaiser Napoléon III. ließ sie ausschreiben, konnte sie jedoch nicht mehr einweihen; denn die Errichtung dauerte über den Deutsch-Französischen Krieg von 1870 hinaus. Garniers Opernhaus wird im Musée d'Orsay im Querschnitt als feingearbeitetes Modell gezeigt und als Beispiel für Lebensart, Architektur und Stadtplanung des vorletzten Jahrhunderts vorgeführt. Weil das 19. Jahrhundert ein Zeitraum war, in dem nicht nur die Wiege der modernen Malerei stand, sondern die Industrialisierung zahlreiche Veränderungen mit sich brachte, wie die Motorisierung, aber auch die Fotografie und den Film oder gar die industrielle Herstellung von Stilmöbeln, so sind diesen Kunstrichtungen eigene Abteilungen innerhalb des Museums gewidmet. Wo immer möglich, haben die mit der Renovierung des ehemaligen Bahnhofs beauftragten Architekten den Blick vom Inneren durch die Fassade hindurch nach außen auf die Stadt frei gelassen, so daß Paris stets gegenwärtig ist.

Abseits von der großen Bahnhofshalle, in der dritten Etage hängen sie schließlich, die Impressionisten aus dem Jeu de Paume, derentwegen die meisten Besucher hierherkommen. Das Licht fällt mild von oben ein, und hier steht man nun nicht mehr so gedrängt wie einst in den Tuilerien. Die Sammlung des Musée d'Orsay wurde in den letzten Jahren durch zahlreiche Ankäufe noch vergrößert, um auch über die Impressionisten hinaus international bekannte Künstler aus der Zeit der Jahrhundertwende – wie Klimt, Böcklin oder Munch – auszustellen. Denn dem Menschen des 21. Jahrhunderts will Paris vermitteln, daß die Hauptstadt des 19. Jahrhunderts an diesem Platz stand, obwohl Giscards Vorgänger mit dem von ihm ausgeheckten Plan für ein Museum weit in das nächste Jahrtausend zielte.

Kunst aus dem Bauch von Paris

Der Bau eines anderen Museums begann als Nacht-und-Nebel-Aktion. Nicht daß es etwas zu verbergen gegeben hätte. Aber der Transport der siebzig Meter langen, vierzig Tonnen schweren Eisenträger konnte nur durch ein verkehrsfreies Paris erfolgen: Auf motorisierten Ungetümen wurden sie über die Boulevards zu einem großen Loch gefahren. Man brauchte sie, um dort ein Röhrenhaus zu errichten. Schon vor Baubeginn hatten Frankreichs Architekten wegen dieser Horrorkonstruktion aufgeschrien, denn sie war eine ausländische Erfindung: Der Italiener Renzo Piano und der Engländer Richard Rogers hatten die Ausschreibung zum Bau des größten Kulturzentrums der Welt gewonnen. Georges Pompidou, als Präsident der Republik gerade ein Jahr im Amt und Freund der modernen Künste, hatte 1970 den Bau eines Gebäudes beschlossen, in dem verschiedene Kunstdisziplinen nebeneinander wirken sollten. Die Röhrenkonstruktion des Engländers und des Italieners entsprach äußerlich der Vorstellung des Staatspräsidenten, der ein »wirkliches Monument« erbeten hatte. Der ungewöhnliche Entwurf sah vor, daß Treppen, Aufzüge, Belüftung, Wasserzufuhr, elektrische Leitungen,

Schon vor Baubeginn hatten Frankreichs Architekten wegen dieser Horrorkonstruktion aufgeschrien, denn sie war eine ausländische Erfindung.

Die Rolltreppe des Centre d'Art et de Culture Georges Pompidou

Heizungsröhren und Abflußrohre an der Außenwand des Gebäudes verlaufen, so daß die sechs Etagen des hundertsechzig Meter langen und fast sechzig Meter hohen Gebäudes für das eigentliche, das kulturelle Innenleben frei blieben. Und außen würden die Gedärme sichtbar sein.

Als der Bau am 31. Januar 1977 eingeweiht wurde, von seinen Gegnern als Raffinerie oder Fabrik verhöhnt, waren sechs aufregende Jahre vergangen. Georges Pompidou war gestorben, sein Nachfolger Giscard d'Estaing interessierte sich nicht für die neuen Künste, ein Gericht stoppte den Bau sogar für eine Weile, doch schließlich waren hundert Millionen Dollar für ein Zentrum verbaut, das nicht nur Frankreichs Museum der modernen Kunst, sondern auch Einrichtungen für moderne Musik, Theater, Film und Video und eine große Bibliothek aufnehmen sollte. Die Architektur des Monuments, so hatte sich Pompidou gesagt, sollte das Neue in der Welt darstellen – und die im Alten verharrenden Franzosen anregen. Das tat es, so wie schon damals der Eiffelturm, dessen Bau fast alle Intellektuellen Frankreichs mit großmundigen Protesten als das häßliche Übel der Moderne ablehnten. Der Kopf von Georges Pompidou, dargestellt von dem aus Ungarn stammenden und mit den Pompidous befreundeten Künstler Victor Vasarely, beherrscht die gigantische Eingangshalle. Die Planer waren davon ausgegangen, daß zehntausend Menschen täglich das Centre Pompidou besuchen würden, da viele Bereiche kostenlos zu betreten sind. Die Erwartungen wurden zahlenmäßig von Anfang an um das Doppelte übertroffen. In den ersten zehn Jahren zählte man siebzig Millionen Besucher, so viele wie die Bevölkerung Frankreichs und der Benelux-Staaten zusammen. Der erste Punkt des Konzepts war richtig: Wer kommt, um in Büchern zu schmökern, geht vielleicht – wegen der örtlichen Nähe – in eine Ausstellung nebenan oder ein Stockwerk tiefer und läßt sich in eine Theateraufführung hineintreiben oder stöbert am Rande der Eingangshalle in der Buchhandlung nach Plakaten, Postkarten, Katalogen – und zur Not auch nach Büchern.

Von großem Reiz ist die sich an der Außenwand emporschlängelnde Rolltreppe, die von Etage zu Etage führt. Allerdings schafft sie auch Probleme, wenn – wie geschehen – die Putzkolonne ein Jahr lang streikt. Umweltgifte verschmutzen die durchsichtige Hülle so sehr, daß chemische Gegengifte benutzt werden mußten, um sie wieder zu reinigen. Aber allein das Gefühl, sich auf der Rolltreppe über die Häuserfassaden hinaustragen zu lassen und plötzlich den Blick über ganz Paris mit seinem – je nach Tageszeit verschiedenen – Lichterspiel zu erleben ... Die Idee, verschiedene Kulturelemente zu mischen, wurde Motto der ersten großen Ausstellungen, *Paris – New York, Paris – Berlin, Paris – Moskau,* wo sich zwei jeweils fremde Kulturen gegenüberstanden, die zu einem Moment in Beziehung getreten waren. Doch nach einigen Jahren ging der Anfangselan verloren, die Kritik an der Verwaltung wurde immer lauter, das Außergewöhnliche der Architektur setzte sich in den Konzepten der Ausstellungen und Veranstaltungen immer weniger durch, was an dem in Zahlen ausgedrückten Erfolg nur wenig änderte. Der von Etage zu Etage streunende Kulturwanderer hat sich bald einen eigenen Pfad getrampelt. Die Bibliothek gilt – wieder nach Zahlen – mit vierzehntausend Benutzern täglich als die größte Attraktion. Auch hier ist der Eintritt kostenlos, und geöffnet ist zwölf Stunden lang von zehn bis zehn. Wer aber einen Sitzplatz erhalten will, muß früh kommen, mitnehmen darf man die Bücher allerdings nicht. Über fünfhundertausend Bände, Diapositive, Videos und zweitausend Zeitungen liegen aus: Jedes Buch in französischer Sprache kommt spätestens einen Monat nach Erscheinen in die Regale, in die jeder nach Gusto greifen darf. Leider gehen die Leser mit dem Gedruckten häufig barbarisch um und reißen, was sie mitnehmen wollen, einfach aus dem Gebundenen heraus.

Ist das moderne Kunst? fragt so manch ein konservativer Kritiker in Paris, wenn er das neue Arrangement des Museums für moderne Kunst im Centre Pompidou bespricht. Auf rund zehntausend Quadratmetern im dritten und vierten Stockwerk sieht man die wichtigste Sammlung moderner Kunst in Europa – unvergleichlich die Sammlung der Werke von Künstlern aus der ersten Hälfte des 20. Jahrhunderts –, aber manch ein Franzose bemängelt, daß die Filzkunst eines Josef Beuys den explodierenden Farbstrichen eines Georges Mathieu vorgezogen würde. Das Centre Pompidou sei vom Gedächtnisschwund betroffen, weil der Kurator lieber ein Orakel von Robert Rauschenberg ausstellt, bestehend aus einer Badewanne, einem Fensterrahmen und einer Autotür, statt französische Künstler der gleichen Epoche. Der Schweizer Tinguely ist ebenso vertreten wie Niki de Saint-Phalle, wenigstens eine Französin, die mit ihrer Hochzeitsfigur eine Puppe darstellt, die eher tot als lebendig ist. Ein Skandal ist aber, daß nur fünf Prozent der Bilder und Skulpturen, die dem Musée National d'Art Modern im Centre Pompidou gehören, in dessen Räumen Platz finden.

Nicht nur die Idee für das Monument aus Stahl, Eisen und Glas stammt von Präsident Georges Pompidou, sondern auch der Standort im Quartier Beaubourg, weshalb das Centre Pompidou heute häufig noch Centre Beaubourg genannt wird. Seit Eröffnung der »Raffinerie« sind die Mietpreise im Viertel Beaubourg um ein Vielfaches gestiegen, denn die Häuser in der Gegend wurden, wenn sie nicht gar abgerissen und neu aufgebaut worden waren, renoviert, und wer sich mit der Nähe zur Kunst wenigstens im Gesellschaftsleben schmücken wollte, zog dorthin. Einst, als Victor Hugo noch lebte, tummelte sich hier das Volk. Er beschrieb den Platz, auf dem das Centre heute steht,[47] in seinem Roman *Der Glöckner von Notre-Dame*:

Alte Markthallen, nach einem Stich um 1780

47 **Der Platz, auf dem das Centre heute steht**
Der Platz der ehemaligen Pariser Markthallen nimmt gewiß eine Sonderstellung in der Geschichte der Stadt ein, deren Zentrum sich auf bezeichnende Weise mehrfach verlagerte. Im späten Mittelalter war Paris die reichste Stadt des Abendlandes, und ihr wichtigster Platz war die Place de Grève, die heutige Place d'Hôtel de Ville. Hier, auf der rechten Uferseite befand sich das Paris der einflußreichen Kaufmannsleute und Händler. Hier boten aber auch Menschen, die keine Arbeit hatten, ihre Dienste an – sie waren *en grève*, arbeitslos. In der Neuzeit hatte sich das Zentrum weiter ostwärts verlagert. Das mächtige, ja aufmüpfige Bürgertum war in seine Schranken verwiesen worden, der Hochadel verlustierte sich nun rund um die Place des Vosges. Im neunzehnten Jahrhundert schließlich trieb sich das finanzstarke Großbürgertum rund um die Place de l'Opéra und auf dem Platz vor dem Palais Royale herum.

Das einfache Volk jedoch hatte zu allen Zeiten seinen Platz hier im Beaubourg-Viertel. Philippe-Auguste hatte um 1200 die dreigeteilte Stadt (mit dem Quartier Latin auf der linken Seine-Uferseite, der Île in der Mitte und der Kaufmannsstadt auf der rechten Seine-Uferseite) mit einem Befestigungsring umgeben. Schon damals war der Markt auf der Île unüberschaubar gewachsen. Philippe-Auguste verlegte ihn also ans Nordufer, wo er wieder wuchs und wuchs. Als Napoléon III um 1850 endlich für Ordnung sorgen wollte und zehn Gußeisenpavillons – mit überdachten Wegen – errichten ließ, nannte er die neuen, modernen Markthallen den »Louvre des einfachen Volkes«.

In den sechziger Jahren des 20. Jahrhunderts waren sie – jedenfalls nach volkswirtschaftlichen Gesichtspunkten – nicht mehr praktikabel. Anfang 1969 zogen die Händler um in den neuen Lebensmittelzentralmarkt neben dem Flughafen Orly. Für das Beaubourg-Viertel brach eine Zeit fröhlicher Anarchie an. Karussells und Spielbuden zogen in die alten Hallen ein, Theateraufführungen und Modenschauen fanden statt, ringsumher machten Bistros, Bars, Kaschemmen und Sex-Shops auf – sie schlossen wieder, bis die Räume von anderen übernommen wurden. Alles am Rand der Legalität. Drei Jahre dauerte das phantasievolle Treiben inmitten der Metropole. 1973 wurden die historischen Hallen endgültig abgebrochen.

Heute steht auf dem großen Areal nicht nur im Osten das Centre Pompidou, sondern auch, im Westen, das Forum Les Halles, mit einem riesigen Einkaufscenter: Vier Etagen liegen unter, eine Etage über der Erde. Das Forum und die umliegenden Läden sorgen für Kontinuität in Sachen *»Pandämonium«* im Viertel Beaubourg: Nach wie vor trifft sich hier das Volk, das jugendliche zumal. Verunsicherte Eltern machen sich Sorgen um die Versuchungen, denen ihre Sprößlinge hier ausgesetzt sind. »Gehen eure Kinder schon ins Beaubourg?« läßt der Schriftsteller Daniel Pennac eine seiner Romanfiguren fragen. »Selten«, bekommt sie zur Antwort, »zum Glück wohnen wir im fünfzehnten.«

Im 15. Arrondissement, im schönen Westen der Stadt, ist die Welt eben noch in Ordnung.

Die neuen Hallen

»Es war ein weiter Platz, holprig und schlecht gepflastert wie damals alle Plätze von Paris. Die Grenzen zwischen Rassen und Arten schienen ausgelöscht, wie in einem Pandämonium. Männer, Frauen, Tiere, Alter, Geschlecht, Gesundheit, Krankheit, alles schien diesem Volk gemein, alles hing zusammen, vermischte, verwechselte, überdeckte sich.«

Dieses Pandämonium wurde wegsaniert. Auf dem Platz vor dem Centre vergammelt nichts mehr wie noch vor dreißig, vierzig Jahren, als nur zweihundert Meter weiter die als »Bauch von Paris« bekannten Markthallen standen.

Vom Quartier Beaubourg sprach man damals nicht, denn es war des Bauches Darmausgang, und für manche Kulturkritiker ist das heute, wenn auch in anderem Sinne, noch so, denn Kitsch ist das erste Produkt, das überall dort angeboten wird, wo täglich Tausende vorbeidefilieren, Leute nicht nur aus Paris, sondern aus ganz Frankreich, aus allen Ländern Europas, ja der ganzen Welt. Und für die Standorte der Kitschläden werden inzwischen Mieten verlangt, die fast so hoch sind wie auf den Champs-Élysées.

Kleine Modeschöpfer sehen in der künstlerisch angehauchten Kundschaft des Beaubourg wohlhabende Klienten. Da gibt es immer noch Leute, die im »Quartier« viel Geld investieren. Über ein Jahr lang wurde mit größter Sorgfalt ein Literaten-Café gebaut, das dem *Deux Magots* und dem *Café de Flore* am Boulevard Saint-Germain den Rang ablaufen sollte, denn man war sich sicher, das seit Jahrhunderten führende Intellektuellenviertel von Paris, das Quartier Latin, beginne langsam im Konservatismus zu ersticken. Nun, sein *Café Beaubourg* schaffte nicht, was es sich vorgenommen hatte. Eine intellektuelle Stimmung läßt sich nicht einfach herbeizaubern. Das mußten auch die Bauherren des Quartier de l'Horloge erfahren, die meinten, eine gute Immobilienanlage direkt neben dem Centre gefunden zu haben. Der Wohnblock heißt Quartier de l'Horloge, nach der blechernen großen Zeituhr, auf der jeden Mittag Schlag zwölf ein Ritter ein Ungetüm bekämpft. Es ist ein Viertel, wie es in jedem Vorort stehen könnte, mit kleinen Geschäften, Supermärkten und Restaurants. Für Künstler viel zu teuer und für Kunstgenießer so ganz ohne Charme. Die Künstler, so sie je hier wohnten, sind inzwischen in den Osten von Paris und nach Norden, nach Belleville, weitergezogen, wo es billiger ist. Statt dessen haben sich eher Kunstkonsumenten eingemietet.

Als das Centre Pompidou geplant wurde, war eine der Überlegungen, hiermit die Kunst zu demokratisieren – eine Idee, die den antielitären Gedanken der Studenten Ende der sechziger Jahre entsprach, Kunst solle nicht nur dem Bürger zugänglich und verständlich sein, sondern auch dem Arbeiter. Dieses Ideal ließ sich nicht verwirklichen. Statt dessen benutzten die Kinder aus der Umgebung das Centre so sehr als Spielplatz, als wunderbare Spielhöhle, daß ihnen das Betreten ohne Eltern verboten wurde. Es bleibt trotzdem ein Zentrum junger Menschen. Viele kommen ohne bestimmtes Ziel, entweder haben sie sich verabredet oder wollen sich einfach anregen lassen; denn sie wissen: Neues gibt es immer zu sehen.

Zur gleichen Zeit, in der das Centre Pompidou entstand, siedelte aber aus dem Quartier Latin der eine oder andere junge Galerist über die Seine ins Viertel Beaubourg. Immer neue Kunstgalerien machten auf, um im Fahrwasser des Centre Pompidou zu schwimmen, allerdings, anders als in Soho, dem Kunstviertel von New York, sind die Maler und Bildhauer selbst nicht gefolgt. Für sie sind nicht nur die Mieten zu hoch, sondern auch die Räume zu klein, und auch anders als in New Yorks Soho liegen Galerien im Quartier Beaubourg nicht offen an der Straße, sondern häufig so versteckt in Hinterhöfen, daß der zufällige Passant gar nicht auf sie aufmerksam wird. Einer der erfolgreichsten modernen Galeristen in Sichtweite des Centre Pompidou ist Daniel Templon, der alles, was in der Kunstwelt Rang und Namen besitzt, in Paris ausstellt. Bereits im März 1972 war er hierhergezogen, und zwar ausdrücklich wegen des Baus des Centre Pompidou. Und, fragte ich ihn einmal, war es dann eine gute Entscheidung?

»Sicher. Bei manchen Ausstellungen haben wir mehr als dreihundert Besucher am Tag, die woanders längst nicht kämen.«

»Hat das Centre Auswirkungen auf die Kunst selbst?«

»Es hat Frankreich eine gute Stellung auf dem Gebiet der modernen Kunst zurückgegeben. Wie Sie wissen, ist Paris in der Welt der Kunst nicht mehr die bedeutendste Stadt, Paris ist nicht einmal mehr die europäische Hauptstadt der Kunst. Wenn es da so etwas wie eine Hauptstadt gäbe, dann Köln oder Düsseldorf. Das Centre Pompidou hat nicht wirklich anregen können. Es ist eine schwerfällige Maschine und muß sich mit allen möglichen Verwaltungsfragen herumschlagen. Vielleicht wird es auch nicht immer von hinreichend dynamischen Leuten geleitet, die die notwendigen Risiken eingehen, wenn es um moderne Kunst geht. Moderne Kunst bedeutet Risiko.«

Angenehm für den Besucher ist am Centre Pompidou, daß er sich nie von der Außenwelt abgesondert fühlt, nicht verschreckt wie in den heiligen Hallen mancher Museen, sondern hier geht er Kunst genießend wie im Bummel durch die Straßen mit einem Blick in die Schaufenster. Die Fassade ist nach außen hin durchlässig, immer wieder sieht man draußen die Stadt Paris: hier ein Stück Notre-Dame, dort ein Fitzelchen Eiffelturm, dahinter Sacré-Cœur, was auch einer der Gründe sein mag, weshalb mancher, der Museen fürchtet, doch dieses Röhrengebäude betritt.

Wasserspiele mit Skulpturen von Niki de Saint-Phalle beim Centre Pompidou

Paris erwacht

13. Kapitel

oder Der Traum von der Metropolis

So manch ein Pariser schaut mit Mißachtung auf die schönste Stadt der Welt herab, eben weil die Gewohnheit abstumpft, weil das Neue scheinbar stets besser ist als Altgewohntes. Berlin werde im 21. Jahrhundert Paris den Rang als Metropole ablaufen, wagt sogar der *nouveau philosoph*e André Glucksmann zu behaupten. Doch ihm sei das Wort von Claude Martin, dem langjährigen Botschafter der Republik Frankreich in Deutschland, entgegengehalten: »Jede Gegenüberstellung von Paris und Berlin verbietet sich, wie man auch zwei Frauen nicht miteinander vergleicht.«

Metropole ist ein schillernder Begriff. Weder geographische Lage noch Einwohnerzahlen noch Prunkbauten sind ein Garant dafür, daß auch noch in der Zukunft erkennbar ist, welche Rolle ein Ort einst als Metropole gespielt haben mag. In der Renaissance hätte man Lyon wohl eine Metropole genannt, wäre der Begriff damals im Gebrauch gewesen. In keiner Stadt Europas, von Venedig einmal abgesehen, wurden zu jener Zeit mehr Bücher gedruckt als am Zusammenfluß von Rhône und Saône.

Il est cinq heures, Paris s'éveille
De Jacques Lanzmann

Je suis l'dauphin d'la place Dauphine
Et la place Blanche a mauvaise mine
Les camions sont pleins de lait
Les balayeurs sont pleins d'balais

Il est cinq heures
Paris s'éveille
Paris s'éveille.

Les travestis vont se raser
Les stripteaseuses sont rhabillées
Les traversins sont écrasés
Les amoureux sont fatigués.

Il est cinq heures
Paris s'éveille
Paris s'éveille.

Le café est dans les tasses
Les cafés nettoient leurs glaces
Et sur le boulevard Montparnasse
La gare n'est plus qu'une carcasse

Il est cinq heures
Paris s'éveille
Paris s'éveille.

Les banlieusards sont dans les gares
A la Villette on tranche le lard
Paris by night, regagne les cars
Les boulangers font des bâtards.

Il est cinq heures
Paris s'éveille
Paris s'éveille.

La tour Eiffel a froid aux pieds
L'Arc de Triomphe est ranimé
Et l'Obélisque est bien dressé
Entre la nuit et la journée.

Il est cinq heures
Paris s'éveille
Paris s'éveille.

Les journaux sont imprimés
Les ouvriers sont déprimés
Les gens se lèvent, ils sont brimés
C'est l'heure où je vais me coucher.

Il est cinq heures
Paris se lève
Il est cinq heures
Je n'ai pas sommeil.

Lyon war die größte Messestadt Europas, einer der wichtigsten Warenumschlagsplätze mit einem großen Anteil von Ausländern unter der Bevölkerung: Hier lebten Deutsche, Schweizer und vor allem Italiener, die die Bankgeschäfte erledigten. Lyon lag verkehrsgünstig. Hier schnitten sich Handelswege von Ost nach West ebenso wie von Nord nach Süd, Wege, die heute eher Unmut erregen bei den nördlichen Bewohnern Europas, die auf dem Weg gen Süden, auf der Suche nach Erholung, nach Sonne, Strand und Mittelmeer, regelmäßig in kilometerlangen Staus im Tunnel der Fourvière hier steckenbleiben. Als Metropole ist Lyon längst in Vergessenheit geraten, und daß auch heute noch die Altstadt eines der größten und schönsten Renaissanceviertel der Welt umschließt, wissen selbst viele Franzosen nicht.

Bei den alten Griechen bedeutete Metropolis »Mutterstadt« im Gegensatz zu den Kolonialstädten, also ein Ort des Ursprungs, ein Ort der gebündelten, geistigen wie finanziellen, Kräfte, die von hier bis in die entferntesten Winkel des Reiches wirkten. Im industriellen Zeitalter änderte sich dieses Bild von der Metropole nachhaltig. Das Bild des Schmelztiegels tritt an seine Stelle. In Fritz Langs Film *Metropolis* von 1926 sehen wir nicht einen Hort der Hochkultur, sondern statt dessen unbarmherzige Produktionsmaschinerien und geknechtete Menschen. Und so ist es heute vor allem der Mythos von der Metropole, der auf die restliche Welt noch zu wirken vermag und sie beflügelt.

Aus der Innensicht, für den Bewohner der Metropole, stellt sich die inspirierende, die mythische Sicht nicht so leicht her. In Tokio kostet der Quadratmeter für Geschäftsräume etwa 10000 Euro, eine Wohnung im Durchschnitt monatlich 13000 Euro, ein Abendessen in einem normalen Restaurant 200 Euro. Der Verkehr in den Straßen kommt regelmäßig zum Erliegen. Der ganz gewöhnliche Geräuschpegel einer Metropole wie Bombay liegt mit siebenundsechzig Dezibel weit über jeder erträglichen Norm.

Ja, Lärm ist etwa für die Metropole New York geradezu ein Symbol. Wer die drei verschiedenen Sirenensorten unterscheiden kann – Polizei, Ambulanz, Feuerwehr –, wird sie in der ganzen Welt wiedererkennen, denn überallhin werden sie exportiert. Das Geräusch der Gummiräder auf den Eisenrosten der Brooklyn-Bridge ist ein so starkes Symbol, daß es Teil einer käuflichen Geräusche-CD ist.

Eine Metropole lebt von Gegensätzen, von Widersprüchen, die aufeinanderprallen und Energien freisetzen. Die können produktiv, aber auch destruktiv wirken. In New York ist das Spannungsverhältnis zwischen Harlem, Bronx, Brooklyn und der Fifth Avenue, zwischen Italienern, Schwarzen, Juden und den White Anglo-Saxons spätestens seit Hubert Selbys *Last Exit To Brooklyn* immer wiederkehrender Gegenstand der Literatur, ebenso in den Filmen von Woody Allen bis Martin Scorsese. Und natürlich ist es eben jene kulturelle Auseinandersetzung und Selbstreflexion, die aus einer bloßen Megalopolis eine wahre, inspirierende Metropolis macht.

In Paris hat diese kulturelle Selbstreflexion spätestens seit der Zeit der Kapetinger und dem Bau der Kathedrale von Notre-Dame – mit der ein erstes Wolkenkratzer-Zeitalter eingeläutet wurde – zu einer einzigartigen städtischen Architektur geführt. Es ist vor allem diese sichtbare ästhetische Einzigartigkeit, die heute die Menschen anzieht. So wird Paris als Metropole auch heute noch erlebbar durch sein bloßes Straßenbild, vergleichbar darin wohl nur Venedig, das durch das rein Äußere seiner Stadtpaläste und Wasserstraßen unmittelbar vor Augen führt, wie es in seiner Blütezeit im 15. und 16. Jahrhundert die Rolle einer Metropolis gespielt hat. Als solche wird die Stadt der Dogen von Touristenschwärmen heimgesucht, so daß der Zugang zu ihr wie

Es ist fünf Uhr, Paris erwacht
Von Jacques Lanzmann

Ich bin der Dauphin von der Place Dauphine
Und die Place Blanche sieht krank aus
Die Lastwagen sind mit Milch beladen
Die Straßenkehrer mit Besen.

Es ist fünf Uhr
Paris erwacht
Paris erwacht.

Die Transvestiten wollen sich rasieren
Die Striptease-Tänzerinnen haben sich angezogen
Die Kopfkissen sind plattgedrückt
Die Liebenden sind ermattet.

Es ist fünf Uhr
Paris erwacht
Paris erwacht.

Der Kaffee ist in den Tassen
Die Cafés putzen ihre Spiegel
Und auf dem Boulevard Montparnasse
Ist der Bahnhof nur noch ein Wrack.

Es ist fünf Uhr
Paris erwacht
Paris erwacht.

Die Vorstädter sind am Bahnhof
Im Schlachthof Villette schneidet man den Speck
Paris by Night steigt wieder in die Busse
Die Bäcker backen Stangenbrot

Es ist fünf Uhr
Paris erwacht
Paris erwacht

Der Eiffelturm hat kalte Füße
Der Triumphbogen ist wieder zu sich gekommen
Und der Obelisk ist aufgerichtet worden
Zwischen Nacht und Tag.

Es ist fünf Uhr
Paris erwacht
Paris erwacht.

Die Zeitungen sind gedruckt
Die Arbeiter sind niedergeschlagen
Die Leute stehen auf, sie sind gerädert
Das ist die Zeit, wenn ich schlafen geh.

Es ist fünf Uhr
Paris steht auf
Es ist fünf Uhr
Ich bin nicht müde.

zu einer großen Ausstellung geregelt und eingeschränkt werden muß.

Einer der berühmtesten Söhne Venedigs stattete übrigens immer wieder der neuen Metropole, die Paris inzwischen war, einen Besuch ab und verführte dort die schönen Damen und betrog die eine oder andere um viel Geld. Die Rede ist von Giaccomo Casanova. Immerhin gelang es ihm, mit ein paar windigen Personen in Paris die Staatslotterie zu gründen, durch die er reich wurde, aber dummerweise verkaufte er sie. Ins nüchterne Berlin, das die Deutschen so gern als neue deutsche Metropole, als Stadt der gebündelten Kräfte, sehen, zog es Casanova nicht (wohl nach Dresden, wo seine Frau Mama als Ballerina tätig war). In Paris traf er auf Louis XV und dessen Mätresse, Madame de Pompadour, und auf Jean-Jacques Rousseau, und er übersetzte hier Voltaire. Es sind Personen und Ereignisse wie diese, die den Mythos der Metropole fortgeschrieben und lebendig erhalten haben.

Die Metropole Paris: ein Traum nur? Gewiß, aber einer, dem man auch im Wachen nachspüren kann. Man muß vielleicht nur den richtigen Moment erwischen. Bei einem Traum ist dies für gewöhnlich der Moment des Erwachens. Und schließlich heißt auch eines der schönsten Lieder, die je über eine Metropole gedichtet wurden, *Paris s'éveille – Paris erwacht*, geschrieben von Jacques Lanzmann und vertont von Jacques Dutronc.

Keine Metropole erweckt am Morgen solche Gefühle des Glücks, wie dies Paris vermag, wenn der Duft der frischen Croissants aus den Bäckereien auf die Straße weht, wenn die geflochtenen Stühle der Bistro-Terrassen auf dem frisch abgesprühten Trottoir einladen, einen Café crème zu bestellen. Ja, am Morgen fließt die Seine noch glatt auf einen zu, wenn man über den Pont des Arts schlendert, dann bewegt sich das Wasser wie Muskeln unter der zarten Haut eines sich erwachend räkelnden jungen Mädchens.

Einiges über Paris

Eine kleine Paris-Bibliographie

Alphand, Alphonse: *Les Promenades de Paris*. 2 Bände. Paris 1867–73.

Arnolds, Wilhelm W.: *Die Entstehung des deutsch-französischen Vertrages vom 22. Januar 1963 und seine Bedeutung für die Außen- und Europapolitik Konrad Adenauers*. Köln 1963.

Atlas des anciens plans de Paris: reproduction en fac-similé des originaux les plus rares et les plus intéressants pour l'histoire de la topographie parisienne. Paris 1880.

Balzac, Honoré de: *La Comédie humaine*. Texte établi et préface par Marcel Bouteron. 2 Bände. Paris 1949–59.

Baudelaire, Charles: *Le Fleurs du mal / Die Blumen des Bösen*. Frankfurt am Main 1962.

Belgrand, Eugène: *Les Travaux souterrains de Paris*. 5 Bände. Paris 1873.

Benevolo, Leonardo. *The Origins of Modern Town Planning*. Cambridge 1963.

Bernard, Leon: *The Emerging City. Paris in the Age of Louis XIV*. Durham 1970.

Bertier de Sauvigny, Guillaume: *Nouvelle Histoire de Paris: La Restauration, 1815–1830*. Paris 1977.

Bondy, François & Manfred Abelein: *Deutschland und Frankreich. Geschichte einer wechselvollen Beziehung*. Düsseldorf 1973.

Cars, Jean des: *Haussmann, la glorie du Second Empire*. Paris 1988.

Chaslin, François: *Le Paris de François Mitterrand*. Paris 1985.

Chevalier, Louis: *The Assassination of Paris*. Chicago 1993.

Christadler, Marieluise (Hg.): *Deutschland – Frankreich. Alte Klischees – Neue Bilder*. Duisburg 1981.

Clark, T. J.: *The Paintings of Modern Life: Paris in the Art of Manet and His Followers*. Princeton 1984.

Cobb, Richard: *The Streets of Paris*. London 1980.

Deutschland – Frankreich. France – Allemagne. Ein neues Kapitel ihrer Geschichte. 1948–1963–1993. Chronologie. Erarbeitet von den Zeitschriften Dokumente und Documents und vom Deutsch-französischen Institut Ludwigsburg. Bonn 1993.

Dujardin, Edouard: *Die Lorbeerbäume sind geschnitten.* Deutsch von Irene Riesen. Zürich 1984.

Flaubert, Gustave: *L'Éducation sentimentale*. Paris 1964.

Furet, François: *La Révolution: De Turgot à Jules Ferry, 1770–1880*. Paris 1988.

Garnier, Charles: *Le Nouvel Opéra de Paris*. 2 Bände. Paris 1878–81.

Green, Julien: *Paris.* Deutsch von Helmut Kossodo. München 1985.

Grosser, Alfred: *Frankreich und seine Außenpolitik 1944 bis heute*. München 1989.

Grunewald, Michael & Jochen Schlobach (Hg.): *Médiations / Vermittlungen. Aspects des relations franco-allemandes du XVIIe siècle à nos jours. Aspekte der deutsch-französischen Beziehungen vom 17. Jahrhundert bis zur Gegenwart.* 2 Bände. Bern 1992.

Heit, Alfred (Hg.): *Zwischen Gallia und Germania, Frankreich und Deutschland. Konstanz und Wandel raumbestimmender Kräfte*. Vorträge auf dem 36. Deutschen Historikertag, Trier, 8.–12. Oktober 1986 (Trierer historische Forschungen 12). Trier 1987.

Herre, Franz: *Deutsche und Franzosen. Der lange Weg zur Freundschaft*. Bergisch-Gladbach 1983.

Hildebrand, Klaus: »Der provisorische Staat und das ewige Frankreich. Die deutsch-französischen Beziehungen 1963 – 1969«, in: *Historische Zeitschrift 240* (1985), S. 283 – 311.

Hildebrand, Klaus & Karl Ferdinand Werner (Hg.): *Deutschland und Frankreich 1936 – 1939*. 15. Deutsch-französisches Historikerkolloquium des Deutschen Historischen Instituts Paris (Bonn, 26. – 29. September 1979). München 1981.

Hildebrand, Klaus: »Die Frankreichpolitik Hitlers bis 1936« in: *Francia* 5 (1977), S. 591 – 625.

Hugo, Victor: *Notre-Dame von Paris*. Deutsch von Else von Schorn. Leipzig 1963.

Huppert, Ellen Taylor: *The Image of the City: Paris of the Novelists from Stendhal to Zola*. Diss. University of California, Berkeley 1970.

Jacquement, Gérard: *Belleville au XIXème siècle, du faubourg à la ville*. Paris 1984.

Jäckel, Eberhard: *Frankreich in Hitlers Europa. Die deutsche Frankreichpolitik im Zweiten Weltkrieg*. Stuttgart 1966.

Kaelble, Hartmut: *Nachbarn am Rhein. Entfremdung und Annäherung der französischen und deutschen Gesellschaft seit 1880*. München 1991.

Knipping, Franz & Ernst Weisenfeld (Hg.): *Eine ungewöhnliche Geschichte. Deutschland – Frankreich seit 1870*. Bonn 1988.

Kolboom, Ingo & Ernst Weisenfeld (Hg.): *Frankreich in Europa. Ein deutsch-französischer Rundblick*. Bonn 1993.

Lasserre, René: *Deutschland – Frankreich. Bausteine zum Systemvergleich*. 2 Bände. Gerlingen 1980 / 81.

Le Roy Ladurie (Hg.): *Historie de la France urbain*. Bd. 3, »La Ville classique, de la Renaissance aux révolutions«. Paris 1981.

Maillard, Pierre: *De Gaulle und Deutschland. Der unvollendete Traum*. Bonn / Berlin 1991.

Manfrass, Klaus (Hg.): *Paris – Bonn. Eine dauerhafte Bindung schwieriger Partner. Beiträge zum deutsch-französischen Verhältnis in Kultur, Wirtschaft und Politik seit 1949*. Sigmaringen 1984.

Maupassant, Guy de: *Menuett*, in: *Fünfzig Novellen*. Deutsch von N.O. Scarpi. Zürich 1963.

Mercier, Louis Sébastien: *Mein Bild von Paris*. Übertragen und herausgegeben von Jean Villain. Leipzig 1976.

Paris dans sa splendeur. 2 Bände. Paris 1861.

Rovan, Joseph: *France – Allemagne. Deux nations, un avenir*. Paris 1988.

Sedaris, David: *Ich ein Tag sprechen hübsch*. Deutsch von Harry Rowohlt und Georg Deggerich. München 2002.

Sennett, Richard: *Verfall und Ende des öffentlichen Lebens. Die Tyrannei der Intimität*. Frankfurt am Main 1983.

Uthmann, Jörg von: *Le diable est-il allemand? 200 ans de préjugés franco-allemands*. Paris 1984.

Voltaire: *Œuvres complètes*. Neuausgabe. 53 Bände. Paris 1877.

Weis, Eberhard: *Deutschland und Frankreich um 1800. Aufklärung – Revolution – Reform*. München 1990.

Weisenfeld, Ernst: *Frankreichs Geschichte seit dem Krieg. Von De Gaulle bis Mitterrand*. München 1982.

Weisenfeld, Ernst: *Welches Deutschland soll es sein? Frankreich und die deutsche Einheit seit 1954*. München 1986.

Zeldin, Theodore: *Emile Ollivier and the Liberal Empire of Napoléon III*. Oxford 1963.

Ziebura, Gilbert: *Die deutsche Frage in der öffentlichen Meinung Frankreichs von 1911-1914*. Berlin 1955.

Zola, Emile: »Les Rougon-Macquart« in: Henri Mitterand (Hg.): *Œuvres complètes*. Paris 1970.

Nachweise

Autor und Verlag danken allen Rechteinhabern für die Abdruckgenehmigungen, insbesondere den Fotografen Walter Grossbein und Malte Brüggemann.
In einigen Fällen waren die Rechteinhaber bis Redaktionsschluß nicht zu ermitteln. Hier ist der Verlag bereit, nach Anforderung rechtmäßige Ansprüche abzugelten.

»Ein Portrait der Stadt, das auch Kennern viele Neuigkeiten bietet.« FAZ
Ein einzigartiges Hörbuch über eine einzigartige Stadt, gelesen von Ulrich Wickert.
ULRICH WICKERT
ALLES ÜBER PARIS
Von Tempeln, Türmen und Fassaden
Von Künstlern, Kellnern und Kaschemmen
Von Boulevards und Gassen, Plätzen und Parks
Von Spaziergängen und Metrofahrten
In Geschichten, Gedichten und Berichten
Gelesen von Ulrich Wickert
2CD Sachbuch | Lesung
ULRICH WICKERT ALLES ÜBER PARIS
RANDOM HOUSE AUDIO
2 CD | ISBN 3-86604-041-5
Hörproben unter www.random-house-audio.de